Natalya Nepomnyashcha

Barbie Breakout

Matthias Weber

Lars-Eric Mann

Emre Çelik

Sören Landmann

Gianni Jovanovic

Melanie Esser

Sy Legath

Cathérine Ngoli

Mina Saidze

Bambi Mercury

Fabian Grischkat

Dr. Julia Freudenberg

Dr. Caroline von Kretschmann

Dr. Max Appenroth

Annette Pampel

Julia Monro

Anastasia Biefang

Annika in der Beek

PAVLO STROBLJA

DIVERSITY UPGRADE

Wie wir neue Fähigkeiten lernen und Vorurteile verlernen

Haufe Group
Freiburg · München · Stuttgart

Nina Straßner LL.M.

Gaby Wasensteiner

Beccs Runge

Kadim Tas

Simon Usifo

Jochen Schropp

Nathalie Marie Pérez Sievers

Jana Rogge

Thomas Killer

Tanja Bauer-Glück

Dr. Irène Kilubi

Tabea Fesser

Samet Akti

Dr. Carolin Mehnert

Dr. Asmaa El Idrissi

Ayman Saad

Barbara Lutz

Michaela Jaap

Magdalena Rogl

Für meine Eltern Tamara und Josif Stroblja,

meine Schwester Julianna, Matthias und

meine wundervollen Nichten Maria und Eva.

Bibliografische Information der Deutschen Nationalbibliothek

Die Deutsche Nationalbibliothek verzeichnet diese Publikation in der Deutschen Nationalbibliografie; detaillierte bibliografische Daten sind im Internet über http://dnb.dnb.de/ abrufbar.

Print:	ISBN 978-3-68951-006-0	Bestell-Nr. 12074-0002
ePub:	ISBN 978-3-68951-007-7	Bestell-Nr. 12074-0101
ePDF:	ISBN 978-3-68951-008-4	Bestell-Nr. 12074-0151

Pavlo Stroblja
Diversity Upgrade
1. Auflage, Juli 2024

© 2024 Haufe-Lexware GmbH & Co. KG, Freiburg
www.haufe.de
info@haufe.de

Bildnachweis Cover und Autorenbild: © Ulrike Frömel

Produktmanagement: Mirjam Gabler
Lektorat: Juliane Sowah

Inhalt

EMPATHIE

KOMMUNIKATION

ADAPTIVITÄT

RESILIENZ

SELBSTBEHAUPTUNG

EIN PLATZ AM FENSTER

DANKE

ENDNOTEN

STICHWORTVERZEICHNIS

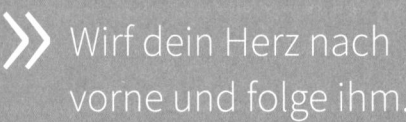

Wirf dein Herz nach
vorne und folge ihm.

EINLEITUNG
Wer gut werfen kann, ist im Vorteil

Mein Name ist Pavlo. Vor 20 Jahren kam ich in Deutschland an, um mein Postgraduate-Studium in Rechtswissenschaften an der Ruprecht-Karls-Universität Heidelberg zu machen. Wenn ich mich Menschen vorstelle, bekomme ich häufig die Rückfrage, ob ich Spanier sei. Viele Menschen hören Pavlo und stecken mich direkt in eine Schublade, in der Pablo Picasso oder Pablo Escobar (der auch nicht aus Spanien, sondern aus Kolumbien kommt) ihren Platz bereits gefunden haben. Ich komme weiterhin nicht aus Spanien, aber die Schublade bleibt.

Geboren wurde ich in der UdSSR, in der Ukrainischen Republik der UdSSR, um genau zu sein. Die ersten zehn Jahre meines Lebens wuchs ich als Sowjetgenosse auf, der zukünftige Stolz der Kommunistischen Partei in unserer Kleinstadt am westlichen Rande der Republik. Doch dann kam Herr Gorbatschow und mit ihm die Perestroika. Sein »Umbau«, der ungeahnte Konsequenzen für die Weltordnung gebracht hat, machte mich von einem Tag auf den anderen zum Bürger des unabhängigen Staates Ukraine. Am 24.08.1991, im Alter von zehn Jahren, erhielt ich zum ersten Mal in meinem Leben eine vollständig neue Identität – ein Persönlichkeitsmerkmal, das für immer ein Teil von mir sein wird. Viele Jahre später durfte ich mir bewusst meine Staatsangehörigkeit aussuchen und so wurde ich Deutscher (laut meinen Ausweisdokumenten).

Wenn dieses Buch erscheint, bin ich 43 Jahre und hatte bereits drei Staatsangehörigkeiten. Es gibt die schöne Bezeichnung »Mann mittleren Alters« – müsste irgendwo zwischen 35 und 65 Jahren liegen –, zu dem ich mich zählen kann. Dabei bleiben Männer lange Zeit mittleren Alters, Frauen wird schon ab 30 das »Alter« zugeschrieben. Unfaire Gesellschaft. Sie hat auch bestimmte Erwartungen an Männer mittleren Alters: Wir müssen ein Haus gebaut, ein Kind gezeugt und mindestens einen Baum gepflanzt haben. Besser mehr, ist ja schließlich Klimawandel. Bis auf den Baum eigentlich sehr patriarchale Rollenbilder.

Ab ungefähr Mitte 20 kamen die ersten Anfragen aus meinem Familienkreis bezüglich meines Beziehungsstatus und des Nachwuchses. Schließlich sei ich der älteste Sohn und solle die Familie stolz machen. Diesen Fragen wich ich, so gut es ging, immer aus. Dann outete ich mich als schwuler Mann. Danach wurde ich nur noch sehr selten danach gefragt (wenn überhaupt) – plötzlich wurde mein Privatleben meine eigene Sache, von der niemand mehr Genaues wissen wollte.

Ich erinnere mich noch genau, wie ich 2008 einen Freund in Freiburg besuchte. Ich ging alleine im Wald spazieren und sah einen Turm. Auf jeder Stufe zur Turmspitze stand ein Sprichwort. Eines ist mir ganz besonders in Erinnerung geblieben: »Wirf dein Herz nach vorne und folge ihm.« Erst viele Jahre später, als ich meinen Lebensweg weitergegangen bin und viele Rückschläge, aber noch mehr Erfolge hinter mir hatte, erinnerte ich mich an den Tag, als ich den Turm bestieg. Dieser Satz hatte mit einer unglaublichen Präzision meinen Werdegang und meine Einstellung beschrieben. So habe ich ihn zu meinem Motto gemacht. Und wer jetzt noch sagen würde, homosexuelle Männer können nicht selbstbewusst und erfolgreich werden, soll sich meinen Lebenslauf anschauen – hiermit habe ich das Gegenteil bewiesen.

Mit der Idee, ein Buch zum Thema Vielfalt und LGBTQIA Community zu schreiben, bin ich viele Jahre schwanger gegangen. Ein Mann und schwanger – ein Paradox? Nein, ist es nicht. Es gibt Männer, die schwanger werden können. Allerdings gehöre ich nicht dazu. Darf ich als cis Mann diese Redewendung überhaupt benutzen?

Cis (lateinisch, »auf dieser Seite«) »bezeichnet Personen, deren Geschlechtsidentität mit dem in der Regel anhand äußerer Merkmale vor oder unmittelbar nach der Geburt bestimmten Geschlecht über-einstimmt«[1].

Wer welche Fragen stellen darf, hinterfragen wir in den Alltags-routinen nicht allzu oft. Dafür braucht es Zeit und gedanklichen Raum. Wir sind in unseren Leben meist mit hoher Geschwindigkeit unterwegs, es gibt ständig etwas zu tun. Arbeit, Kontakte und Bezie-hungen pflegen, Social-Media-Kanäle checken. Liest überhaupt noch jemand Bücher heutzutage? Bestimmt. Bücher kommen nicht aus der Mode, sie werden höchstens elektronisch. Oder eine Audiodatei. Ich schreibe dieses Buch, um den Raum zu schaffen, in dem wir uns ge-meinsam mit wichtigen Themen auseinandersetzen.

Lasst uns unsere Gesellschaft als Schule vorstellen. Wir sind alle Teil dieser »Schule der Vielfalt«. Und wie in jeder Schule gibt es auch in der Vielfaltsschule »die Nerds«, die pauken, lesen, Fortbildungen in Diversity, Equity and Inclusion machen, Wissen ansammeln und ana-lysieren. Dann gibt es »die Coolen«, die sich in ihren fancy Outfits und mit überzeugenden Argumenten in Podcasts und Podiumsdiskussio-nen Sichtbarkeit und Gehör verschaffen (aber manchmal in der Theorie nicht ganz so fit sind). Die Coolen sind sehr beliebt, alle wollen mit ihnen befreundet und so wie sie sein. Es gibt die Klassenclowns, die auf eine unterhaltsame Art das Publikum abholen, aber auch Schüchter-ne (mit Tiefe), Schleimer (Rainbowwashing) oder Motzer (»Alles ist schlecht, aber bessere Ideen hab ich auch nicht.«). Neben den heraus-stechenden Charakteren gibt es dann noch die »stille Masse«, die sich nicht besonders kümmert, aber auch keinen Ärger macht.

Und dann plötzlich gibt es Nachrichten, dass einige Menschen sich getroffen haben, um eine Eliteschule zu schaffen, in der nur »die Würdigen« lernen dürfen. Würdig soll sein, wer weiß, deutsch, hete-ro, monogam, chronisch gesund und nicht behindert ist. Und bitte auch ausreichend Kinder bekommen will (mindestens zwei pro Fami-lie, besser mehr).[2]

Klingt nicht nur menschenverachtend, sondern auch ganz schön langweilig, so eine einseitige Perspektive.

Dieses Buch ist für alle, die nicht vergessen haben, dass die Würde des Menschen unantastbar ist. Wer das aus irgendeinem Grund nicht mehr auf dem Schirm haben sollte, dem empfehle ich dieses Buch in einem Bundle mit dem Deutschen Grundgesetz – da steht es nämlich drin, und zwar in Artikel 1[3]! Damit ist die Würde jedes einzelnen Menschen gemeint und nicht nur die Würde der weißen heterosexuellen alten cis Männer ohne Behinderung, die tolerant sind und »kein Problem mit Vielfalt« haben, die sie in einer Hinterkammer einschließen. Wir lassen uns nicht einsperren, wir brauchen ein Diversity Upgrade!

Die meisten werden den Begriff »Upgrade« aus dem Urlaub kennen. Ob ein Zimmer-Upgrade in einem Hotel oder ein Sitzplatz-Upgrade in die Businessclass, wenn genug Meilen auf dem Konto gesammelt sind. Wir alle möchten ein Upgrade für Dienstleistungen. Nicht zuletzt, weil ein Upgrade eine Aufwertung des Services bedeutet, ohne dafür zu zahlen.

Ein Zimmer-Upgrade bekommen wir, wenn wir nicht zufrieden mit etwas sind. Dann gehen wir an die Rezeption und machen einen Aufstand, die autorisierte Person wird konsultiert und schon dürfen wir in ein größeres Zimmer auf der höheren Etage ziehen. Unser Land ist aber kein Hotelzimmer. Warum müssen wir erst laut und unbequem werden, anecken und demonstrieren, um eine Aufwertung des bestehenden Systems zu erhalten?

Warum Upgrade? Ich habe mir die Frage gestellt: Ist es ein Upgrade oder ein Update? Ein Update kann auch eine Information sein, die Menschen auf den aktuellen Stand bringt – das ist definitiv nicht das Ziel dieses Buches. Beim Upgrade eines Betriebssystems wird eine aktualisierte Version installiert, mit neuen Funktionen und Nutzungsmöglichkeiten. Die Nutzbarkeit und der Umgang mit dem System werden leichter und intuitiver. Genau das ist das Ziel des Buches. Vielfalt soll kein Standardprodukt mehr sein. Ich fordere Aufwertung für Vielfalt – und zwar ohne Aufpreis!

Es geht mir nicht nur darum, bestimmte Themen in den Raum zu stellen, sondern auch – und vor allem – die Vielfalt der Perspektiven darzustellen. Vor drei Jahren habe ich eine gemeinnützige Organisation gegründet, die sich für Förderung von Vielfalt und für Chancengerechtigkeit einsetzt, und bin Sozialunternehmer geworden. Durch diese Arbeit traf ich viele inspirierende Persönlichkeiten. Menschen, die meine Vorbilder und Mentor*innen wurden, meine Lehrer*innen und Sparringspartner*innen. In meinem Diversity Upgrade möchte ich auch diesen Menschen Raum geben. Sie sind diejenigen, die jeden Tag dafür sorgen, dass das Upgrade umgesetzt wird.

Es geht um Wertschätzung der Vielfalt, um Akzeptanz und darum, welche Tools und Kompetenzen wir brauchen, um ein Upgrade durchzuführen.

In den zwei ersten Kapiteln gebe ich dir eine Übersicht über das Thema Diversity und die Bedeutung von DEIB – Diversity, Equity, Inclusion, Belonging – in der Arbeitswelt. Danach folgen die sieben zentralen Kompetenzen: Empathie, Kommunikation, Netzwerken, Kreativität, Adaptivität, Resilienz und Selbstbehauptung.

Warum ist dieses Buch eine LGBTQIA Edition? Zum einen, weil die meisten Stimmen in diesem Buch die LGBTQIA Community repräsentieren. Zum anderen, weil sexuelle Orientierung und geschlechtliche Identität stellvertretend für die sieben Diversity-Kerndimensionen laut Charta der Vielfalt[4] stehen. Nicht nur Queers, sondern alle marginalisierten Menschen, die Diskriminierung erfahren – sei es aufgrund der ethnischen Herkunft, Hautfarbe oder anderer Merkmale –, werden mit denselben Herausforderungen konfrontiert und entwickeln ähnliche Bewältigungsmechanismen.

Queere Menschen erfahren Gewalt, leiden dreimal öfter an Depressionen und Burn-out[5] und haben ein fünfmal höheres Suizidversuchsrisiko als die heterosexuelle Mehrheitsgesellschaft[6]. Wir entwickeln Coping-Mechanismen (Bewältigungsstrategien) nicht, weil es so viel Spaß macht, queer zu sein. Es wäre schön, wenn wir jeden Tag Christopher Street Day (CSD) und Pride Partys feiern würden. Stattdessen werden wir aufgrund unserer sexuellen Orientierung und geschlechtlichen Identität gemobbt und ausgegrenzt. In vielen Fällen schon im frühen Alter. Viele von uns sind bereits als Kind Opfer von Gewalt geworden und tragen diesen Schmerz und Traumata in uns. Diese Skills, die wir entwickeln, helfen uns, unsere Wunden zu heilen und wieder auf die Beine zu kommen. Pride bedeutet Stolz. Auch Stolz, überlebt zu haben. Die Diversity Skills, die wie ein Schweizer Taschenmesser (selbstverständlich in Regenbogenfarben) sind, möchte ich mit dir teilen. Sie helfen dir, dich zu schützen und dich selbst zu akzeptieren, wie du bist, aber auch selbstwirksam zu werden und eigene Vorurteile, die dich hemmen, loszulassen.

Wenn du das Privileg hast, keine Diskriminierungserfahrungen zu haben, hilft dir ein Diversity Upgrade bei einem sicheren Umgang mit Vielfalt und dich als verbündete Person zu stärken. Unabhängig davon, ob in deinem Familien- und Freundeskreis, weil deine Schwägerin aus der Ukraine stammt und Oksana heißt oder auf der Arbeit mit Kolleg*innen, Vorgesetzten oder deinen Mitarbeitenden – weil sie queer und non-binary sind oder ihre Wurzeln im Iran haben. Lerne dich selbst und die sieben Diversity Skills besser kennen und übe sie, um allen Menschen in deinem Leben würdevoll zu begegnen.

In diesem Buch findest du verschiedene Formate, die als snackable Content verfasst sind.

 Die Kapitel **Info-Nuggets** enthalten komprimierte Informationen zum jeweiligen Thema. In einem Training wären diese sogenannter Trainer-Input (ohne *in, weil Anglizismus).

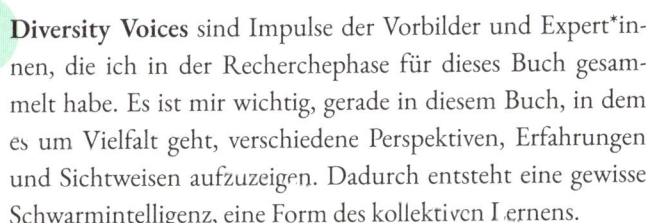 **Diversity Voices** sind Impulse der Vorbilder und Expert*innen, die ich in der Recherchephase für dieses Buch gesammelt habe. Es ist mir wichtig, gerade in diesem Buch, in dem es um Vielfalt geht, verschiedene Perspektiven, Erfahrungen und Sichtweisen aufzuzeigen. Dadurch entsteht eine gewisse Schwarmintelligenz, eine Form des kollektiven Lernens.

Schwarmintelligenz in der Natur ist nicht nur alltäglich, sondern überlebenswichtig. Hierfür gibt es viele Beispiele: Fischschwärme oder Vogelschwärme agieren oder reagieren als Gruppen – ohne Führung durch einzelne Individuen.

Wie in jedem System, in dem nach einem Upgrade Bugs (Probleme) auftauchen, die behoben werden müssen, gibt es auch in diesem Buch ein Format **Diversity Bugs**. Bugs sind die Fallstricke und Barrieren, die uns daran hindern, unser volles Potenzial zu entfalten und es dem System nicht möglich machen, reibungslos zu funktionieren. Es können zum Beispiel unbewusste Vorurteile sein (»Mir-ähnlich-Verzerrung«), unsere Glaubenssätze (»Du bist nicht gut genug«), innere Antreiber (»Streng dich an«), Abwehrmechanismen (Verdrängung), Bewältigungsstrategien (Suchtverhalten) oder verbreitete Mythen (»Alle schwulen Männer haben ein gutes Auge für Einrichtung«).

Selbstverständlich möchte ich euch nicht vorenthalten, wie wir unsere Diversity-Kompetenzen weiterentwickeln können. Einen Methodenkoffer mit Tools und Übungen findet ihr im Format **Skill Boost** – Fähigkeitsschub. Mir ist bewusst, dass Kompetenzen wie Kommunikation oder Resilienz bei uns allen bereits vorhanden sind. Wir können diese aber weiterentwickeln, indem wir sie neu zuordnen und verschiedene Facetten – also auch eine gewisse Komplexität der Skills – entdecken und den Skill Boost gemeinsam üben.

Noch eine Sache, bevor es richtig losgeht: Diversity und Vielfalt haben für mich dieselbe Bedeutung. Der Begriff »queer« wird als Synonym für die deutsche Abbreviatur LSBTQIA (lesbisch, schwul, bisexuell, transgender, queer, intergeschlechtlich, agender/aromantisch/asexuell) beziehungsweise im Englischen LGBTQIA (lesbian, gay, bisexual, transgender, queer/questioning, intersex, asexual) benutzt. In diesem Buch wurde der Einheitlichkeit halber die englische Form gewählt. Ich weiß, dass viele Menschen sich mit der richtigen Reihenfolge und mit der korrekten Aussprache des Buchstabensalats schwertun. Dabei geht es gar nicht darum, ob alle Buchstaben korrekt ausgesprochen werden, sondern um ihre Bedeutung. Es geht um den Teil unserer Gesellschaft, der sich als nicht hetero und/oder nicht cis identifiziert.

Ich möchte in unserer Kommunikation auf ein respektvolles Du und Wir zugreifen, damit wir uns auf Augenhöhe begegnen. Da wären wir bereits bei der Fähigkeit zu Empathie, die eine bestimmte Nähe erfordert, um Mitgefühl zu entwickeln. Durch Siezen entsteht oft eine Distanz, die uns vermeintlich schützen soll, in der Realität aber nur Barrieren baut.

》 Wo entsteht Diversity?
In einem Kontext, in dem es
zwei oder mehr Menschen gibt.

1 DIVERSITY

Wir können nicht nicht divers sein

Upgrade im Überblick

In diesem Kapitel schauen wir uns Diversity und ihre Dimensionen an. Wir wollen einen souveränen Umgang mit dem Thema finden, denn auch so manche Begriffe sind nicht immer selbsterklärend und Diversity soll kein Buch mit sieben Siegeln sein – sondern ein Mindset, gestärkt durch sieben Kompetenzen.

Wie auch der Titel dieses Buches es formuliert, wollen wir mit Vorurteilen aufräumen und schauen uns deshalb mit Nina Straßner, LL.M, Fachanwältin für Arbeitsrecht, Global Head of People Initiatives bei SAP SE und Vorständin bei Charta der Vielfalt e.V., die am meisten verbreiteten Stereotype rund um Diversity im Kapitel »Mythen oder Wahrheiten?« an.

Mit Kadim Tas von JOBLINGE AG schauen wir uns das Thema Chancengerechtigkeit an und erfahren, mit welchen Barrieren junge Menschen mit Migrations- und Fluchterfahrung konfrontiert sind und wie diese nachhaltig abgebaut werden können (Dimensionen: Alter, soziale Herkunft, ethnische Herkunft/Nationalität).

Die Gründerin von The Diversity Hub und The People Hub Nathalie Marie Pérez Sievers nimmt das Thema unbewusste Vorurteile (Unconsious Bias) unter die Lupe und Gaby Wasensteiner von LinkedIn widmet ihr Kapitel den Aspekten Privilegien und Allyship.

Abschließend gehen wir auf das »B« in DEIB – Belonging, Zugehörigkeit - ein. Thomas Killer, Gründer und Berater mit Fokus auf dieses Thema, bringt uns die Bedeutung einer Kultur des Zuhörens näher und wie wir uns dadurch zugehöriger fühlen können.

Diversity geht uns alle an

Dann mal los, begeben wir uns gemeinsam auf die Reise und und schauen zunächst darauf, worüber wir überhaupt sprechen, wenn es um Diversity geht. Ist Diversity (nicht) gleich Vielfalt? Ist sie (noch nicht) allgegenwärtig – und wenn nicht, warum?

Wir müssen erst einmal keine Charles Darwins sein – der vielfältige Studiengänge absolviert hat – , um uns mit dem Thema Diversität auseinanderzusetzen. Wir müssen uns nicht in fachlichen Tiefen verlieren, um Vielfalt als natürlich zu begreifen. Diversität in der Pflanzen- und Tierwelt ist auf uns Menschen übertragbar. Es geht nicht ohneeinander – oder um es mit Isabell Allende zu sagen: »Die Lebensversicherung jeder Art ist Vielfalt ... Vielfalt garantiert Überleben.«[7]

Dabei fängt Diversität bereits bei jeder und jedem Einzelnen von uns an. Jede Person hat ihren Wert, hat Gefühle, einen Hintergrund, Träume, Ängste und Bedürfnisse. Damit wir das gesund und aufrichtig in die Gemeinschaft, in der wir leben, tragen können, müssen und dürfen wir also bei uns selbst beginnen: Wir dürfen ganz wir selbst sein – und wenn wir es noch nicht gelernt haben, dürfen wir uns jetzt auf den Weg machen. Diversity ist das, was es uns erst ermöglicht, unsere wahre Identität zuzuordnen, wertzuschätzen und zu erkennen, in welchem Zusammenhang und in welchem Kontext wir anhand bestimmter Persönlichkeitsmerkmale entweder ein Privileg gegenüber den anderen haben oder diskriminiert werden (können).

Und dann können wir doch selbst Darwins sein. Denn genauso wie er sich auf die Vielfalt der Arten eingelassen hat – um die Welt zu verstehen, nicht zu zerstören –, können wir die Zusammenhänge in der Vielfalt der unterschiedlichen Menschen (Individuen) (be) greifbar machen und herstellen. Schaffen wir es, Gemeinsamkeiten herausfinden, Unterschiede willkommen zu heißen und Verbindungen herzustellen, kann dies eine solide Grundlage für Zugehörigkeit (Belonging) bilden – egal, ob in unserem Team auf der Arbeit oder in unserem Sportverein, in dem wir uns ehrenamtlich engagieren.

Wir dürfen neugierig uns selbst und allen anderen gegenüber bleiben. Wir sollten flexibel sein, um der Vielfalt in unserer Welt wertschätzend zu begegnen. Dafür können wir die sieben Dimensionen von Diversity nutzen, denn sie sind im positiven Sinne biegsam und bilden das Fundament, um miteinander zu leben – nicht gegeneinander.

Zu den Kerndimensionen von Diversity nach der Charta der Vielfalt e.V.[8] zählen:
- Alter
- Ethnische Herkunft & Nationalität
- Geschlecht & geschlechtliche Identität
- Körperliche & geistige Fähigkeiten
- Religion & Weltanschauung
- Sexuelle Orientierung
- Soziale Herkunft

Nehmen wir als Beispiel das Alter – es ändert sich permanent. Und jeden Tag, jeden Monat, jedes Jahr haben sammeln wir mehr Erfahrung und werden mit unterschiedlichen Barrieren und Vorurteilen konfrontiert – immer im Kontext der Generationen(vielfalt) gedacht, die mit unterschiedlichen Arbeits- und Lebenseinstellungen sowie Wertesystemen »aufwachsen« und eben auch unterschiedliche Lebensalter haben.

Es werden uns anhand unseres Alters unterschiedliche Eigenschaften zugeschrieben, die auf bestimmten Stereotypen basieren. In einem Bewerbungsprozess für ein hippes Start-up werden junge Menschen bevorzugt, da angenommen wird, dass sie flexibler sind und eine schnellere Auffassungsgabe und Lernbereitschaft besitzen als Kandidat*innen mit dreißig Jahren Arbeitserfahrung. Und darin liegt eine eindimensionale – und unnötige – Unflexibilität. Denn wenn wir neugierig und offen bleiben, dann richten wir uns nicht nach dem Alter der Bewerbenden, sondern nach ihren Kompetenzen, der Übereinstimmung mit unserem unternehmerischen Wertesystem und dem persönlichen Match. Und schon steigt die Wahrscheinlichkeit für eine wirklich passende und nachhaltige Besetzung der Stelle und der Zusammenarbeit ins Zigfache. Wir müssen weg von Eindimensionalität und Schubladen – und sollten uns viel mehr damit auseinandersetzen, was es wirklich in einem Moment, einer (Arbeits-)Situation oder im Leben generell braucht.

Und dafür sollten wir bei uns beginnen und zunächst uns selbst mehr Zeit und Aufmerksamkeit widmen. Je besser wir uns selbst kennen, desto besser können wir uns abgrenzen, uns und unsere Bedürfnisse kommunizieren und unser volles Potenzial entwickeln. Wir wollen ein Diversity Upgrade durchführen und fangen deshalb direkt bei uns an. »Sei du selbst die Veränderung, die du dir wünschst für diese Welt« von Mahatma Gandhi formulieren wir um in »Sei du selbst das Upgrade, das diese Welt braucht«. Wir können lange auf Missstände, Diskriminierung, Rassismus und ähnliches auf Social Media eingehen. Wenn wir es ungerecht finden, wie jemand behandelt wurde, erheben wir unsere Stimme, re-posten eine Story auf Instagram und übermorgen erinnern wir uns nicht mehr daran. Oder wir führen ein ordentliches Upgrade für Diversity, indem wir bei uns selbst anfangen (zum Beispiel mit Bestandsanalyse und Weiterentwicklung unsere Skills, auf die ich in diesem Buch eingehe und leisten unseren Beitrag zu einer gerechteren und inklusiveren (Arbeits)Welt.

Begleitend sollten wir uns zu den DEIB-Themen Vielfalt, Gleichberechtigung, Inklusion und Zugehörigkeit weiterbilden – und zwar wir alle, die wir in beruflichen Kontexten unterwegs sind (und das sind sehr viele von uns) und/oder uns noch zu sehr mit Stereotypen befassen. Wenn wir bisher nicht die Zeit dafür gefunden haben, ein Training zu absolvieren, so nehmen wir uns ab jetzt regelmäßig Zeit dafür. Ein paar Stunden im Monat reichen, um die verstaubten Schubladen zu öffnen und stattdessen frische Luft zu schnuppern, die aus der bunten Vielfalt aller strömt.

Wir alle können uns für gerechte Teilhabe (Equity) einsetzen, denn sie betrifft uns alle. Gerade dann, wenn wir Privilegien haben, ist es unsere Verpflichtung, Barrieren abzubauen und gleiche Rechte und Chancen für alle zu ermöglichen. Wir können unsere Stimme erheben und Taten folgen lassen. Wir demonstrieren auf der Straße und zeigen Haltung, klären auf, teilen unsere Erfahrungen auf unseren Social-Media-Kanälen und wir finden Wege, einen Beitrag für Gleichstellung und Chancengerechtigkeit zu leisten und Ungleichheiten zu eliminieren.

Wenn wir uns die Vielfaltsdimensionen anschauen – die auf der Website der Charta der Vielfalt e.V., »die größte Arbeitgebenden-initiative zur Förderung von Diversity in Unternehmen und Institutionen Deutschlands«[9], wunderbar abgebildet sind – von der organisationalen Ebene über die äußere Ebene bis in die Kerndimensionen, können wir uns und unsere Privilegien anhand dieser Dimensionen zuordnen. Dazu möchte ich an den Anfang des Buches erinnern. Vielleicht ist euch aufgefallen, dass ich einige Informationen über mich »preisgegeben« habe, die in einer Einleitung nicht unbedingt üblich sind. Ich habe das Intro an die Dimensionen von Diversity angelehnt, um euch verschiedene Facetten meiner Persönlichkeit aufzuzeigen und eine Vertrauensbasis zu schaffen. Wenn es mir gelungen ist und ihr das Gefühl bekommen habt, mich ein bisschen besser zu kennen und mir vertrauen zu können, würde mich das sehr freuen.

Wie uns ein Upgrade gelingen kann, soll folgende kurze Geschichte beispielhaft zeigen. Neulich war ich in einem Zoom-Call mit Menschen, die ich teilweise noch nicht kannte. Eine Teilnehmende stellte sich vor, nannte ihren Namen und ihr Alter, erzählte, von wo sie dazugeschaltet hat und – was mich so beeindruckt hat – sie erwähnte ihre Hautfarbe, ihre Haarfarbe und ihre Frisur. »Das ist doch offensichtlich«, dachte ich spontan – bis mir klar wurde, wie empathisch und wertschätzend ihre Beschreibung war: Auch sehen zu können ist ein Privileg und wir sollten nie voraussetzen, dass alle anderen Menschen es auch haben.

Lasst uns offen und neugierig bleiben, neue Fähigkeiten lernen und alte weiterentwickeln. Lasst uns Barrieren abbauen, gegen Stereotype und Vorurteile antreten. Lasst uns gemeinsam ein Diversity Upgrade durchführen – ein Upgrade, das längst überfällig ist.

Mythen oder Wahrheiten?

Nina Straßner, LL.M., ist Fachanwältin für Arbeitsrecht, Mediatorin und Global Head of People Initiatives bei SAP SE. Als operative Vorsitzende im Co-Chair bei Charta der Vielfalt e.V. und mit ihrer Expertise in DEIB ist Nina Diversity Voice und Leuchtturm weit über den deutschsprachigen Raum hinaus. In meiner DEIB-Bubble existieren wiederkehrende Themen und Behauptungen, die entweder umstritten oder nicht eindeutig sind. Diese »Mythen« habe ich zusammengetragen und frage bei Nina nach, was davon der Wahrheit entspricht und was nicht.

Mythos oder Wahrheit? Diverse Teams performen besser, sind kreativer und innovativer.
Erst einmal ist es ein Mythos. Wenn diverse Teams nicht gemanagt werden, sind sie nicht kreativer oder innovativer. Das ändert sich jedoch immens, sobald die Arbeitgebenden das Management und eine aufmerksame Führung von Menschen mit all ihren Fertigkeiten und Fähigkeiten ernst nehmen – dann schlagen sie homogene Teams, was die Ergebnisse anbelangt, um Längen.

Mythos oder Wahrheit? DEIB ist Chef*innensache und kann in Unternehmen nur Top-down stattfinden.
Es ist wahr. Der Fisch stinkt vom Kopf. Bemühungen um eine diverse Kultur laufen sich wund, wenn die oberste Ebene nicht mitzieht und den Weg freimacht. Idealerweise fangen richtig gute Kulturarbeit und Diversity Management dort an, können aber auch durch Impulse Bottom-up losgetreten werden. Es lohnt sich also durchaus, hier Energie reinzustecken. Die Chef*innenetagen MÜSSEN aufspringen, damit es nachhaltig klappt. Sie brauchen aber natürlich auch ein Management und Expert:innen, die sie »anfunken« können, damit wirksame Maßnahmen in die Unternehmen hineingetragen werden.

Mythos oder Wahrheit? Diversity bedeutet Gleichstellung von Frauen.

Es ist wahr. Das triggert leider erst einmal viele – dabei ist es schlicht die global transparenteste und am leichtesten zu verstehende Dimension. Wenn die gut funktioniert, sind auch alle anderen, weniger sichtbaren oder messbaren Dimensionen wie sexuelle Orientierung oder soziale Herkunft besser aufgestellt. Frauen sind in allen Diversity-Dimensionen – von Alter über Herkunft und Hautfarbe et cetera – im Vergleich schlechter dran als Männer in der jeweiligen Dimension. Verbessert man die Chancen für Frauen, wirkt sich das nachweislich immens positiv auf alle Geschlechter mit ihren vielfältigen Ansprüchen auf Gleichstellung aus.

Mythos oder Wahrheit? Alte weiße hetero cis Männer sind Feinde von Diversity.

Bullshit. Sie sind keine Feinde. Sie sind nur diejenigen, die systematisch betrachtet einfach am Drücker sind, um wirklich etwas zu verändern. Doch auch »alte weiße Männer« schleppen Pakete mit sich herum, die in einer inklusiven Kultur leichter werden. Einzusehen, dass sie aber viele Hürden nicht haben, weil sie weniger Vorurteile schultern müssen, fällt erst einmal schwer, ist aber leichter, je besser es um die Kultur um sie herum bestellt ist.

Mythos oder Wahrheit? Diversity ist ein Mindset.

100 Prozent wahr.

Für mehr Chancengerechtigkeit

Kadim Tas, geboren 1976 in Kovik, studierte Politologie an der Johann Wolfgang Goethe-Universität Frankfurt am Main. Bereits parallel zu seinem Studium war er in der Jugendarbeit tätig und hat in mehr als 20 Jahren verschiedene Projekte für benachteiligte Jugendliche betreut und geleitet. Mit der Gründung der JOBLINGE gAG Frankfurt im Jahr 2011 startete er als Managing Director bei der Initiative und übernahm kurze Zeit später zusätzlich die Rolle des operativen Vorstands der JOBLINGE-Dachorganisation (e.V.). Seit 2022 ist Kadim Tas CEO von JOBLINGE und verantwortet neben der überregionalen Leitung auch die stete Weiterentwicklung der Initiative und des Konzepts.

Als Visionär glaubt er fest an sozialunternehmerische Lösungen für gesellschaftliche Herausforderungen und geht stets neue Wege, um jungen Menschen Chancen unabhängig ihrer sozialen Herkunft zu ermöglichen. Kadim Tas ist verheiratet und lebt mit Frau und Kindern in Frankfurt am Main.

»Wir erleben Diskriminierung aufgrund sozialer Herkunft tagtäglich in unserer Arbeit mit jungen Menschen. Oft sind es unbewusste Vorurteile – Unconscious Biases. Stellen Sie sich als Leser*innen, die Sie vermutlich selbstkritisch und wissbegierig zu diesem Buch gegriffen haben, die Frage: Wie ambitioniert würden Sie einen jungen Jobanwärter einschätzen, dessen Eltern im Bürgergeldbezug stehen versus eine junge Bewerberin, deren Mutter und Vater als Ärzt*innen arbeiten?

Die Problematik? Soziale Herkunft ist nicht unmittelbar sichtbar, wenn junge Menschen zu einem Bewerbungsgespräch kommen. Aber: Man wird sie erkennen, schaut man auf die Voraussetzungen, mit denen sie ins Berufsleben starten – Schulnoten oder absolvierte Praktika als manifeste Grundlagen –, aber auch an Unterschieden in Sprache, Verhalten, kultureller Bildung bis hin zu Auftreten, Selbstsicherheit und so weiter. All das werden wir, ob bewusst oder unbewusst, bewerten – und im schlimmsten Fall abwerten. So entsteht Diskriminierung, die soziale Herkunft wird zum schier unüberwindbaren Hindernis für die soziale Mobilität von Jugendlichen.

Wir bei JOBLINGE arbeiten Tag für Tag daran, diese Hindernisse aus dem Weg zu räumen und Wege in eine mündige Zukunft in Arbeitsmarkt und Gesellschaft zu ebnen. Weshalb es uns dafür braucht? Wir leben in einer Leistungsgesellschaft, aber ohne Chancengerechtigkeit. »Du kannst es schaffen, wenn du dich nur genug anstrengst«, existiert nicht. Weil gleiche Anstrengungen eben nicht zu gleichem Erfolg bei allen Menschen führen. Daher ist es richtig und wichtig, als privilegierte Person für jene Menschen mit sozioökonomischen Nachteilen einzustehen, die es kaum aus eigener Kraft schaffen können. Teilhabe heißt auch, andere an unseren Privilegien teilhaben zu lassen.«

Unconscious Bias

Mit über einem Jahrzehnt Erfahrung im Bereich People & Culture und Diversity, Equity Inclusion & Belonging ist Nathalie Marie Pérez Sievers eine gefragte Expertin. Als Gründerin von the PEOPLE! hub und the DIVERSITY! hub kombiniert sie ihre Expertise als systemische Organisationsberaterin, zertifizierte Trainerin für Erwachsenenbildung und Speakerin, um Unternehmen bei der Umsetzung der Strategien nachhaltig zu unterstützen. Nathalie ist für ihren praxisorientierten, fundierten Ansatz bekannt und verbindet als LinkedIn Content Creator Theorie mit Praxis. Ihr Motto – »Ein Plan verändert nicht dein (Arbeits-)Leben. Eine Entscheidung und der erste Schritt schon« – unterstreicht die Notwendigkeit aktiver Veränderung. Sie beschreitet unkonventionelle Wege, die methodisch untermauert, theoretisch fundiert und direkt umsetzbar sind. In ihrem Gastbeitrag fokussiert Nathalie auf Ressentiments in der Arbeitswelt und wie wir lernen können, diese abzubauen.

»Unbewusste Vorurteile können durchaus erkannt und verstanden werden. Nur durch diesen Prozess können wir verhindern, dass unsere Denkmuster uns kontrollieren und wir uns quasi wie in einem Autopiloten durch den Tag manövrieren.

In der heutigen, zunehmend vielfältigen und globalisierten Arbeitswelt sind Unconscious Biases ein relevanter Faktor, der die Entscheidungsfindung und den Umgang miteinander in Unternehmen beeinflusst. Diese unbewussten Vorurteile können auf persönlichen Erfahrungen, sozialen Normen, Medien oder kulturellen Prägungen basieren und haben oft einen subtilen und zugleich bedeutenden Einfluss auf unsere Interaktionen und Entscheidungen.

Eines ist sicher: Wir alle haben sie. Niemand denkt und handelt rein rational.

> **Unconscious Biases** sind unbewusste Voreingenommenheiten gegenüber Menschen, Gruppen oder Situationen. Sie führen oft dazu, dass wir Personen oder Gruppen ohne bewusstes Zutun bevorzugen oder benachteiligen.

Beim Thema Unconscious Bias führt kein Weg an Daniel Kahneman vorbei. Kahneman[10] ist zweifellos einer der einflussreichsten Denker des 21. Jahrhunderts. Als Psychologe und Wirtschaftswissenschaftler hat er mit seinen bahnbrechenden Arbeiten im Bereich der Verhaltensökonomie die Art und Weise, wie wir über Entscheidungsfindung und menschliches Verhalten nachdenken, grundlegend verändert.

Eine seiner bedeutendsten Arbeiten ist die Prospect Theory, die er gemeinsam mit Amos Tversky entwickelte. Diese Theorie beschreibt, wie Menschen Entscheidungen treffen, insbesondere in Bezug auf Risiko und Unsicherheit. Anstatt rein rational zu handeln, wie es die klassische Wirtschaftstheorie vorschlägt, zeigt die Prospect Theory, dass unsere Entscheidungen häufig von Emotionen und Wahrnehmungen eines Risikos beeinflusst werden. Zum Beispiel neigen

Menschen dazu, Verluste stärker zu fürchten, als Gewinne zu schätzen, was zu bestimmten Verhaltensweisen führt, die nicht mit rein rationalen Entscheidungen übereinstimmen.

Kahneman hat auch eine Vielzahl kognitiver Verzerrungen identifiziert, die unsere Denkweise und Entscheidungsfindung beeinflussen. Einer der bekanntesten ist der Confirmation Bias, bei dem wir dazu neigen, Informationen zu suchen und zu interpretieren, die unsere bestehenden Überzeugungen bestätigen – während wir Informationen ignorieren, die dem widersprechen. Diese kognitiven Verzerrungen können dazu führen, dass wir falsche Schlussfolgerungen ziehen oder unzureichende Entscheidungen treffen, ohne uns dessen bewusst zu sein.

In der Diskussion über Unconscious Biases bietet Kahnemans Arbeit wertvolle Einblicke in die zugrunde liegenden Mechanismen menschlichen Verhaltens. Indem wir seine Erkenntnisse verstehen und anwenden, können wir besser erkennen, wie unsere unbewussten Vorurteile und Denkmuster unsere Entscheidungen beeinflussen. Dies ermöglicht es uns, bewusstere Entscheidungen zu treffen und unsere Verhaltensweisen zu verbessern, sowohl auf individueller als auch auf organisatorischer Ebene.

Ein Blick über die üblichen Biases offenbart eine Vielzahl unbewusster Vorurteile, von denen über 195 dokumentiert sind, wie im Cognitive Bias Codex dargestellt.[11]

Beim Halo-Effekt wird eine Person aufgrund einer herausragenden Eigenschaft generell als kompetent angesehen. Dies kann dazu führen, dass queere Bewerbende trotz angemessener Qualifikationen aufgrund ihrer sexuellen Orientierung oder Geschlechtsidentität als weniger kompetent betrachtet werden, was zu Benachteiligung bei Einstellungsentscheidungen führen kann.

Beim Affinity Bias neigen Menschen dazu, Personen zu bevorzugen, die ihnen ähnlich sind. Queere Bewerbende könnten aufgrund ihrer Abweichung von heteronormativen Erwartungen ausgeschlossen werden, was zu Marginalisierung und eingeschränktem Zugang zu beruflichen Chancen führen kann.

Queere Menschen erleben häufig Nachteile, da diese Vorurteile auf heteronormativen Annahmen basieren. Es ist wichtig, sich dieser unbewussten Voreingenommenheiten bewusst zu sein, da sie nicht nur individuelle Entscheidungen beeinflussen, sondern auch das Arbeitsumfeld und die Organisationskultur prägen können. Durch die Reflexion über und den Umgang mit diesen Ressentiments können Unternehmen eine inklusivere Umgebung schaffen, in der alle Mitarbeitenden unabhängig von ihrer sexuellen Orientierung, Geschlechtsidentität oder geschlechtlichen Ausdrucksweise gleiche Chancen und Unterstützung erhalten.

Um Unconscious Biases in Unternehmen zu adressieren und zu überwinden, ist es entscheidend, dass Führungskräfte und Mitarbeitende aktiv Maßnahmen ergreifen. Einige bewährte Ansätze können durchaus dabei helfen. Unternehmen sollten Schulungen und Workshops anbieten, die Mitarbeitende dabei unterstützen, ihre eigenen unbewussten Vorurteile zu erkennen und zu verstehen. Durch den Austausch von Erfahrungen und die Reflexion über individuelle Denkmuster können Mitarbeitende sensibilisiert werden und lernen, diese zu hinterfragen.

Führungskräfte sollten bewusste Entscheidungsprozesse implementieren, die darauf abzielen, Unconscious Biases zu minimieren. Dies kann beispielsweise durch die Einführung objektiver Kriterien bei Einstellungs- und Beförderungsentscheidungen erfolgen. Es ist wichtig, dass Mitarbeitende und Führungskräfte einander Feedback geben und in den Dialog gehen. Durch offenen Austausch und kontinuierliche Selbstreflexion können Unternehmen eine Kultur der Verantwortlichkeit schaffen.

Als Expertin ist es mir ein Anliegen, die Bedeutung der Bewusstwerdung von unbewussten Vorurteilen zu betonen und Wege aufzuzeigen, wie man sie überwinden kann. Eine grundlegende Methode, um sich seiner Biases bewusst zu werden und neue Perspektiven einzunehmen, ist die kontinuierliche Selbstreflexion. Diese ermöglicht es, unsere eigenen Denkmuster kritisch zu hinterfragen und verborgene Vorurteile aufzudecken.

Zusätzlich ist Bildung von großer Bedeutung. Ein tieferes Verständnis für soziale Kategorien, Stereotypen und Vorurteile ermöglicht es, Biases besser zu erkennen und vor allem zu verstehen. Aktives Zuhören und Empathie sind ebenfalls entscheidend, um die Perspektiven anderer Menschen zu verstehen und unsere eigenen Vorurteile zu überwinden. Das Einholen von Feedback andere Personen über unser Verhalten und unsere Interaktionen ermöglicht es uns, unsere Vorurteile zu erkennen, die wir bisher nicht erkannt haben, und an uns zu arbeiten.

Schließlich erfordert die Überwindung von unbewussten Biases Geduld und Ausdauer. Es ist ein Prozess, der kontinuierliches Engagement benötigt. Indem wir uns stetig bemühen, unsere Denkmuster zu hinterfragen und zu korrigieren, können wir dazu beitragen, eine inklusivere und gerechtere Gesellschaft aufzubauen.

Indem Unternehmen und auch jede einzelne Person diese Maßnahmen umsetzen und eine Kultur der Vielfalt und Inklusion fördern, können sie nicht nur die individuelle Entwicklung ihrer Mitarbeitenden unterstützen. Sie stärken auch die Leistungsfähigkeit, indem sie eine integrative Arbeitsumgebung schaffen, in der alle Mitarbeitenden ihr volles Potenzial entfalten können.

Privilegien und Allyship

Seit mehr als fünf Jahren ist Gaby Wasensteiner bei LinkedIn tätig, aktuell als Senior Brand Managerin. Ihre Leidenschaft für Marketing hat Gaby zuerst bei Microsoft entdeckt, wo sie von 2013 bis 2015 als Marketingmanagerin tätig war. Dort durfte sie verschiedene Abteilungen kennenlernen und sowohl Erfahrungen im B2B-Marketing als auch im Eventmanagement sammeln. Lebenslanges Lernen ist für sie nicht nur ein Begriff, sondern eine Lebensweise. Nach Jahren in unterschiedlichen Jobs und stetigen Lernens hat sie bei LinkedIn nun das gefunden, was viele suchen: ihren Traumjob. Neben ihrem Hauptjob als Brandmanagerin, in dem sie für Marketingkampagnen und Partnerschaften im DACH-Raum zuständig ist, teilt sie als Karriereexpertin ihr Wissen, ihre Erfahrungen und neueste Trends auf dem Arbeitsmarkt in verschiedenen Formaten. Gaby lebt Diversity und engagiert sich als Ally (Verbündete) für die LGBTQIA Community und viele andere Communitys.

»Für mich ist Allyship genauso bunt und vielfältig wie wir Menschen selbst. Deshalb gibt es für mich auch viele verschiedene Möglichkeiten für und Formen von Allyship – von laut bis leise, von sichtbar bis weniger sichtbar und allem, was dazwischen liegt. In dieser Vielfältigkeit liegt die besondere Kraft und Chance, um Diversität zu fördern, denn jeder Mensch kann für sich einen eigenen Weg finden, Ally zu sein.

> »**Allyship** ist eine aktive, konsequente und anstrengende Praxis des Verlernens und Neubewertens, bei der eine Person in einer privilegierten und machtvollen Position versucht, in Solidarität mit einer Randgruppe zu handeln. Allyship ist keine Identität – es ist ein lebenslanger Prozess des Aufbaus von Beziehungen auf der Grundlage von Vertrauen, Beständigkeit und Verantwortlichkeit mit marginalisierten Einzelpersonen und/oder Gruppen von Menschen.«[12]

Ich selbst versuche, bewusst meine Privilegien zu nutzen, um mich für das Thema Diversität zu engagieren. Das ist auch mein Tipp für Personen, die Allyship stärker leben möchten: Werdet euch eurer Privilegien bewusst und überlegt, in welchen Situationen – im privaten wie im beruflichen Umfeld – ihr die Möglichkeit habt, euch für Vielfalt einzusetzen. Sei es durch die Verwendung inklusiver Formulierungen in einem Text, die vielfältige Besetzung eines Teams, die proaktive Unterstützung einer DEI-Aktion oder sensibilisierende Gespräche mit Familie und Bekannten. Stellt euch euren individuellen Baukasten an

Möglichkeiten für Allyship zusammen und vor allem: Seid immer offen dafür, weiterhin dazuzulernen.«

Ein Teil des Ganzen sein

Über Belonging weiß Thomas so einiges. Als Gründer des BE!LONGING Consulting, Coach und Storyteller widmet er sich seit vielen Jahren diesem Thema und begleitet Organisationen und Unternehmen bei ihrer Entwicklung. Thomas erläutert uns in seinem Gastbeitrag, wie uns Zuhören zu mehr Zugehörigkeit verhelfen kann.

»Das Gras ist bekannterweise grüner auf der anderen Seite. Wenn ich euch nach einer Einschätzung fragen würde, wie viel Prozent der Mitarbeitenden in Deutschland aktiv auf der Suche nach einem neuen Job oder offen für neue Angebote sind, was würdet ihr sagen? Zehn Prozent, zwanzig oder gar ein Viertel der gesamten Arbeitswelt? Die bittere Wahrheit lautet: Es ist fast die Hälfte aller Berufstätigen, die sich mit ihrem jetzigen Job nicht zufriedengeben![13]

Ein Problem der Mitarbeitenden? Wohl kaum. Von der Situation sind alle Beteiligten betroffen. Natürlich die Mitarbeitenden selbst, denn es sind sie, die Tag für Tag an einem Arbeitsplatz erscheinen ›dürfen‹, sich mit ihren Gedanken aber beim nächsten Vorstellungsgespräch befinden. Es sind selbstverständlich auch die Unternehmen, denn mangelnde Motivation überträgt sich sehr schnell auf stagnierende Performance, die Wirtschaftlichkeit sinkt. Das Problem betrifft die gesamte Wertschöpfungskette. Wurden Sie bereits von einer Person beraten oder bedient, die, milde ausgedrückt, nicht wirklich daran interessiert war, dass Sie zufrieden den Laden verlassen? Die Wahrscheinlichkeit, dass diese Person ein Teil der oben erwähnten Statistik ist und innerlich bereits gekündigt hat, ist relativ hoch.

Immer mehr Unternehmen widmen sich dem ›Trendthema‹ Belonging (engl., Zugehörigkeit). Doch Belonging ist kein Trendthema, ebenso wenig wie Diversity selbst. In einer zukunftsträchtigen Organisation wird Belonging gelebt und bildet ein Fundament für die Identifizierung der Mitarbeitenden mit ihrem Arbeitgeberunternehmen.

Gerade im Kontext von Diversity hat Zugehörigkeit eine besondere Bedeutung. Ausgrenzung, die viele LGBTQIA-Personen und andere marginalisierte Personengruppen immer noch erfahren, aktiviert in unserem Gehirn dieselben Areale, die angesprochen werden, wenn uns körperliche Gewalt angetan wird. Ausgegrenzt sein und nicht dazugehören ist schmerzhaft![14] Spätestens in der Coronakrise hat ganz Deutschland ein Bruchstück davon erleben dürfen, wie es sich anfühlen kann, nicht dazuzugehören, isoliert zu sein und keine Möglichkeiten zum geselligen Beisammensein zu haben.

Die wahre Identität eines sozialen Systems und einer Gesellschaft prägt sich immer durch die individuellen Geschichten, die innerhalb und außerhalb dieses Systems erzählt werden. Wenn ich aber als deutsche, weiße, heteronormative Mehrheitsgesellschaft diese Geschichten ignoriere und nicht aktiv zuhöre und immer meine eigene Geschichte erzähle – beispielsweise, dass in Deutschland keine Queerfeindlichkeit und Rassismus existieren –, dann ist das nicht die wahre Realität, mit der sehr viele Menschen in diesem Land tagtäglich leben müssen.

In der Psychologie gilt das Bedürfnis nach Belonging als eines der grundlegenden menschlichen Bedürfnisse. Und es ist eines, das uns alle betrifft. Wir beginnen das Leben mit dem wichtigsten Bedürfnis: der Bindung an eine Bezugsperson. Dies ist der Beginn unseres grundlegenden Bedürfnisses nach Zugehörigkeit. Belonging steht eng im Zusammenhang mit unserem Wohlbefinden, unserer psychischen Gesundheit und unserem Erfolg in verschiedenen Lebensbereichen. Es ist ein universelles Gefühl, das in allen Sprachen, Kulturen und Lebenswelten verstanden und von jedem von uns angestrebt wird. Belonging bedeutet mehr, als nur physisch anwesend und dabei zu sein. Es umfasst das Gefühl, in einer Gemeinschaft akzeptiert, (wert-) geschätzt, gefördert, gesehen und gehört zu werden.

Dieses Gefühl der Verbundenheit und Einbindung ist entscheidend für das Wohlbefinden eines Individuums. Es reicht eben nicht aus, einfach integriert zu sein, um sich wirklich zugehörig zu fühlen. Das Gefühl echter Zugehörigkeit hat positive Auswirkungen auf verschiedene Aspekte des Lebens. Individuen, die sich zugehörig fühlen, sind in der Regel glücklicher, emotional stabiler, zeigen ein höheres Maß an Selbstwertgefühl und Selbstwirksamkeit. Darüber hinaus hat Zugehörigkeit auch einen Einfluss auf die Leistungsfähigkeit, das Engagement, die Kreativität und die Produktivität sowohl im beruflichen als auch im persönlichen Kontext.

Diversity, Equity, Inclusion und Belonging gewinnen gerade in organisatorischen Kontexten immer mehr an Bedeutung. Es ist jedoch nicht ausreichend, dass sie lediglich koexistieren. DEIB allein macht keinen Unterschied. Es ist das Gefühl, ein Teil von etwas zu sein. Ein echter Mehrwert entsteht erst, wenn auch die Inklusion und das individuelle Gefühl der Zugehörigkeit aktiv gefördert werden. Es geht ums genaue Hinhören. Aktives Zuhören und Handeln sind unerlässlich. Es sind die erzählten, individuellen Geschichten, die einen Unterschied machen. Denn Zuhören schafft Zugehörigkeit und Diversity braucht Belonging.«

» Es ist nicht Diversity selbst, die ein Upgrade braucht, sondern das System, in dem sie existiert.

ARBEITSWELT
Das System braucht ein Upgrade

Upgrade im Überblick

In diesem Kapitel, das sich mit Diversity in der Arbeitswelt befasst, werden wir uns kritisch mit Themen rund um DEIB auseinandersetzen und verschiedene Perspektiven, Erkenntnisse und Best Practices sammeln.

Als Gastautorin erläutert uns Dr. Carolin Mehnert, wie Diversity – basierend auf Wirtschaftlichkeit, rechtlichen Rahmenbedingungen und Menschlichkeit – einen Business Case für Unternehmen darstellt. Anschließend wird Dr. jur. Asmaa El Idrissi über Gesetzgebung und das Allgemeine Gleichbehandlungsgesetz (AGG) sprechen. Asmaa gibt uns Tipps und To-dos, um uns rechtlich abzusichern und erläutert die Pflichten der Arbeitgebenden.

Barbara Lutz, DEIB-Expertin und Gründerin des Impact of Diversity Awards, teilt ihre Insights zur Bedeutung von Diversity in der heutigen Arbeitswelt und erklärt, was eine gute und nachhaltige DEIB-Strategie ausmacht. Dr. Iréne Kilubi legt den Fokus ihrer Arbeit auf Altersdiversität und erklärt uns in ihrem Beitrag den Unterschied zwischen Ageism und Adultism. Sie sensibilisiert uns für den Umgang mit Altersdiskriminierung.

Michaela Jaap, Diversity Managerin, lässt uns an ihren Erfahrungen und Herausforderungen bei der Umsetzung einer Diversity-Strategie teilhaben. Sie betont, dass Diversity Management kein Ehrenamt und kein Nice-to-Have ist.

Abschließend gibt uns Samet Akti fünf Tipps, wie Unternehmen Rainbowwashing vermeiden können, wenn sie im Pride-Monat Juni ihr Logo in Regenbogenfarben erstrahlen lassen, sich aber nicht ernsthaft mit Diversity-Themen auseinandersetzen.

Wie schaffen wir gemeinsam eine inklusivere Arbeitswelt, in der die Mitarbeitenden ihr volles Potenzial entfalten können? Was brauchen Unternehmen für einen souveränen Umgang mit Diversity in der Belegschaft und wie wird diese rechtlich geschützt? Und vor allem: Welchen Weg müssen wir gehen, damit nicht nur der privilegierte Teil, sondern unsere komplette Belegschaft sich selbst und ohne Angst vor Diskriminierung leben und arbeiten kann?

Business Case Diversity

Dr. Carolin Mehnert lernte ich auf einer Konferenz kennen. Ich war sofort beeindruckt, nicht nur von ihrer Expertise, sondern auch von ihrem überzeugenden Auftreten und ihrer klaren Ausdrucksweise. Die Keynote Speakerin treibt Diversity und Transformation weit über die Grenze der DATEV eG hinaus, wo sie als DEI Lead sowie AI Office People Lead tätig ist.

Ich habe Carolin gefragt, ob Diversity einen Business Case darstellt.

Business Case: Analyse eines Szenarios im Businesskontext, die dabei hilft zu beurteilen, ob eine Investition sich aus wirtschaftlichen, strategischen oder anderen Aspekten für ein Unternehmen rentiert. Business Case betrachtet lediglich die Auswirkungen einer bestimmten Investition und ist nicht zu verwechseln mit einem Businessplan, bei dem es um das gesamte Unternehmen geht.

»Oft wird der Business Case Diversity aufgerufen, wenn gezeigt werden möchte, dass gleichberechtigte Teilhabe nicht einfach nur Nettigkeit ist, sondern einen wirtschaftlichen Mehrwert für Organisationen bedeutet. Doch dabei geht es nicht einfach darum, den Profit zu erhöhen, sondern um ein holistisches Konzept, das zeigt, dass Diversity, Equity und Inclusion (DEI) mehr sind als nur ethischer Anspruch oder ökonomisches Mittel zum Zweck.

Ein effektiver Business Case rund um DEI entsteht, wenn auf drei Aspekte geblickt wird: Wirtschaftlichkeit, rechtliche Rahmenbedingungen, Menschlichkeit (die Reihenfolge ist keine Hierarchie).

Wirtschaftlichkeit

Verschiedene Studien zeigen, dass heterogene Teams belastbarere und nachhaltigere Entscheidungen treffen und die Innovationswahrscheinlichkeit steigern.[15] Doch dies geschieht nicht einfach durch das Faktum der Vielfalt, sondern durch gleichberechtigende Rahmenbedingungen und Inclusive Leadership. Es ist eine Führungsaufgabe, inklusive Entscheidungsprozesse zu gestalten, um Heterogenität in die Produktivität zu bringen. Ergänzend dazu sind Mitarbeitende, die sich in der Organisation und im Team zugehörig fühlen, um bis zu 50 Prozent produktiver.[16] Also in kurz dann, wenn ihnen bewusst ist, welchen Impact ihre eigene Arbeit auf den Erfolg der Organisation hat und sie mit den Werten dieser übereinstimmen, wenn sie sich wertgeschätzt, unterstützt und fair behandelt fühlen und wenn eine sinnstiftende Verbindung zu den Kolleginnen und Kollegen besteht.[17] Organisationen, die ein solches Setting kreieren, können dadurch die Krankheitstage um bis zu 75 Prozent senken.[18] Denn Diskriminierung und Rassismus haben einen nachweislich direkten Effekt auf die mentale sowie physische Gesundheit.[19]

Rechtliche Rahmenbedingungen

Diversity in der Arbeitswelt existiert nicht freischwebend, sondern kann auf rechtliche Rahmenbedingungen zurückgreifen. Dazu gehören zum Beispiel das Grundgesetz (GG), das Allgemeine Gleichbehandlungsgesetz (AGG) oder das Behindertengleichstellungsgesetz (BGG). Das AGG, um eines herauszugreifen, schützt vor Diskriminierung am Arbeitsplatz über den gesamten Employee Lifecycle hinweg. Außerdem gibt dieses den Arbeitgebenden Verpflichtungen auf, beispielsweise eine angemessene Beschwerdestelle im Falle von Diskriminierung und Rassismus einzurichten.[20] Ein weiteres Exempel ist die UN-Behindertenrechtskonvention, die Inklusion als ein Menschenrecht definiert.[21] Und auch die Datenschutz-Grundverordnung (DSGVO) kann relevant werden. Laut dieser müssen personenbezogene Daten, die verarbeitet werden, bei Unrichtigkeit berichtigt werden können (zum Beispiel wenn geschlechtliche Zuordnungen nicht korrekt erfolgt sind).[22] Der gesetzliche Rahmen von Diversity zeigt, dass Organisationen eine Verantwortung tragen, aktiv gleichberechtigende Strukturen sowie Abhilfemaßnahmen zu schaffen.

Menschlichkeit

Die existenzielle Basis alles bisher Gesagten sind die Menschen. Auch im Business Case Diversity stehen diese im Zentrum und Fokus.[23] Am Ende geht es darum, dass wir als Gemeinschaft uns weiterentwickeln und die Herausforderungen der Zukunft effektiv und nachhaltig angehen. Dies kann nur in der Perspektivenvielfalt und gleichberechtigten Teilhabe geschehen. Wir werden neue Krisen nicht mit alten Mustern lösen. Gerade auch die neuen Technologien wie künstliche Intelligenz definieren um, was Menschlichkeit bedeutet. Es geht darum, kontinuierlich zu lernen und unsere Veränderungsfähigkeit in Zeiten der digitalen und krisenhaften globalen Gleichzeitigkeit zu stärken. Wirtschaftlichkeit der Betriebe und Gesetze schaffen die Basis, damit wir als Menschen uns entfalten können und somit das Beste für die Gesellschaft, Wirtschaft und den Planeten (er)finden können. Ohne Menschlichkeit wird die Zukunft nicht erfolgreich sein.

> »Die **Wirtschaftlichkeit** misst den Ertrag z. B. eines Projekts oder eines ganzen Unternehmens im Verhältnis zum Aufwand.«[24]

DEIB hat eine essenzielle Relevanz für den Erfolg als Gesellschaft und Wirtschaft, die nicht voneinander zu trennen sind. Es ist erfolgskritisch, die verschiedenen Ebenen davon zu verstehen und den Business Case nicht auf Profit und Technokratie zu reduzieren. In der Perspektivvielfalt, die durch effektive, konsequente und gleichberechtigende Rahmenbedingungen gestützt wird, liegt die Kraft, die Wirtschaftlichkeit in der Menschlichkeit zu steigern – zum Wohle aller.«

Kein DEIB ohne AGG

Für Gleichberechtigung und Chancengerechtigkeit, nicht zuletzt in der Arbeitswelt, braucht es Gesetze. Das Wort »Recht« ist im Grunde ein wesentlicher Teil dieser beiden Begriffe.

Ich durfte mich mit den Themen rund um Recht und Gesetz während meiner beiden Studiengänge in Rechtswissenschaften in der Ukraine und in Deutschland auseinandersetzen. Eine spannende Erkenntnis, die ich dabei gemacht habe, bezieht sich auf die Didaktik der Hochschulen in diesen beiden Ländern. Im Wesentlichen basierten das Ausbildungsprogramm und die Prüfungen der künftigen Anwältinnen und Strafverteidiger in der Ukraine lediglich auf einem Auswendiglernen der Gesetze. Als ich dann für meine Postgraduate Studies (Master in Laws, LL. M) nach Heidelberg kam und in meiner ersten Vorlesung saß, war ich sehr überrascht zu sehen, wie die Professorin ihre ganze Stunde um einen Case gebaut und den Studierenden das Mindset und die Herangehensweise beigebracht hat, anstatt einzelne Gesetzesartikel durchzugehen und zu erklären, was mit den Texten gemeint war. Ich war begeistert zu erfahren, dass ich die Gesetzesbücher in der Prüfung benutzen kann und es hier vielmehr darum ging, die Gesetze zu interpretieren und sie als Instrumente einzusetzen, anstatt Kenntnisse der Gesetze als Selbstzweck zu betrachten.

Das deutsche Hochschulsystem für Rechtswissenschaften wird durch einen starken Praxisbezug und eine Mindsetorientierung gezeichnet. Dasselbe muss auch für die Gesetze selbst gelten! Eine starke rechtliche Grundlage, die unsere Realität widerspiegelt und zeitgemäß ist, ist für ein Diversity Upgrade kein Nice-to-Have, sondern von entscheidender Bedeutung.

Das in 2006 in Kraft getretene Allgemeine Gleichbehandlungsgesetz (AGG) war ein Meilenstein auf dem Weg zu Chancengerechtigkeit und dem Schutz marginalisierter Gruppen und Diversity. Das Gesetz hat das Ziel, »Benachteiligungen aus Gründen der Rasse oder wegen der ethnischen Herkunft, des Geschlechts, der Religion oder Weltanschauung, einer Behinderung, des Alters oder der sexuellen Identität zu verhindern oder zu beseitigen«[25].

Über das AGG, die aktuelle Gesetzeslage in Deutschland und warum DEIB und AGG unweigerlich miteinander verknüpft sein müssen, habe ich mit einer Expertin in diesem Bereich, Dr. jur. Asmaa El Idrissi, gesprochen. Asmaa, muslimisch, Woman of Colour, weiblich, setzt bei jedem Projekt, an dem sie teilnimmt und mit jeder Keynote, die sie hält, ein Zeichen für Diversity.

»Diversity, Equity, Inclusion, Belonging ist in aller Munde. Wer etwas auf sich gibt und up to date, open-minded, zukunftsorientiert sein will, verwendet einen oder mehrere dieser Begriffe. Ich selbst bin seit knapp 13 Jahren im DEIB-Bereich. Circa sieben Jahre aber war mein Zugang zu DEIB ein antidiskriminierungsrechtlicher und kein klassisch managementzentrierter. Rückblickend weiß ich, dass mir genau diese antidiskriminierungsrechtliche und rassismus- sowie macht-kritische Perspektive auf DEIB, aber auch meine eigene Betroffenheit als marokkanischstämmige, weiblich gelesene Hijabi ein sehr fundier-tes Wissen und Verständnis davon gab und gibt, was DEIB sein und leisten müsste. Und JEDEN Tag lerne ich dazu.

> »Das **gelesene Geschlecht** ist das Geschlecht, das andere Personen einem Menschen auf Grund seines Aussehens und seines Verhal-tens zuschreiben. So kann sich ein Mensch zwar als Frau identifizie-ren, jedoch von anderen Personen als Mann wahrgenommen bzw. gelesen werden.«[26]

Man kann DEIB nicht ernsthaft wollen ohne das AGG. Vorneweg: Das deutsche AGG ist eines der schwächsten Antidiskriminierungs-gesetze innerhalb der EU und ist die eher weniger als mehr gelungene Umsetzung von insgesamt vier europäischen Antidiskriminierungs-richtlinien. Ziel des AGG ist die Verhinderung und/oder Beseitigung von Diskriminierung aufgrund des Alters, des Geschlechts bezie-hungsweise geschlechtlicher Identitäten, der Religion, der ethnischen Herkunft, der sexuellen Orientierung und/oder einer Behinderung. In der Forschung und Juristerei wird unter anderem über weitere Di-versity-Dimensionen diskutiert, die gesetzlich geschützt werden müs-sen, zum Beispiel soziale Herkunft oder das Gewicht.

Nutzt mir das AGG als Arbeitnehmende? Ein klares Jein. Es nutzt, aber nur beschränkt. Schauen wir uns dazu einige zentrale Rechte an.

– Wenn Arbeitnehmende aufgrund eines oder mehrerer der sechs im Gesetz genannten Diversity-Dimensionen (ethnische Herkun-ft, Geschlecht, Religion/Weltanschauung, Behinderung, Alter, sexuelle Identität) diskriminiert werden und sie dies Arbeitgeben-den melden, haben sie Arbeitnehmenden ein Recht darauf, dass die Arbeitgebenden die Diskriminierung beseitigen beziehungs-weise zukünftig verhindern.

– Wenn Arbeitgebende keine Maßnahmen ergreifen, dann können Arbeitnehmende unter sehr engen Voraussetzungen von ihrem Leistungsverweigerungsrecht Gebrauch machen (§ 14 AGG).

– Die betroffenen diskriminierten Personen dürfen nach der Beschwerde nicht gemaßregelt werden (§ 16 AGG) werden, das heißt, sie dürfen nicht wegen ihrer Beschwerde auf irgendeine Art und Weise ›bestraft‹ werden. Auch Allies und Zeug*innen dürfen nicht gemaßregelt werden. Diese Regelung halte ich für unglaublich wichtig. Aufgrund meiner jahrelangen Beratungserfahrung weiß ich sehr genau, wie oft gegen dieses Maßregelungsverbot verstoßen wird. Dabei ist der Inhalt dieser Regelung so wichtig: Menschen, die wegen erlittener Diskriminierung Hilfe suchen, dürfen nicht bestraft werden!

– Diskriminierte Arbeitnehmende haben einen Schadensersatzanspruch (Vermögensschaden) beziehungsweise Entschädigungsanspruch bei immateriellem Schaden (Nichtvermögensschaden). Ganz wichtig sind die zwei Fristen, die zu beachten sind. Die erste Frist ist die Geltendmachungsfrist (§15 Abs. 4 AGG). Sie beträgt nur zwei Monate und beginnt ab Kenntnisnahme der Diskriminierung. Das ist sehr knapp, wenn man bedenkt, dass viele Betroffene keine Kenntnis vom AGG haben, sich nicht trauen sich zu wehren oder fürchten, wegen der Beschwerde Nachteile zu haben. Das alles in zwei Monaten mit sich zu vereinbaren, ist äußerst schwierig und für viele nicht machbar. Hinzu kommt die Angst vor Kündigungen, die Ungewissheit über Kosten et cetera. Die zweite Frist betrifft die Klagefrist. Gemäß § 61b Arbeitsgerichtsgesetz (ArbGG) muss eine AGG-Entschädigungsklage nach § 15 AGG innerhalb von drei Monaten erhoben werden, nachdem der Anspruch (innerhalb der Zweimonatsfrist) schriftlich geltend gemacht worden ist. Bei Kündigungen i. S. d. KSchG (Kündigungsschutzgesetzes) beträgt die Klagefrist nur drei Wochen!

Das sind in der Tat kurze Fristen. Die Bundesregierung hat eine AGG-Reform angekündigt und es bleibt zu hoffen, dass diese Fristen verlängert werden. Leider lässt sich die Regierung da noch Zeit – und wir können in diesem Kontext eher nur abwarten. Doch ich habe für die Betroffenen einige Tipps beziehungsweise To-dos, um nicht tatenlos zuzusehen.

- Schließt eine Rechtsschutzversicherung ab.
- Macht euch Notizen über Diskriminierungen, von denen ihr betroffen seid und orientiert euch an folgender Frage: Wer hat was wann und wo gesagt, getan, unterlassen?
- Wendet euch sowohl an die innerbetriebliche Beschwerdestelle (wenn vorhanden) als auch an externe AGG-Beratungsstellen.
- Sprecht im geschützten Raum mit anderen Betroffenen, mit der Familie und/oder Freunden und Freundinnen. Bleibt nicht allein mit und in der Situation!

Welche Pflichten haben Arbeitgebende?

Arbeitgebende müssen eine Beschwerdestelle mit geeignetem rechtskundigen, diskriminierungssensiblen Personal besetzen sowie das AGG und die Stelle bekannt geben. Sie müssen zudem bei Diskriminierungsfällen Maßnahmen ergreifen sowie präventiv agieren.

Upgrade this DEIB-Thing!

Künftig und hinsichtlich der zu erwartenden, verschärften Rechtslage ZUGUNSTEN der Betroffenen ist Arbeitgebenden dringend anzuraten, ihr Diversity Management mit einem antidiskriminierungsrechtlichen Ansatz zu denken und umzusetzen. Wir sind in Deutschland weit davon entfernt. Wir haben weder flächendeckende, innerbetriebliche Beschwerdestellen, noch ist der notwendige, intersektionale Ansatz im deutschen DEIB-Mainstream angekommen. Die Kenntnis des AGG existiert bei vielen DEIB-›Experts‹ nicht einmal im Ansatz. Wir brauchen ein Rundum-Makeover des DEIB. Mehr gesamtstrategische Konzepte, weniger kosmetische Kampagnen! Die zukünftige Währung auf dem Arbeitsmarkt heißt Credibility. Unternehmen müssen dies glaubwürdig begreifen und entscheidungsrelevante – unternehmenssystemrelevante – Positionen entsprechend besetzen. Dafür bedarf es im Best Case Expert*innen mit Betroffenenexpertise, Expertise im Diversity Management sowie fundierte Kenntnisse des Antidiskriminierungsrechts. Dann erst ist ein Change realistisch.«

Mehr Aufklärung und Mut!

Barbara Lutz, Gründerin des Consulting-Unternehmens FKI Diversity for Success und des Impact of Diversity Awards, hat jahrelange Erfahrung in der Zusammenarbeit mit vielfältigen und internationalen Teams. Sie moderiert und nimmt teil an Panels, ist Keynote Speakerin und hält C-Level-Workshops und Vorträge. Die aktuelle Situation rund um Diversity in der deutschen Wirtschaft schätzt Barbara so ein: »Die mangelnde Vielfalt in den Führungsetagen droht für die deutsche Industrie zum Wettbewerbsnachteil zu werden. Die fehlenden Frauen sind dabei nur ein Aspekt. Es fehlt ebenso an Internationalität und jüngeren Menschen. Diversity macht Unternehmen nachweislich innovativer und erfolgreicher.« Ich freue mich sehr, Barbara mit einem Interview für dieses Buch gewonnen zu haben.

Liebe Barbara, welche Bedeutung hat Diversity in der heutigen Arbeitswelt?
Diversity spielt in der heutigen Arbeitswelt eine immer wichtigere Rolle. Es geht darum, dass alle Menschen ihre beruflichen Potenziale entfalten können, unabhängig von Geschlecht, Herkunft, körperlicher

Beeinträchtigung oder sexueller Orientierung. Die Voraussetzung für Diversität in Unternehmen ist, eine transparente, durchlässige und wertschätzende Kultur zu schaffen – davon profitieren die Leistungstragenden im Unternehmen (unabhängig davon, wie sie aussehen). Die Entscheidungsstrukturen und das Unternehmen werden professioneller und damit erfolgreicher.

Jedes Jahr bewerben sich Hunderte von Initiativen für den renommierten Impact of Diversity Award (IOD). Was hat dich dazu bewegt, diese Auszeichnung ins Leben zu rufen?
Ich habe den Preis ins Leben gerufen, um inspirierende Diversity-Konzepte, Initiativen, Role Models und engagierte Unternehmen zu würdigen, die sich aktiv für Vielfalt und Inklusion einsetzen – unabhängig von Größe und Bekanntheit. Die treibende Kraft dahinter ist Sichtbarkeit für alle sowie Anerkennung, Inspiration, Förderung von Best Practices und das Eintreten für gesellschaftliche Veränderungen. Die Auszeichnung inspiriert vielleicht andere Organisationen, ähnliche Initiativen zu ergreifen, die zu einem positiven Wandel in ihrem Umfeld führen. Der IOD pflegt dabei einen kollaborativen Ansatz und den gemeinsamen Austausch – zum Beispiel auch beim IOD-Symposium. Der Award unterstützt einen positiven gesellschaftlichen Wandel, der zu einer Kultur der Gleichberechtigung führt.

Viele Unternehmen widmen sich dem Thema Diversity & Inclusion, weil sie für sich darin einen Mehrwert erkannt haben. Welche Vorteile haben sie davon?
Das Gegenteil von Diversität ist Monotonie. Monotone Strukturen verhindern Veränderung. Einer der wichtigsten Vorteile von Vielfalt am Arbeitsplatz ist, dass sie Innovation und Kreativität fördert. Wenn Menschen mit unterschiedlichen Perspektiven zusammenkommen, bringen sie einzigartige Ideen und Ansätze zur Problemlösung

mit. Weiterhin, wenn Menschen sich wertgeschätzt und respektiert fühlen, kann das zu einer höheren Produktivität und einer besseren Mitarbeiterbindung führen. Unternehmen, die in der Lage sind, vielfältige Talente anzuziehen und zu halten, sind besser in der Lage, die Bedürfnisse eines vielfältigen Kundenstamms zu erfüllen und sich an veränderte Marktbedingungen anzupassen.

Was macht eine gute und vor allem nachhaltige D&I-Strategie in einem Unternehmen aus?
Eine gute und nachhaltige D&I-Strategie wählt nicht nur allgemeine Maßnahmen wie Netzwerke, Trainings et cetera, sondern geht nachhaltig in die Strukturen und verändert grundlegende Unternehmensprozesse. Sie ist nicht PR-fancy oder besonders einfach – macht aber den entscheidenden Unterschied. Es ist wichtig, die Fortschritte der D&I-Initiativen regelmäßig zu überwachen, auf Veränderungen zu reagieren und die Strategie entsprechend anzupassen. Regelmäßige Schulungen und Sensibilisierungsmaßnahmen können zum Beispiel das Bewusstsein für Vielfalt und Inklusion im Unternehmen stärken und ein respektvolles Arbeitsumfeld fördern. Eines der wichtigsten Merkmale, die wir auch beim FKi stark verfolgen, ist ein Balanced-Diversity-Ansatz. Eine ganzheitliche D&I-Strategie berücksichtigt verschiedene Dimensionen der Vielfalt, darunter Geschlecht, ethnische Herkunft, Alter, sexuelle Orientierung, Religion und körperliche Fähigkeiten. Eine erfolgreiche D&I-Strategie erfordert daher ein engagiertes Management, kontinuierliche Überwachung und Anpassung sowie die Integration von Vielfalt und Inklusion in alle Aspekte des Unternehmenslebens.

Was brauchen wir, um ein Diversity Upgrade in der Arbeitswelt durchzuführen?
Aktuell sehen wir schon einen Paradigmenwechsel. Aber um die Vielfalt auf dem deutschen Arbeitsmarkt auf die nächste Stufe zu heben,

muss das Bewusstsein für die Vorteile von Vielfalt und Inklusion sowohl für Unternehmen als auch für die Gesellschaft als Ganzes gestärkt werden. Das bedeutet, die Menschen über die Bedeutung von Vielfalt aufzuklären und sie zu ermutigen, sich mehr mit dem Thema zu beschäftigen.

Viele Organisationen leisten dazu schon einen großen Beitrag und leben es vor, wie man Diversität in Unternehmensprozesse integrieren kann. Um Vielfalt und Chancengleichheit am Arbeitsplatz zu fördern, hilft es, konkrete Maßnahmen zu ergreifen. Unternehmen wirken sehr nachhaltig in ihrer Belegschaft beispielsweise durch Demokratietrainings und Sensibilisierung. Dadurch lernen die Beschäftigten und vor allem Führungskräfte die Bedeutung von Vielfalt verstehen.

Im Fokus – Altersdiversität

Jede Kerndimension von Diversity wird in der Arbeitswelt und in der Gesellschaft mit Vorurteilen und Stereotypen konfrontiert. Die Dimension »Alter« geht Hand in Hand mit dem Generationenkonflikt, der immer wieder neue Facetten zum Vorschein bringt und unterschiedliche Ausprägungen findet. Sind unsere jüngeren Kolleg*innen wirklich so orientierungslos und unbeständig und fehlt es ihnen an Fleiß und Disziplin, wie so oft behauptet wird? Oder haben ältere Menschen keine Ahnung im Umgang mit neuen Technologien, sind unflexibel und wenig lernfähig? Diese Zuschreibungen hindern uns im Umgang miteinander. Sie nehmen uns die Möglichkeit, anderen Menschen – unabhängig ihres Alters – offen und unvoreingenommen zu begegnen. Wer eine inklusive Arbeitsumgebung gestalten möchte, muss diese Diversity Bugs beheben.

Dr. Irène Kilubi ist eine der wichtigsten Expert*innen im Bereich Age Diversity im deutschsprachigen Raum. Sie ist Mitglied des Beirats beim European Technology Chamber, bei Miss Germany und beim Internationalen Bund, Gründerin sowie Geschäftsführerin von

JOINT GENERATIONS und Agenturinhaberin von brandPreneurs & brandFluencers. Sie ist Autorin des Buches »Du bist mehr als eine Zahl: Warum das Alter keine Rolle spielt«, in dem sie wertvolle Unterstützung für ein Miteinander der Generationen liefert. Ihr Buch enthält zahlreiche konkrete Methoden und Übungen, die Unternehmen oder Einzelpersonen direkt einsetzen können. Es zeigt, wie ihr ein altersgerechtes Arbeitsumfeld gestalten könnt, das allen Generationen gerecht wird. Das Buch liefert auch Best-Practice-Beispiele aus Unternehmen und von Personen, die bereits erfolgreich Altersdiversität managen.

In ihrem Gastbeitrag spricht Irène über Age Inclusion und die Herausforderungen mit Fokus auf die Arbeitswelt.

»Altersdiskriminierung ist ein weitverbreitetes Problem, das Menschen aller Altersgruppen betrifft. Sie wird oft als Ageism (gegen alte/ältere Menschen) beziehungsweise Adultism (gegen junge/jüngere Menschen) bezeichnet und kann sich in verschiedenen Formen äußern, zum Beispiel in negativen Stereotypen, Annahmen und Vorurteilen aufgrund des Alters einer Person. Ageism richtet sich speziell gegen ältere Menschen und kann sich auf ihre Beschäftigungsmöglichkeiten, ihre Gesundheitsversorgung und ihren sozialen Status auswirken. Im Gegensatz dazu ist Adultismus eine Form der Diskriminierung, die sich gegen jüngere Menschen richtet und sich in mangelndem Respekt für deren Meinung, im Ausschluss von Entscheidungsprozessen und eingeschränkten Möglichkeiten der persönlichen und beruflichen Entwicklung äußern kann. Sowohl Ageism als auch Adultismus können erhebliche Auswirkungen auf das geistige und emotionale Wohlbefinden, das Selbstwertgefühl und die Fähigkeit zur uneingeschränkten Teilnahme an der Gesellschaft haben. Die Bewältigung dieser Probleme erfordert eine konzertierte Anstrengung der Gesellschaft zur Förderung der Inklusion und des Respekts für Menschen aller Altersgruppen.

Sensibilisierung im Umgang mit Altersdiskriminierung, wie viele andere Veränderungsprozesse, findet in drei Phasen statt. In der ersten

Phase werden wir uns der Bedeutung eines Themas bewusst. Dann fangen wir an, darüber zu sprechen. Und schließlich tun wir etwas dagegen oder dafür. Im Vergleich zu beispielsweise Australien, UK oder den USA hinken wir beim Umgang mit Altersdiversität hinterher. Aber das Bewusstsein nimmt auch in Deutschland langsam zu, es wird viel darüber gesprochen. Vielen ist klar, dass etwas getan werden muss. Aber noch weiß keiner, was und vor allem wie. Die Deloitte-Studie ›Wrong numbers‹[27] zeigt – obwohl 70 Prozent der befragten Unternehmen Generationenmanagement als wichtig für ihren wirtschaftlichen Erfolg betrachten –, dass sich nur zehn Prozent für die Führung von Multigenerationen-Belegschaften vorbereitet fühlten. Die meisten Unternehmen stecken noch immer mitten im Jugendwahn. Und da müssen sie raus.«

Mitarbeitende an erster Stelle

Michaela Jaap ist Head of Corporate Culture & Responsibility sowie Head of Diversity & Inclusion bei Hays. Mit ihrer Arbeit und ihrem Engagement macht sie Schule weit über meine Diversity Bubble hinaus. Mit ihrer charismatischen Art schafft es die Mannheimerin, Menschen zu inspirieren, zu überzeugen und vor allem mitzunehmen. Diversity ist bei Hays tief in der Unternehmenskultur verankert. So wie Michaela mit ihrem Team strategische Entwicklung voranbringt und bei der Umsetzung der Strategien viel Anerkennung erhält, macht ihr Unternehmen für mich zu einem der »Best in Class«.

Liebe Michaela, wie gelingt es Unternehmen, ein Diversity Upgrade durchzuführen?
Unabhängig von aller Methodik und Theorie beginnt das Upgrade mit dem aufrichtigen Interesse an anderen Menschen und deren gegebenenfalls sehr unterschiedlichen Lebensrealitäten. Wenn diese Of-

fenheit und der Wille zuzuhören gegeben sind, besonders im Management, ist ein erster wichtiger Schritt getan.

Welche Hindernisse haben heutzutage Diversity-Pioniere in Unternehmen?

Mein Lieblingssatz nach vielen Jahren Diversity Management ist und bleibt: »Es ist ein Marathon, kein Sprint!« Soll heißen, D&I ist kein kurzfristiges Projekt, sondern eine langfristige Initiative, die im Unternehmen strategisch verankert werden muss. Das braucht Ausdauer und Durchhaltevermögen und manchmal auch eine ordentliche Portion Frustrationstoleranz. Die Ergebnisse kulturverändernder Maßnahmen sind oft nicht direkt sichtbar oder messbar und Widerstände auf dem Weg müssen einkalkuliert werden.

Was ist bei der Entwicklung einer D&I-Strategie für ein Unternehmen, eine Organisation zu beachten?

Ich denke, die größte Herausforderung ist, den Spagat zwischen Big Picture und Fokus hinzukriegen. Eine gute D&I-Strategie sollte zum einen das Gesamtbild und das Verbindende aller Diversity-Dimensionen aufzeigen. Gleichzeitig muss die Strategie aber einzelne Fokusbereiche aufzeigen, sonst verzettelt man sich schnell in einer unüberschaubaren Menge an möglichen Maßnahmen.

Mit welchen Herausforderungen sind du und dein Team bei der Umsetzung eurer Strategie konfrontiert und wie geht ihr diese an?

Besonders in wirtschaftlich herausfordernden Zeiten merken wir, dass man den »Business Case« von D&I nicht oft genug wiederholen kann. Diversity Management ist kein Ehrenamt, kein Nice-to-Have, sondern verfolgt klare, businessorientierte Ziele, die dem

Unternehmenszweck dienen. Rund um D&I kann man viele tolle Veranstaltungen konzipieren. Entscheidend sind aber die Strukturen im Unternehmen. Die zu schaffen ist deutlich aufwendiger, aber auch langfristig erfolgreicher als ein cooles Event. Das Gleichgewicht zwischen Awareness-Maßnahmen und Verankerung in der Organisation zu finden, stellt uns und unsere Kapazitäten oftmals vor Herausforderungen.

Was sind deine drei Tipps für Unternehmen, die Diversitywashing und Rainbowwashing vermeiden möchten?

- **Intern vor extern.** Erst Maßnahmen im Unternehmen verankern, dann nach außen propagieren.
- **Authentisch kommunizieren.** In der Kommunikation deutlich machen, dass man sich auf eine Reise begeben hat, aber noch längst nicht am Ziel ist – nobody is perfect!
- **Mitarbeitende an erster Stelle.** Nicht über Mitarbeitende, sondern mit Mitarbeitenden sprechen, sie zu Wort kommen lassen und sichtbar machen.

Fünf Tipps gegen Rainbowwashing

Samet Akti verfügt über fundierte Expertise in vielen Bereichen, nicht zuletzt in Diversitywashing und Rainbowwashing. Als Keynote Speaker und Berater arbeitete Samet mit Unternehmen wie Zalando, Google, Accenture und teilt seine* Insights unter anderem zu den Themen Antidiskriminierung, Intersektionalität, inklusive Sprache oder Allyship. Samet ist eine deutsch-türkische queere Person, nicht binär und benutzt alle Pronomen. In seinem Gastbeitrag erläutert Samet, was Rainbowwashing bedeutet und gibt Tipps für Unternehmen, die über bunte Pride-Kampagnen in den Sommermonaten hinausdenken und DEIB authentisch leben möchten.

Ich habe Samet auf einem LinkedIn-Event vor zwei Jahren kennengelernt und war sofort beeindruckt – von seiner Erscheinung, seiner positiven Ausstrahlung und nicht zuletzt von seiner Expertise. Seit der Gründung von Queermentor gGmbH begegne ich vielen Menschen, für die Diversity ein Herzensthema ist. Doch die Tatsache, dass wir aufgrund eines oder mehrerer Identitätsmerkmale Diskriminierung erfahren, macht uns zu Betroffenen und nicht zu Fachleuten in diesem Bereich. Samet hat sehr viel Wissen zu DEIB-Themen. Eine Mischung aus fundierten Kenntnissen und einem Erfahrungsschatz, der auf zahlreichen Auftritten und Aufträgen basiert, macht Samet in meinen Augen zu einer Diversity Voice und einem Top Keynote Speaker.

Seit unserer Begegnung waren wir auf einigen Events und Panels gemeinsam unterwegs, unter anderem zum Thema Rainbowwashing. Und genau zu diesem Thema habe ich ihn eingeladen, einen Gastbeitrag für dieses Buch zu schreiben.

»Heutzutage sieht man so viele Schwule in der Werbung«, echauffierte sich eine Konferenzteilnehmerin nach meinem Vortrag. Ich ersparte mir den mentalen Hochleistungssport und ließ meinen Blick davonschweifen. Dabei hatte sie nicht ganz Unrecht: Mit der rechtlich-gesellschaftlichen Emanzipation queerer Menschen hat deren mediale Sichtbarkeit in den letzten Jahren sehr zugenommen – nur dass das nichts Schlechtes ist. Auch Unternehmen sind mittlerweile bemüht, sich in ihrer Marketingkommunikation möglichst divers zu geben. Stichwort: Regenbogenlogo.

Rainbowwashing – Was ist das eigentlich?

Stets bemüht zu sein, reicht nicht aus. Oft sind Kampagnen, Produkte oder Dienstleistungen, die LGBTQIA-Personen zeigen oder ansprechen sollen, zu oberflächlich. Sie wirken wie ein Versuch, LGBTQIA-Themen zur Konsum- und Profitsteigerung zu instrumentalisieren, statt eine tatsächliche Verbesserung für die Community herbeizuführen – Rainbowwashing eben.

Jedes Jahr aufs Neue geraten Unternehmen ins Visier sensibilisierter Konsument*innen, welche den heuchlerischen und unaufrichtigen Charakter dieser LGBTQIA-Zielgruppenansprache kritisieren. Ich kenne viele LGBTQIA-Personen, die jedes Jahr im Juni die Augen verdrehen, wenn die Flut an Regenbogenlogos unsere Social Media Feeds überschwemmt. Dabei wollen sich Unternehmen doch mit eben jenen Personen solidarisieren!? Ich glaube, die Reaktion der Community ändert sich erst, wenn Unternehmen beginnen, sich zu fragen: Wie können wir als Marke authentisch, inhaltsstark und verantwortungsbewusst gegenüber der LGBTQIA Community auftreten?

Wie vermeiden wir Rainbowwashing?

Hier sind fünf Tipps, die ich Unternehmen ans Herz lege:

–   **LGBTQIA ≠ LGBTQIA.** Unternehmen tendieren dazu, die Vielfalt innerhalb der LGBTQIA Community zu übersehen. Ein überstrapaziertes Klischee im Marketing ist die Darstellung von LGBTQIA-Personen als heteronormative, cisgender, junge, schwule, nicht behinderte, weiße Männer mit hohem verfügbarem Einkommen. Effektiver wäre es, die Gesamtheit unserer Community intersektional zu begreifen und welche Lebensrealitäten innerhalb dieser existieren.

–   **LGBTQIA-Anliegen sind nicht nur im Pride Month relevant.** Der Pride Month ist wohl die sichtbarste »Cultural Occasion« für die LGBTQIA Community. Sich als Unternehmen jedoch ausschließlich zu dieser Zeit zu positionieren, ist opportunistisch. Stattdessen ist es wichtig, Gedenktage außerhalb des Pride Month zu observieren, wie den IDAHOBIT – International Day Against Homophobia, Biphobia, Interphobia and Transphobia, den TDOV, International Transgender Day of Visibility, und die Lesbian Visibility Week. Mit einem intersektionalen Ansatz können Unternehmen LGBTQIA-Anliegen mit denen anderer sozialer Identitäten verbinden, beispielsweise Race oder Gender. Das ermöglicht kontinuierliche Sichtbarkeit.

- **»Nothing About Us Without Us.«** Historisch gesehen wurden LGBTQIA-Personen im Marketing oft ignoriert oder mokiert. Der Leitspruch »Nothing About Us Without Us« – ein Begriff des Disability Rights Movement – drückt die Überzeugung aus, dass unterrepräsentierte Gruppen von Anfang an direkte Beteiligung und Einbeziehung in Entscheidungen erfahren sollten, von denen sie betroffen sind. Wer also an einer Marketingkampagne arbeitet, in denen LGBTQIA-Personen vorkommen oder adressiert werden, sollte Menschen dieser Community in die Kreation eben jener Kampagne involvieren.

- **Von Innen nach außen gehen.** Die Versuchung ist groß, eine schillernde Marketingkampagne zu kreieren, welche die LGBTQIA Community zelebrieren soll. Doch es fällt schnell auf, wenn Marketingbotschaften von den Erfahrungen der LGBTQIA-Mitarbeitenden am Arbeitsplatz abweichen. Um Rainbowwashing zu vermeiden, sollten Unternehmen daher von innen nach außen vorgehen: Interne Prozesse und Praktiken sollten inklusiv sein und LGBTQIA-Mitarbeitende Zugang zu adäquaten Ressourcen haben. Oft gibt es nämlich Praktiken in Unternehmen, die genau diese Gruppen unbeabsichtigt ausschließen. Dazu zählen unter anderem Themen wie Elternzeit, inklusive Sprache, Selbstbestimmung, Begleitung von Transitionsprozessen und die Existenz von Safer Spaces in Form von LGBTQIA-Netzwerken.

- **Zentriere die Anliegen der LGBTQIA Community.** Pride Month hin oder her: Am Ende des Tages ist es wichtig, dass Unternehmen die Belange von LGBTQIA-Personen ernst nehmen, sichtbar machen und vorantreiben. Deswegen sollten sich Entscheidungstragende fragen: »Wie kann mein Unternehmen einen langfristig positiven Einfluss auf die LGBTQIA Community haben?« Ich persönlich finde es gut, wenn Unternehmen langfristige Partnerschaften mit glaubwürdigen Aktivist*innen, LGBTQIA-Organisationen oder NGOs eingehen. Dies geht über oberflächliches Marketing oder einmalige Spenden hinaus und

zeig ein authentisches und greifbares Engagement für die Interessen der Community.

Die Existenz von Rainbowwashing hat auch positive Seiten. Sie zeigt
uns, dass es in unserer Gesellschaft mittlerweile profitabler und im
Trend ist, queere Menschen zu unterstützen, statt sie zu karikieren.
Und das ist nicht bedeutungslos.

Gleichzeitig müssen wir Unternehmen in die Verantwortung ziehen: Wer mit Regenbogenlogos um sich wirft, um aus der LGBTQIA
Community Profit zu schlagen, darf damit nicht durchkommen. Wer
queere Stimmen hingegen ernsthaft und bedächtig amplifiziert, kann
lang bestehender Ungleichheit und Stigmatisierung entgegenwirken.
Die Wahl liegt bei uns.«

» Empathie bedeutet,
mit den Augen des anderen zu sehen,
mit den Ohren des anderen zu hören,
mit dem Herzen des anderen zu fühlen.

Alfred Adler

3 EMPATHIE
Mit den Herzen der anderen fühlen

Upgrade im Überblick

Willkommen in dem Kapitel, das einen Grundpfeiler menschlicher Interaktionen beleuchtet – Empathie. Hier gehen wir gemeinsam auf eine Reise, um die Komplexität dieser essenziellen Fähigkeit zu entschlüsseln.

Von der Unterscheidung verschiedener Formen von Empathie bis hin zur Debatte, ob soziale Empathie trainierbar ist, entdecken wir unterschiedliche Perspektiven, Erkenntnisse und Missverständnisse auf diesem Gebiet. Wir werfen einen Blick auf die Spiegelneuronen und deren Rolle bei der Nachahmung von Gefühlen und betrachten kritisch, ob Empathie als Zeichen von Schwäche oder Stärke zu betrachten ist.

Durch Impulse des Unternehmers und Aktivisten Gianni Jovanovic und der »Botschafterin der Emotionen« Lena Rogl erhalten wir Einblicke in die praktische Anwendung von Empathie. Bereit, die fünf Schritte für mehr Empathie zu lernen und zu verstehen, wie wir mit diesem Diversity Skill Vorurteile abbauen und neue Verbindungen knüpfen können? Let's dive in!

Dreierlei: emotionale, kognitive und soziale Empathie

Empathie ist unsere Fähigkeit, uns in andere hineinzuversetzen. Sie hilft uns, Gefühle zu teilen und die Denkweisen und Handlungen anderer Menschen nachzuvollziehen. Im Grunde eine Superkraft, die uns zu Belonging führt und Wertschätzung wie Akzeptanz von Diversity erst ermöglicht.

Dabei lassen sich drei Hauptarten von Empathie unterscheiden, von denen jede ihre eigenen einzigartigen Merkmale und Anwendungen hat.

Emotionale Empathie

Emotionale Empathie befähigt uns, die Gefühle anderer aktiv wahrzunehmen und sogar nachzuempfinden. Indem wir uns in die Emotionen unseres Gegenübers einfühlen, können wir Mitgefühl entwickeln und ein tieferes Verständnis für seine Situation gewinnen. Diese Form der Empathie ist besonders in persönlichen Beziehungen von großer Bedeutung, da sie uns hilft, eine Verbindung zu anderen auf einer emotionalen Ebene herzustellen und zu pflegen.

Kognitive Empathie

Im Gegensatz zur emotionalen Empathie basiert die kognitive Empathie auf rationaler Erkenntnis und Verständnis. Sie ermöglicht es uns, die Gefühle anderer zu erkennen und zu verstehen, ohne sie unbedingt selbst zu fühlen. Durch die Fähigkeit, die Perspektive anderer einzunehmen, können wir angemessen auf sie reagieren und Unterstützung bieten, ohne unsere eigenen Gefühle direkt zu involvieren. Die Max-Planck-Gesellschaft nennt diese Art von Empathie »soziale Kognition«

oder »Theory of Mind«. Basierend auf diesem Verstehen der mentalen Zustände anderer sagen wir Verhalten hervor und passen unser eigenes Verhalten an. Diese Form der Empathie ist besonders nützlich in Situationen, in denen eine objektive Analyse der Gefühle anderer erforderlich ist, um angemessen zu handeln.

Soziale Empathie

Soziale Empathie bezieht sich darauf, sich auf Menschen verschiedener Hintergründe, Altersgruppen und Persönlichkeiten einzustellen. Diese Form von Empathie gewinnt immer mehr an Bedeutung. Sie ermöglicht es uns, uns auf verschiedene Arten von Menschen einzustellen und effektiv mit ihnen zu interagieren, unabhängig von ihren Unterschieden. Soziale Empathie ist entscheidend für den Umgang mit Diversität, da sie Basis schafft, um die Vielfalt um uns herum zu schätzen und zu respektieren.

Alle drei Arten der Empathie spielen eine wesentliche Rolle dabei, wie wir Beziehungen aufbauen, Konflikte lösen und uns in einer vielfältigen Welt zurechtfinden. Indem wir sie verstehen und kultivieren, können wir unsere Fähigkeit verbessern, mit anderen in Verbindung zu treten und eine inklusive Umgebung zu schaffen, in der Vielfalt gefeiert wird.

Diversity braucht mehr soziale Empathie! Sie ist unabdingbar im Umgang mit Vielfalt – in unserer Gesellschaft, in unserem Unternehmen oder in unserer Familie und unserem Freundeskreis. Soziale Empathie hilft uns dabei, uns in Menschen hineinzuversetzen, die eine andere Zuordnung anhand der Diversity-Dimensionen haben als wir.

Soziale Empathie kann nicht trainiert werden

Es existiert ein Bug, dass soziale Empathie nicht trainiert werden kann. Doch dieses Vorurteil können wir ablegen und unsere Empathie stärken, indem wir unseren Horizont bewusst erweitern und neue Perspektiven suchen. Dadurch, dass Empathie eng mit Nachahmung verbunden ist und gerade die Art und Weise, Emotionen zu zeigen, kulturell geprägt wurde, fällt es uns grundsätzlich einfacher, empathisch mit Menschen zu sein, die uns ähnlich sind. Aber gerade die Andersartigkeit zu schätzen und ihr mit dem Herzen zu begegnen, ist die Herausforderung.

Was hilft hier? Die Antwort ist so leicht wie schwer zugleich: den eigenen Blickwinkel erweitern! Das geht mittlerweile gerade auf Social Media sehr einfach: Folgt bewusst Menschen, die eine andere Lebensrealität haben. Auch als queere Person ist es einfach, nur anderen Queers zu folgen, die so sind wie wir. Dann aber vergessen wir wichtige Intersektionalitätskategorien.

Wer nicht in den Social Media unterwegs ist: Es gibt Bücher, Filme oder Musik mit ähnlichem Effekt. Wichtig ist nur, den eigenen Blickwinkel bewusst zu erweitern. Was und wen lest ihr? Wenn für jedes Buch eines weißen, heterosexuellen cis Mannes ein Buch einer marginalisierten Person bei euch einziehen darf (und gelesen wird), ist das schon ein großer Schritt!

Alle Emotionen brauchen Raum – auch negative

Um empathisch zu sein, müssen wir unsere Basisemotionen kennen. In der Psychologie werden diese als Grundlage für weitere Emotionen betrachtet. Sie sind Instrumente unseres Körpers, die uns im Laufe der Evolution geholfen haben, zu überleben. Der Psychologe Martin Dornes unterscheidet folgende Basisemotionen: Freude, Neugier, Wut, Trauer, Angst, Scham und Schuld. Vielleicht habt ihr den

Disney-Zeichentrickfilm »Alles steht Kopf« gesehen (wenn noch nicht, kann ich ihn nur wärmstens empfehlen). Dort wird deutlich, dass auch »negative« Basisemotionen ihren Wert haben – aber wenn sie alleine auftauchen, zu Schaden führen können.

Der Unterschied von Emotionen und Gefühlen: Beide Begriffe werden oft als Synonym verwendet, doch das ist nicht richtig. Gefühle (das, was wir in einem bestimmten Moment empfinden) sind »nur« ein Teil einer Emotion. Zu einer Emotion gehören auch körperliche Empfindungen und Reaktionen, Denkprozesse und das, was sich im Unterbewusstsein abspielt. Wenn wir Freude als Gefühl empfinden, lächeln manche von uns als Reaktion, wir entspannen uns und unser Gehirn speichert die Situation als positives Erlebnis ab. Ich schreibe bewusst »manche von uns«, denn ob wir lächeln, keine Miene verziehen oder anders reagieren, ist kulturell und individuell unterschiedlich.

Alle Gefühle, die wir empfinden, haben ihre Daseinsberechtigung. Trotzdem werden Gefühle, die uns warnen sollen oder ein Bedürfnis nach Abgrenzung zeigen, häufig negativ bewertet und tabuisiert. »Angsthase«, »Miesepeter«, »vor Wut platzen« zeigen, wie wenig wir uns mit sogenannten negativen Emotionen auseinandersetzen wollen. Es liegt an uns, wie wir mit diesen umgehen. Wir müssen uns nicht schämen für das, was uns ausmacht und wir dürfen wütend sein, wenn wir wieder in eine Schublade gepresst werden. Wir dürfen traurig sein, wenn unsere Grenzen überschritten werden. Oder stinksauer. Oder beides. In Harmonie zu uns selbst zu kommen heißt, dass wir all unsere Facetten akzeptieren. Negative Gefühle zu unterdrücken, ist ungesund – ebenso wie die Emotionen und Bedürfnisse anderer Menschen über die eigenen zu stellen. Ausgeglichenheit braucht »positive« und »negative« Gefühle. Sonst ist es, sind wir nicht ausgeglichen, sondern einseitig.

> Unsere **Basisemotionen** sind Freude, Neugier, Wut, Scham, Trauer, Angst und Schuld. Um (Selbst-)Empathie zu haben, wollen sie gesehen werden und brauchen ihren Raum!

Selbstliebe ist gleich Egoismus

Der Glaubenssatz »Selbstliebe ist gleich Egoismus« ist tief in vielen von uns verankert. Er wurde vielen bereits in frühester Kindheit mitgegeben. »Du bist ein guter Mensch, wenn du dich an der ersten Stelle um andere kümmerst.« Gerade cis Frauen leiden sehr unter dieser Zuschreibung. Zu viel Fürsorge für andere führt in vielen Fällen jedoch dazu, dass wir unsere eigenen Bedürfnisse unterdrücken. So entsteht ein innerer Konflikt, bei dem wir einerseits »gute Menschen« sein wollen und uns andererseits – unter anderem mangels Selbstliebe – dafür verurteilen, wenn nicht gar hassen, dass wir unsere eigenen Grenzen nicht schützen.

Unser Fürsorgemodus darf kein Selbstaufopferungsmodus werden!

Gerade queere Menschen sind häufig mit Vorurteilen konfrontiert. Daraus kann ein Anpassungsdruck entstehen. Wir wollen dazugehören, nicht unbequem sein, streben nach Harmonie und vermeiden Konflikte. Das kann uns teilweise vor Diskriminierung und/oder Gewalt schützen. Durch die Unterdrückung der Wut werden wir jedoch mit der Zeit passiv-aggressiv und landen in einem Teufelskreis aus unterdrückter Emotion und Wut – vor allem auf uns selbst. Hier ist es wichtig zu lernen, wie gesunde Grenzen aussehen und wie wir diese ziehen können. Und auch zu betonen: Überanpassung kann eine schützende Funktion haben. Aber in sichereren Räumen müssen wir lernen, diese abzulegen. Weder unsere persönlichen noch unsere beruflichen Beziehungen profitieren davon, wenn eine Person immer Ja sagt, weil sie sich nicht traut, Nein zu sagen.

💡 Über die Kunst, Grenzen zu setzen

Die Idee, dass wir niemals eine andere Person verletzen dürfen, ist Teil der Überzeugung, dass wir nur dann mitspielen dürfen, wenn wir überangepasst und perfekt sind. Aber Verletzungen gehören zum Leben dazu. Schauen wir uns ein kleines Kind an: Es lernt laufen und fällt hin. Dann weint es und wird getröstet. Aber mit jedem Hinfallen lernt es, wieder aufzustehen, besser zu laufen und dass es am Ende, wenn es nicht klappt, getröstet wird. Das sind wichtige Lernerlebnisse! Und die ändern sich nicht, wenn wir älter werden. Manchmal sind unsere Bedürfnisse und die einer anderen Person widersprüchlich. Dann ist es wichtig, Grenzen zu setzen, über die entstandenen, unangenehmen Gefühle zu sprechen und gemeinsam einen Kompromiss zu finden. Das ist Diversity UND Belonging.

(Erst) Wenn wir unsere eigenen Grenzen kennen, können wir anderen Menschen helfen. Selbstaufgabe und Ignoranz können zwei Seiten derselben Medaille sein – weil beide Verhalten es verhindern, in eine wechselseitige Beziehung zu einer anderen Person zu gehen. Echtes Belonging lernen wir aber, wenn wir ein Nein als ein Ja für unsere eigenen Bedürfnisse sehen. Und das immer mit der Idee, in einen Dialog zu gehen und einen Kompromiss zu finden. Am Anfang steht das Nein, danach kommt das Aber. »Nein, das hier sagt mir nicht zu. Aber lass es uns doch anders versuchen.« Nur wenn wir unsere eigenen Neins kennenlernen und auf unser (Bauch-)Gefühl hören, können wir auch anderen Menschen beibringen, wie sich ein positives Nein anfühlt.

Jedes **Nein** nach außen ist ein Ja nach innen, zu uns selbst.

Empathischer Aktivist

Ein Mensch mit einer außergewöhnlichen Geschichte. Rom. Zwangs-verheiratet. Geschieden. Vater. Opa. Schwul. Verheiratet.

Eine der empathischsten und gleichzeitig lautesten Stimmen Deutschlands ist für mich Gianni Jovanovic. Wie keine andere Person beherrscht Gianni die Balance zwischen Empathie und Mitgefühl und der Fähigkeit, Grenzen zu ziehen, sich selbst zu behaupten und für eigenes Recht zu kämpfen.

Das Leben von Gianni ist geprägt von Gewalt, aber auch voll der Hoffnung. Als Kind einer Roma-Familie und homosexueller Mann erlebt er offenen Rassismus und wird täglich mit Vorurteilen konfrontiert. Seit Jahren kämpft er dagegen – nicht zuletzt durch Vorträge, Workshops und eine von ihm gegründete Initiative.

Lieber Gianni, wie können wir empathisch sein, ohne dabei unsere eigene Bedürfnisse und Grenzen zu vernachlässigen?
Um empathisch zu sein, ohne unsere eigenen Bedürfnisse und Grenzen zu vernachlässigen, ist es wichtig, uns selbst zu reflektieren und unsere eigene Grenzen zu kennen. Das bedeutet, sich Fragen zu stellen wie: Was sind meine Bedürfnisse? Was sind meine emotionalen Grenzen? Was bin ich bereit zu tolerieren und was nicht? Indem wir uns dieser Fragen bewusst werden, können wir unsere eigenen Bedürfnisse besser verstehen und kommunizieren. Es ist auch wichtig, klar und respektvoll unsere Grenzen zu kommunizieren, damit andere sie nicht überschreiten. Auf diese Weise können wir empathisch sein, während wir gleichzeitig unsere eigenen Bedürfnisse und Grenzen wahren.

Wie können wir lernen, uns selbst zu respektieren und gleichzeitig sensibel auf Gefühle anderer einzugehen?

Um sowohl Selbstrespekt zu entwickeln, als auch sensibel auf die Gefühle anderer einzugehen, ist es wichtig, eine liebevolle Achtsamkeit gegenüber sich selbst und anderen zu kultivieren. Das bedeutet, sich selbst und anderen gegenüber mit Respekt und Würde zu begegnen, unabhängig von gesellschaftlichen Normen oder Erwartungen. Es ist wichtig, sich bewusst zu machen, dass jeder Mensch einzigartig ist und unterschiedliche Bedürfnisse und Gefühle hat. Indem wir uns selbst respektieren und gleichzeitig sensibel auf die Gefühle anderer eingehen, können wir eine unterstützende und empathische Gemeinschaft aufbauen, die von gegenseitigem Respekt und Wertschätzung geprägt ist.

Viele kennen dich für deinen Aktivismus. Wie viel Empathie kann Aktivismus vertragen und gibt es überhaupt so etwas wie »empathischen Aktivismus«?

Es gibt definitiv Raum für empathischen Aktivismus. Empathie ermöglicht es Aktivist*innen, sich in die Perspektiven anderer einzufühlen, ihre Bedürfnisse zu verstehen und gemeinsame Lösungen zu finden, die für alle Beteiligten akzeptabel sind. Empathischer Aktivismus basiert auf Mitgefühl, Respekt und dem Streben nach Gerechtigkeit und Menschlichkeit. Es bedeutet, nicht nur gegen Ungerechtigkeiten zu kämpfen, sondern auch die Menschen, die von ihnen betroffen sind, zu unterstützen und zu stärken. Empathischer Aktivismus kann dazu beitragen, Brücken zu bauen, Menschen zusammenzubringen und positive Veränderungen auf eine Weise zu bewirken, die die Bedürfnisse und Gefühle aller berücksichtigt.

Welche praktischen Tipps hast du für mich und alle Menschen, die empathisch bleiben möchten und dennoch selbstbewusst und standhaft für eigene Überzeugungen antreten wollen?

Es ist wichtig, einen ausgewogenen Ansatz zwischen Empathie und eigenen Überzeugungen zu finden. Das bedeutet, sich selbst zu reflektieren und seine eigenen Grenzen und Überzeugungen klar zu definieren. Dabei ist es hilfreich, sowohl Mitgefühl als auch Selbstachtung zu kultivieren. Kommunikation ist entscheidend: Sei respektvoll und einfühlsam, wenn du deine Überzeugungen vertrittst, aber sei auch klar und bestimmt. Suche nach Gemeinsamkeiten und versuche, Verständnis und Empathie für die Perspektiven anderer zu zeigen, ohne dabei deine eigenen Werte zu opfern. Bleibe authentisch und stehe zu dir selbst, während du gleichzeitig offen für Dialog und Veränderung bist.

Was brauchen wir, um ein Diversity Upgrade in Deutschland durchzuführen?

Um in Deutschland ein Diversity Upgrade durchzuführen, benötigen wir einen tiefgreifenden Strukturwandel, der darauf abzielt, die Vielfalt in allen Bereichen der Gesellschaft widerzuspiegeln. Das erfordert eine breite Repräsentation von Menschen mit verschiedenen Hintergründen und Identitäten in politischen Entscheidungspositionen, in Unternehmen, in Bildungseinrichtungen und in der Gesellschaft insgesamt. Konkret bedeutet das, dass Mittelpositionen von Menschen aus unterschiedlichen sozialen, kulturellen, religiösen und geschlechtlichen Gruppen besetzt werden müssen, um ihre Perspektiven zu berücksichtigen und ihnen eine aktive Teilhabe zu ermöglichen. Nur durch die Einbeziehung und Wertschätzung dieser Vielfalt können wir die Strukturen ändern und eine gerechtere und inklusivere Gesellschaft schaffen.

 Stereotype und Klischees

Normalität aufbrechen. Stereotype hinterfragen. Klischees ablegen. Immer diese Männer mit ihrem Nagellack, diese LGBTQIA-Paradiesvögel! Und müssen die denn so laut und sichtbar sein? Und: Viele Frauen wünschen sich einen schwulen besten Freund, mit dem sie shoppen gehen können – weil ALLE schwule Männer doch so einen guten Geschmack haben, die neusten Modetrends kennen und immer nur Glitzer und Smokey Eyes tragen, auch beim Brötchen holen.

Hier schlägt aber ein Vorurteil zu: Wir merken uns nur die Menschen, die »anders« sind und vergessen diejenigen, die wir als »normal« empfinden. Gerade im Umgang mit Menschen, die »aus der Reihe tanzen« und »nicht so sind, wie wir«, geht Empathie verloren. Wir identifizieren uns nicht mit ihnen und stufen sie als unberechenbar ein, was wiederum Berührungsängste und Abgrenzung mit sich bringen kann.

Mein Lösungsansatz: Lasst uns Normalität aufbrechen. Humanismus ist universal. Egal wie sehr eine Person einem Stereotyp entspricht (oder auch nicht), sie hat unser Mitgefühl verdient. Denn wir können Menschen nur für ihre Handlungen beurteilen und nicht für ihr Sein verurteilen.

Unsere Spiegelneuronen – Zellen der Empathie

Eine der Fragen, die ich immer wieder höre: Kann Empathie trainiert werden? Manche behaupten, Empathie ist angeboren und entweder haben wir diese Fähigkeit von Geburt an oder eben nicht. Doch hier liegt ein Irrtum vor, eine Verwechslung von Empathie und Nachahmung. Tatsächlich haben wir Menschen (und manche Tierarten) eine ganz besondere Fähigkeit zur Sozialisierung. Die Spiegelneuronen, auch »die Zellen der Empathie« genannt, wurden im Jahr 1992 in einem Labor in Italien per Zufall entdeckt. Diese Nervenzellen, die alle Menschen besitzen, helfen uns dabei, von Geburt an die Emotionen und Handlungen anderer Menschen nachzuempfinden und nachzumachen.

Habt ihr in eurem Leben bereits ein Baby angelächelt und es lächelte zurück? Das Baby kennt euch vielleicht nicht, hat nicht so viel Grund zur Freude, aber die Spiegelneuronen ermöglichen es dem Baby, mit euch mitzufühlen. So lernen wir mit anderen und von anderen in unserer Umgebung. Wir verlieren diese Fähigkeit im Laufe des Lebens nicht. Ist euch schon mal aufgefallen, dass ihr kleine Gesten von Menschen, die ihr sympathisch findet, unbewusst nachahmt? Aber auch hier müssen wir zwischen kognitiver und affektiver Empathie unterscheiden. Mitfühlen ist nicht dasselbe wie Nachahmung oder die Verknüpfung von Emotionen mit Handlungen. Nicht jedes Baby lächelt zurück – kann sich aber trotzdem zu einer sehr empathischen Persönlichkeit entwickeln.

Manchmal wird versucht, diese Fähigkeit der Nachahmung als Manipulationstechnik einzusetzen. Das geschieht, wenn Gesten bewusst nachgeahmt werden und es unserem Gegenüber auf unterbewusster Ebene signalisiert: »Ich mag dich.«

Mein Lösungsansatz hier: Nutzt sie nicht für Manipulation. Bleibt neugierig und findet Dinge, die euch an anderen aufrichtig interessieren. Und wenn euch jemand diese Taktiken beibringen will: Lauft weg!

Botschafterin der Emotionen

Das Wochenmagazin Stern nennt sie »Botschafterin der Emotionen«. Magdalena Rogl engagiert sich leidenschaftlich für eine offene und empathische Arbeitskultur, die Vielfalt und Inklusion in den Mittelpunkt stellt. Mit über 15 Jahren Erfahrung in der Businesswelt hat sie sich zum Ziel gesetzt, eine Arbeitskultur zu gestalten, in der

Vielfalt und Inklusion keine Buzzwords, sondern Erfolgskriterien sind. Als Diversity & Inclusion (D&I) Lead bei Microsoft Deutschland arbeitet sie mit dem Führungsteam, der internen D&I-Community und dem externen Ökosystem zusammen, um Veränderungen und Auswirkungen im gesamten Unternehmen voranzutreiben.

Magdalena Rogl ist Autorin des Buches »MitGefühl – Warum Emotionen im Job unverzichtbar sind«, in dem sie die Bedeutung von Emotionen in der Arbeitswelt beleuchtet. Basierend auf persönlichen Beispielen, wissenschaftlichen Studien und praktischen Tipps zeigt sie, warum Empathie und emotionale Intelligenz Führungskompetenzen der Zukunft sind und warum Selbstmitgefühl erfolgreicher macht als Selbstdisziplin. Bereits seit einem Jahr begleitet mich Magdalena als Mentorin. Wir sprechen viel über Diversity-Themen. Hier sind ein paar wertvolle Insights aus unseren Gesprächen.

Liebe Lena, welche Arten von Empathie gibt es und warum ist es wichtig, diese zu unterscheiden?

Es gibt verschiedene Definitionen zu den unterschiedlichen Arten von Empathie. Ich persönlich entscheide vereinfacht gesagt zwischen emotionaler und intelligenter Empathie, weil ich glaube, dass diese Unterscheidung gerade im Arbeitskontext sehr wichtig ist.

Emotionale Empathie beschreibt das direkte Mitfühlen mit anderen Menschen, zum Beispiel wenn mir Tränen in die Augen steigen, weil eine andere Person weint. Das ist grundsätzlich eine sehr schöne Eigenschaft, die aber gefährlich werden kann, wenn ich irgendwann wie ein Schwamm alle Gefühle meiner Mitmenschen oder eben Mitarbeitenden aufnehme: Irgendwann ist der Schwamm so voll und schwer, dass ein Arbeiten unmöglich wird.

Intelligente Empathie beschreibt kurz gesagt, dass ich verstehe, wie sich eine Person fühlt, aber dass ich nicht direkt mitfühle. Das gibt mir den Raum zu unterstützen, Rat zu geben und die Person bestenfalls zu befähigen, sich selbst zu helfen.

Wie hilft uns Empathie, ein Diversity Upgrade in Deutschland durchzuführen?

Aus meiner Sicht ist Empathie die Basis für erfolgreich gelebte Vielfalt und Inklusion. Diversity wird heute oft als Buzzword genutzt und es entsteht schnell der Eindruck, dass mit Diversity alles bunt, spaßig und leicht wird. Aber oft ist das Gegenteil der Fall: Diversity macht die Arbeit erst einmal anstrengender und schwerer.

Wenn ich in einem Meeting sitze, in dem lauter Mini-Lenas sitzen, die die gleichen Erfahrungen und Perspektiven haben wie ich, wird das Meeting kurz und einfach, weil sich alle einig sind.

Wenn an diesem Meeting aber Menschen mit ganz unterschiedlichen Perspektiven und Meinungen teilnehmen, gibt es potenziell mehr Diskussion und Gegenmeinungen. Das kann ganz schön anstrengend und herausfordernd werden. Empathie ist genau die Brücke, die uns hilft, diese Herausforderungen zu überwinden. Wenn wir versuchen, uns in die anderen hineinzufühlen, auch wenn ihre Perspektiven vielleicht ganz anders sind als unsere eigenen, haben wir die Chance, voneinander zu lernen und miteinander zu wachsen.

Bestenfalls bekommen wir so neue Perspektiven, die wir selbst nie sehen können, weil uns die Erfahrung fehlt, die bestimmte Diversitätsaspekte mit sich bringen. So haben wir die Chance, Dinge nicht nur aus unserer eigenen Perspektive zu sehen, sondern ganzheitlicher zu betrachten – und so vielleicht neue Lösungen und Innovationen zu entdecken.

Wie übertragen wir das in die Arbeitswelt, in die Unternehmen und Organisationen?

Erst einmal ist es wichtig, dass Unternehmen, Organisationen und Teams die Bedeutung von Empathie für Vielfalt und Inklusion erkennen und aktiv fördern.

Um das volle Potenzial von Diversity auszuschöpfen, sollten Unternehmen einen Kulturwandel hin zu mehr Empathie und Offenheit für unterschiedliche Perspektiven fördern, zum Beispiel durch Schulungen und Workshops, die Mitarbeitenden helfen, Empathie zu trainieren.

Des Weiteren sollten Unternehmen darauf achten, Diversität nicht nur oberflächlich zu betrachten, sondern auch strukturelle Hindernisse zu identifizieren und abzubauen, die den Zugang zu Chancen und Ressourcen für diverse Gruppen erschweren könnten. Das kann beispielsweise die Implementierung flexibler Arbeitsmodelle, die Förderung von Diversität in Führungspositionen und die Einführung von Maßnahmen zur Chancengleichheit umfassen.

Ein integrativer und empathischer Ansatz zur Förderung von Vielfalt und Inklusion in Unternehmen trägt nicht nur zur Schaffung einer positiven Arbeitsumgebung bei, sondern kann auch zu einer Steigerung der Mitarbeitendenzufriedenheit, Produktivität und Innovationskraft führen.

Empathie ist der Schlüssel, um die Herausforderungen, die Diversity mit sich bringen kann, zu überwinden und die Vorteile voll auszuschöpfen.

 In vier Schritten zu mehr Empathie

Wie wir unsere Empathie weiterentwickeln können, weiß Jana Rogge. Als Emotionscoachin für Integration und Expression begleite sie ihre Klient*innen auf ihrem Weg zur Selbstentdeckung und -entfaltung. Ihre Arbeit basiert auf der Überzeugung, dass jede Person bereits alle notwendigen Werkzeuge in sich trägt, um die eigenen Problemstellungen zu lösen. Meist bedarf es lediglich eines akzeptanten und unterstützenden Raums, um diese Tools zu entdecken und einzusetzen. In ihren Coachings schafft sie genau diese Umstände.

Ich habe mich mit Jana über Empathie und Entwicklung dieser Fähigkeit unterhalten. Auch sie als Emotionscoachin bestätigt mich darin, dass Empathie eine Stabilität und Sicherheit im Umgang mit den eigenen Emotionen voraussetzt und gezeigt werden kann, ohne den Standpunkt der anderen zu teilen. Jana gibt uns folgende Erkenntnisse und Wege mit, Empathie zu üben.

Selbstprüfung und Kapazitätsabfrage

Du kannst anderen Personen nur so viel Energie zur Verfügung stellen, wie du selber besitzt. Vor allem bei intensiven Thematiken ist es daher besonders wichtig, dass du in dir selbst stabil und ruhig bist, um empathisch für andere Personen da sein zu können. Überprüfe also vorher, wie es dir selbst geht. Hast du genug Kapazitäten, um für die andere Person da zu sein oder benötigst du zuerst etwas, um deine Energie aufzuladen?

Bedürfnisse der anderen Person erkennen und respektieren

Deine Vermutungen über die Bedürfnisse einer anderen Person müssen nicht zwingend mit deren tatsächlichen Bedürfnissen übereinstimmen. Erkundige dich daher vorher, in welchem Maß du sie unterstützen kannst. Ist sie dafür offen, dass du dich mit ihr auseinandersetzt? Möchte sie lediglich ein offenes Ohr, sucht sie nach Rat oder wünscht sie sich einfach stille Unterstützung? Sich empathisch auf eine andere Person einzulassen bedeutet, ihre Bedürfnisse anzuerkennen. Daher kann ein empathischer Umgang auch in Ruhe lassen und Abstand halten bedeuten.

Innere Verbindung aufbauen

Mit manchen Personen fällt es leicht, eine empathische Verbindung aufzubauen, vor allem, wenn deren Weltanschauung und -erleben nah an den eigenen liegen. Herrscht dort jedoch eine größere Diskrepanz, kann es schwieriger sein, das eigene Wertesystem außen vor zu lassen und ihr empathisch zu begegnen. Hier ist es hilfreich, Gemeinsamkeiten zwischen dir und der anderen Person zu finden, um eine innere Verbindung herzustellen. Dies kann auf früheren persönlichen Erfahrungen oder einfach auf der universellen Natur menschlicher Emotionen basieren. Denn auch wenn die Handlungen und Einschätzungen der anderen Person von deiner abweichen, so sind die Empfindungen, die dahinterstecken, welche, die du auch mit Sicherheit in anderen Situationen schon erlebt hast und nachempfinden kannst.

Fokussiere dich also auf die Emotionen, die die Situation bei der anderen Person auslöst, statt auf die Bewertung der Situation selbst.

Empathie verbal ausdrücken

Empathie kann auf unterschiedliche Weise gezeigt werden und richtet sich nach den Bedürfnissen der anderen Person. Hier gehen wir auf das verbale Ausdrücken ein. Bei empathischer Kommunikation liegt der Hauptfokus darauf, die andere Person zu verstehen und ihr auch zu zeigen, dass sie verstanden wird.

Mache dir bewusst, dass die andere Person die Spezialistin für ihre Realität ist und du lediglich Vermutungen anstellen und Fragen stellen kannst, um deine Einschätzung zu verifizieren. Durch das Teilen deiner Beobachtungen und gezielte Fragen zeigst du, dass du dich mit ihr auseinandersetzt und es dir ein Anliegen ist, sie zu verstehen, wodurch sie sich in ihrer Situation gesehen fühlen wird.

Ein paar Anwendungsbeispiele:

– An den eigenen Observierungen teilhaben lassen, zum Beispiel: »So wie du das erzählst, habe ich das Gefühl, dass du dich wirklich unsicher gefühlt hast, als ...«

– Eine Vermutung äußern, zum Beispiel: »Das hat dich bestimmt wütend gemacht, als ...«

– Konkrete Nachfrage, zum Beispiel: »Hat es dich enttäuscht, dass ...?«

Momente, die keine Empathie zeigen und in diesem Kontext ein Gefühl von Nicht-verstanden-Werden bei der betroffenen Person hervorrufen können:

– Ungefragt eigene Erfahrungen teilen, zum Beispiel: »Ja, das kenne ich, ich habe auch letztens ...«

– Ablenken, zum Beispiel durch selbst eingebrachten Themenwechsel

– Empfindungen relativieren, zum Beispiel: »Na wenigstens ...« – »Aber sieh's doch mal positiv.«

– Ungefragte Ratschläge geben, zum Beispiel: »Also, wenn ich du wäre ...«

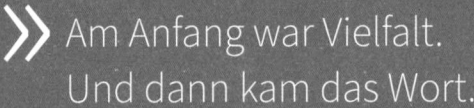 Am Anfang war Vielfalt.
Und dann kam das Wort.

4

KOMMUNIKATION
Zugehörigkeit und Zusammenhalt stärken

Upgrade im Überblick

In diesem Kapitel tauchen wir in die Welt der zwischenmenschlichen Interaktion ein. Wir erkunden die Fähigkeit zur Kommunikation als essenzielle Diversity-Kompetenz und lernen mit Jochen Schropp, wie er durch sein Coming-out in einem offenen Brief die deutsche Medienlandschaft nachhaltig geprägt hat. Wir beleuchten die Bedeutung gewaltfreier Kommunikation und zeigen auf, wie wir konstruktiv mit Konflikten umgehen können, insbesondere als Werkzeug für Menschen, die Diskriminierung erfahren.

Ein zentraler Aspekt ist die inspirierende Geschichte von Tabea Fesser, die Einblicke in ihr Unternehmen gewährt und verdeutlicht, wie sie die Kraft der inklusiven Kommunikation nutzt, um eine vielfältige und integrative Unternehmenskultur bei Ketchum Germany zu schaffen. Wir widmen uns auch der Teamkommunikation und den Herausforderungen, mit denen diverse Teams bei der Zusammenarbeit konfrontiert werden. Dabei wird die Erwartungsmatrix als hilfreiches Instrument beleuchtet, um Missverständnisse zu vermeiden und gute Teamarbeit zu fördern.

Des Weiteren gehen wir etwas näher auf inklusive Kommunikation ein, die Bedeutung gendergerechter Sprache, die Verwendung von Pronomen und wie wir bewusst inklusiv kommunizieren. Am Ende des Kapitels steht besonders die Kommunikation mit der LGBTQIA Community, da mir viele Menschen von ihrer Unsicherheit berichten, was sie sagen können und was nicht, um nicht versehentlich jemanden zu verletzen. Wir gehen auf diese Ängste genauer ein und wie wir solche Barrieren abbauen können, um eine offene und respektvolle Kommunikation zu fördern.

Connecting the dots and people

In einer vielfältigen Gesellschaft wie unserer spielt Kommunikation eine entscheidende Rolle. Sie dient nicht nur dazu, Informationen zu vermitteln, sondern auch als Brücke zwischen unterschiedlichen Perspektiven, Erfahrungen und Kulturen. Durch effektive Kommunikation werden die »dots« – also verschiedene Elemente, Aussagen oder Personen – miteinander verbunden. Wenn wir Kommunikation als Diversity Skill meistern, können wir nicht nur eine inklusive Umgebung schaffen, sondern auch das volle Potenzial der Vielfalt ausschöpfen. Indem wir uns bewusst darüber werden, wie die Art unserer Kommunikation unsere zwischenmenschlichen Interaktionen prägt, können wir alle zu einer Welt beitragen, die von Zusammenarbeit, Verständnis und Wertschätzung geprägt ist.

Das Wort Kommunikation stammt vom Lateinischen »communicare«, das für »etwas miteinander teilen« oder »etwas gemeinsam tun« steht. Diejenigen unter uns, die besonders gut in »Connecting the dots« sind, werden erkennen, dass der lateinischen Wurzel auch das Wort »Community« entstammt – was bei einer Gemeinschaft inhaltlich ebenfalls Sinn ergibt.

Wenn wir also die Punkte miteinander verbinden, ist Kommunikation der Schlüssel zu einer

Gemeinschaft und somit die Grundlage für Belonging. Gerade in diversen Teams und in einer vielfältigen Arbeitswelt ist es unerlässlich, dass die Kommunikation klar, offen und respektvoll ist. Denn durch den Austausch von Ideen und Meinungen aus verschiedenen Blickwinkeln können innovative Lösungen entstehen und Probleme auf kreative Weise gelöst werden.

Diese Fähigkeit zu kommunizieren kann uns dabei helfen, Missverständnisse zu vermeiden, Vorurteile abzubauen und ein Umfeld des gegenseitigen voneinander Lernens und der Zusammenarbeit zu schaffen.

Darüber hinaus trägt eine inklusive Kommunikation dazu bei, Wertschätzung für alle Mitglieder der Gemeinschaft zu schaffen. Indem wir aktiv zuhören und die Perspektiven der anderen schätzen, entsteht eine Atmosphäre des Vertrauens und der Offenheit. Dies wiederum fördert das Engagement, die Motivation und das Wohlbefinden jeder einzelnen Person.

Uns zeigen und mitteilen, wie wir sind

Jochen Schropp ist Schauspieler, Moderator, Podcaster und Buchautor. Seit seinem öffentlichen Coming-out im Jahr 2018 setzt sich Jochen aktiv für die Rechte der LGBTQIA Community und für Chancengleichheit ein. In seinem offenen Brief schrieb Jochen: »Ich will mich nicht mehr verstecken. I am who I am – that's right! Ich definiere mich nicht über meine Sexualität, sie ist ein Teil von mir, für den ich mich nicht mehr schämen möchte. Aber wen ich liebe, hat immer noch eine starke soziale Bedeutung. Werde ich mich komisch fühlen, wenn beim Bäcker hinter meinem Rücken getuschelt wird: ›Ist das nicht der schwule Moderator?‹ Bestimmt.« Doch es sollte anders kommen. Was Leute über ihn denken, ist ihm heute egal. Eine neu gewonnene Freiheit!

Lieber Jochen, wie wichtig ist deiner Meinung nach die Kommunikation in der heutigen Gesellschaft und der Arbeitswelt mit Hinblick auf Diversität?
Wir befinden uns gerade in einem Wandel. Es wird sehr viel mehr Wert auf Diversität gelegt und deswegen ist Kommunikation heutzutage

wichtiger denn je. Wir sind an einem Punkt, wo wir lernen dürfen. Und um zu lernen, müssen wir mit Betroffenen sprechen. Communication is key! Wichtig ist, sich selbst zu reflektieren, auch wenn es um die Art der Kommunikation geht. Was für mich selbst in Ordnung ist, kann für mein Gegenüber abschätzig oder sogar triggernd sein. Ich habe in den vergangenen Jahren viel über mich gelernt und freue mich darauf, in den nächsten Jahren weiterlernen zu dürfen. Zuhören ist übrigens ein weitaus wichtigerer Bestandteil der Kommunikation, als ständig die eigene Meinung kundzutun.

Welche Rolle spielt Kommunikation beim Abbau der Vorurteile?

Meines Erachtens ist Kommunikation eines der wichtigsten Dinge beim Abbau von Vorurteilen. Durch Fragenstellen sowie die eigenständige Weiterbildung durch Literatur und Interviews können wir lernen, unser Gegenüber zu verstehen und somit Vorurteile abbauen. Denn Vorurteile sind oft eindimensionale Ansichten. Ohne mich wiederholen zu wollen, aber ich finde es unabdingbar: Kommunikation bedeutet auch aktives Zuhören! Es gibt Therapiemethoden, bei denen das Gegenüber wiedergeben muss, was es gehört hat. Das ist in unserer alltäglichen Kommunikation nicht der Fall – doch das, was ich sage, kommt manchmal nicht so an, wie ich es gemeint habe. Oft liegt es im Ohr der zuhörenden Person, was sie hören möchte. Es sollte mehr ums Verstehen gehen als ums Hören.

Inwiefern lernen queere Menschen anders zu kommunizieren als Heterosexuelle?

Ich glaube, dass wir in unserer Kindheit oder Jugend andere Situationen durchleben als nicht queere Menschen – und das prägt uns natürlich. Wir versuchen teilweise, nicht aufzufallen. Das bedeutet, allein durch unsere Körpersprache versuchen wir, uns anders zu verhalten.

Ich bin in meiner Jugend gehänselt worden – heute würde man es Mobbing nennen – und das lag auch daran, dass ich femininer gelesen wurde als andere Jungs in meinem Umfeld. Also habe ich irgendwann versucht, von außen auf mich zuschauen und mich anders zu bewegen oder anders zu sprechen, als ich das davor getan habe. Wahnsinnig anstrengend und für mich als angehender Schauspieler später absolut kontraproduktiv.

Ich war selten im Hier und Jetzt, habe mich immer selbst beobachtet und bewertet. Aufgrund dessen lernen wir auch, anders zu kommunizieren, weil wir versuchen, immer unter dem Radar zu sein. Bei anderen mag es das Gegenteil hervorrufen: Sie versuchen, immer »drüber zu sein«, weil sie zeigen wollen: »Das bin ich, schau mich an. Bitte sieh mich!« Weil sie sich nicht gesehen fühlen. Das kann also in beide Richtungen gehen. Es kann sicherlich auch ein Vorteil sein, diesen Skill irgendwann für sich zu nutzen, wenn man sich von der Bewertung befreit hat. Aber währenddessen ist das natürlich schrecklich, weil wir alle im Grunde so geliebt werden wollen, wie wir sind und wie wir uns fühlen. Bei mir hat es sehr lange gedauert, mich so zu akzeptieren, wie ich bin. Auch weil mir von außen suggeriert wurde, dass viel Negatives auf meine Homosexualität zurückzuführen sei. »Du bist soundso, weil du schwul bist...!« Oder es wurde als verstecktes Kompliment verpackt, wenn ich mit nicht queeren Leuten über meine Homosexualität sprach. »Ach, aber das merkt man dir gar nicht an.« Ich finde das interessant, dass Menschen ganz oft denken, sie machen ein Kompliment und tun einem etwas Gutes. Dabei bewirken sie genau das Gegenteil. »Schade für die Frauenwelt, dass du auf Männer stehst!«, gehört übrigens auch dazu.

Hast du einen Tipp für selbstbewussteres Kommunizieren?

Alles, was von Herzen kommt, was echt, ja, was in dir verankert ist und wofür du stehst, kannst du voller Selbstbewusstsein sagen. Dafür müssen wir uns selbst und unsere Werte gut kennen. Selbstbewusstsein entsteht, wenn unsere Überzeugungen und unsere Kommunikation übereinstimmen. Seit meinem öffentlichen Coming-out habe ich viel mehr Rückgrat in schwierigen Gesprächen, ob es nun um mich oder andere geht.

Was brauchen wir, um ein Diversity Upgrade in Deutschland durchzuführen?
Wir brauchen die Unterschiedlichkeiten! Sonst wäre ja alles gleich – und das wäre eine langweilige Welt. Wir sollten Vielfalt deutlich mehr wertschätzen und feiern.

Sicher im Umgang mit Konflikten

Menschen wissen um die Macht der Worte. Denn das, was uns gesagt wird, kann uns aufbauen, bestärken, positive Emotionen hervorrufen und Selbstvertrauen schenken. Doch es gibt auch eine dunkle Seite der Macht. Und diese kennen gerade Menschen mit Diskriminierungserfahrung. Werden wir (verbal) angegriffen, können typische Reaktionen sein: Wir rennen weg. Wir frieren ein. Oder wir greifen an. Diese Reaktionen basieren auf unseren Urinstinkten und sind deshalb schwer zu überwinden, gerade wenn wir emotional aufgebracht sind.

Menschen, die Mobbingerfahrung gemacht haben, werden mir zustimmen: Bisher sind wir vorwiegend weggelaufen oder eingefroren, haben uns also der Situation entzogen oder sie schweigend über uns ergehen lassen. Aus Sicht des Opfers sind Einfrieren (Freeze) oder Flucht (Flight) häufig die bessere Alternative, weil sie in dem Moment das »geringere Übel« darstellen. Als Einzelpersonen können wir eine Gruppe nicht angreifen, jeder Versuch der (Selbst-)Verteidigung ist zum Scheitern verurteilt. Es entstehen negative Gefühle wie Scham, Angst um körperliche Unversehrtheit oder Wut und Ärger über die eigene Machtlosigkeit. Auch Unterstützung beispielsweise bei einer

Lehrkraft zu holen oder den Eltern Bescheid zu geben, kann die Situation verschlimmern. Denn wer »petzt«, muss womöglich weitere, noch heftigere Diskriminierung befürchten. Aber: Sich Hilfe zu holen ist niemals petzen. Auch im Arbeitskontext nicht.

Machen wir nun einen Sprung in die Zukunft und nehmen an, wir können diese Erfahrungen hinter uns lassen, sind erfolgreich ins Berufsleben gestartet, erwachsen geworden. Irgendwann sitzen wir mit unseren Kolleg*innen in einer Besprechung und werden durch eine einmalige oder wiederkehrende Handlung oder Äußerung in die damalige Situation zurückversetzt. Wir erleben die alten Zeiten erneut. Es löst in uns dieselben negativen Gefühle aus wie vor vielen Jahren. Ergebnis: Wir fühlen uns (wieder) schlecht und in dem Versuch, uns zu verteidigen, sagen wir Dinge, die wir in einem unaufgeregten Zustand womöglich nicht sagen würden.

Urinstinkte stammen noch aus der Zeit, als uns nur Fight, Flight oder Freeze das Leben retten konnten. In einer modernen Arbeitswelt führen diese jedoch, wenn wir die modernen Konfliktlösungen (zum Beispiel gewaltfreie Kommunikation) nicht nutzen, auf Dauer zum Burn-out.

Mit dem Handlungskonzept der gewaltfreien Kommunikation (GfK beschreibt der US-amerikanische Psychologe Marshall B. Rosenberg eine Methode zur Verbesserung unseres empathischen Miteinanders. Rosenberg entwickelte die GfK bereits in den frühen 1960er-Jahren. Seitdem wird sie weltweit überaus erfolgreich zur friedlichen Lösung kleiner und großer Konflikte eingesetzt – egal ob bei geschäftlichen Verhandlungen, in der Schule oder zu Hause am Esstisch. Dabei wurde sie stetig weiterentwickelt und kann dadurch auch gesellschaftliche Strukturen (wie beispielsweise Sexismus oder Queerfeindlichkeit) einbeziehen.[28]

GfK beruht auf der Grundannahme, dass Kommunikation und ein vielfältiges Miteinander nur dann gelingen können, wenn wir uns einander empathisch zuwenden. Das Konzept soll dabei helfen, uns klar auszudrücken und in authentischen Kontakt mit unserem

Gegenüber zu treten. Marshall B. Rosenberg liefert uns somit einen wunderbaren Gamechanger für den Umgang mit Konflikten: Der Fokus wird nicht auf Aussagen und Handlungen gelegt, die bei einem Konflikt entstehen (Angriffs-Ebene, auf der wir verletzt werden oder jemanden verletzen möchten). Die gewaltfreie Kommunikation hilft uns dabei, die Wünsche und Bedürfnisse, die sich hinter dem Konflikt verbergen, zu erkennen (Empathie-Ebene). Dabei geht es nicht darum, immer nett zu sein. Es geht darum, klar zu sein – und ehrlich mit den eigenen Bedürfnissen, Wünschen und der Selbstermächtigung.

> **Selbstermächtigung, Selbstbefähigung, Self-Empowerment**: ein Prozess, das Ziel und Ergebnis der persönlichen Entwicklung. Selbstermächtigung umfasst alle Maßnahmen, Instrumente und Strategien, die wir für unsere Entwicklung einsetzen und die dazu führen, dass wir selbstbestimmt, autonom und selbstverantwortlich leben und arbeiten.

Es gibt vier Schritte in der gewaltfreien Kommunikation, die wir in jedem Konflikt, unabhängig von der Eskalationsstufe, einsetzen können: Beobachtung – Gefühl – Bedürfnis – Wunsch/Bitte.

Schritt 1: Zuerst schildern wir eine konkrete **Beobachtung**.
– Beispiele: »Mir ist aufgefallen, dass ...« – »Ich habe beobachtet, dass ...«

Schritt 2: Wir lassen unser Gegenüber wissen, welches **Gefühl** die beobachtete Handlung/Äußerung in uns auslöst.
– Beispiele: »Das macht mich ...« – »Das löst in mir das Gefühl ... aus.«

Schritt 3: Wir sagen, welches **Bedürfnis** die Situation in uns wachruft. Hier ist es wichtig, gut für sich selbst zu schauen, was die eigenen

Bedürfnisse sind. Manchmal braucht es Zeit und Abstand, diese zu erkennen. Auch das Bedürfnis, in einem Konflikt erst einmal in Ruhe gelassen zu werden, um sich zu erden, ist in Ordnung!

– Beispiele: »Ich brauche einen Tag, um das sacken zu lassen.« – »Ich brauche Unterstützung von außen.«

Schritt 4: Wir enden mit einem konkreten Wunsch oder einer **Bitte**.

– Beispiele: »Deshalb wünsche ich mir, dass …« – »Daher möchte ich dich bitten, …« Hier ist es wichtig, dass die andere Person Bitten auch ausschlagen kann. Gewaltfreie Kommunikation ist immer ein Geben und Nehmen. Nur sollten die Beteiligten nicht ohne eine gewisse Lösung beziehungsweise die Vereinbarung für einen erneuten Austausch (Termin) auseinandergehen.

Zusammengefasst:

– »Ich habe beobachtet …«
– »Das löst in mir das Gefühl aus …«
– »Ich brauche …«
– »Ich wünsche mir …«

Das alles klingt im ersten Moment vielleicht etwas sperrig und ungewöhnlich. Gerade in einer Situation, in der unsere Gefühle Überhand nehmen und wir uns ärgern, fällt es nicht leicht, achtsam mit ihnen umzugehen, sie zu beobachten und zu kommunizieren. Gerade die verbale Kommunikation unserer eigenen Gefühle muss trainiert werden.

Bis sich GfK flüssig in die Alltagssprache einfügt, braucht es jede Menge Übung. Und dennoch lohnt es sich, das Konzept zu verinnerlichen – weniger als Kommunikationstechnik, sondern vielmehr als Haltung. Bei gewaltfreier Kommunikation geht es darum, konkret und präzise zu benennen, was wir wahrnehmen, ohne zu verallgemeinern, zu »schubladisieren« und zu bewerten.

Das kann eine echte Challenge sein, die viel Selbstreflexion erfordert. Und gleichzeitig ist das eine gute Sache, denn sie fordert uns heraus, bei uns zu bleiben und Ich-Botschaften zu senden, statt unserem Gegenüber von außen etwas zuzuschreiben – im Alltag eine hervorragende Basis für gelebte Diversity.

Gewaltfreie Kommunikation (GfK) komprimiert

1. Beobachtung schildern: eine Situation oder Handlung konkret und wertfrei beschreiben
2. Gefühl ausdrücken: eigene Gefühle (z. B. Trauer, Wut, Freude) wahrnehmen und mitteilen
3. Bedürfnis aussprechen: transparent machen, welches Bedürfnis aktuell (noch) unerfüllt ist
4. Eine Bitte formulieren: positiv und konkret vorschlagen, wie das Bedürfnis erfüllt werden könnte

Gewaltfreie Kommunikation – nicht so tun, als ob

Gewaltfreie Kommunikation (GfK) zu lernen ist nicht einfach. Gerade wenn es um Haltung oder Mindset geht, braucht es eine kontinuierliche Veränderung für das gewünschte Resultat. In vielen Organisationen und Unternehmen wird immer noch lediglich ein GfK-Training oder -Workshop durchgeführt und dann der Skill »gewaltfrei kommunizieren« als gemeistert dargestellt und abgehakt.

Hier sind die möglichen Fallstricke bei der Umsetzung einer gewaltfreien Kommunikation:

Beobachtung. Es besteht die Gefahr, dass die Beobachtung nicht neutral wiedergegeben wird und bereits einen unterschwelligen Vorwurf oder eine Wertung beinhaltet. Wir alle haben subjektive Wahrnehmungen. Beobachtungen ohne Bewertung sind die Grundlage der GfK – und um wertfrei zu bleiben, braucht es Reflexion.

Gefühle. Damit sich eine andere Person empathisch zeigt und sich in uns einfühlen kann, müssen wir zunächst gelernt haben, unsere eigenen Gefühle zu erkennen und zu benennen. Auch das braucht viel Zeit und Übung. Die Auseinandersetzung mit unseren Gefühlen wird nicht in der Schule gelehrt (es war auf jeden Fall kein Teil meines Schulprogramms in der Ukraine). Es ist wichtig, dass wir nicht erwarten, dass eine andere Person schon wissen wird, wie wir uns fühlen. Deshalb müssen wir die eigenen Gefühle erkennen und benennen! Das kann auch zu Klarheit mit den eigenen Emotionen und deren Auslösern führen. Wir müssen mehr Sagen wagen!

Bedürfnisse. Die seit den 1940er-Jahren wissenschaftlich relevante und von Maslow kontinuierlich weiterentwickelte Bedürfnispyramide (Maslowsche Bedürfnishierarchie)[29] definiert in dem Modell fünf Kategorien für menschliche Bedürfnisse und Motivationen. In Konfliktsituation konzentrieren wir uns an erster Stelle auf unsere physiologischen Grundbedürfnisse – zum Beispiel nach körperlichem Wohlbefinden. Doch genauso können die weiteren Bedürfniskategorien Teil unseres GfK-Appells sein: ein sicherer, diskriminierungsfreier Arbeitsplatz (Sicherheitsbedürfnis), Safer Spaces in unseren Unternehmen oder Anerkennung und Wertschätzung für unsere Arbeit (soziales Bedürfnis), Möglichkeiten zur individuellen Weiterentwicklung (Individualbedürfnis) bis hin zum angstfreien Leben (Selbstverwirklichung).

> **Safer Spaces** stehen in der Soziologie für geschützte Räume – inklusive Umgebungen, in den Menschen frei von Diskriminierung sind und Empowerment erfahren. Ein Beispiel dafür kann eine Gruppe in einer Beratungsstelle oder ein LGBTQIA-Netzwerk in einem Unternehmen sein. Da es keinen hundertprozentig diskriminierungsfreien Raum geben kann, sprechen wir von einem Safer Space anstatt von Safe Space.

Wunsch oder Bitte. Eine Forderung, egal welcher Art, ist kein Wunsch und keine Bitte! Mithilfe von GfK möchten wir Konflikte entschärfen, empathisch sein und zueinanderfinden. Auch wenn es manchmal schwerfällt, wollen wir miteinander gütig sein, denn damit zeigen wir Respekt und Wertschätzung für die Vielfalt der Perspektiven. Im Namen der GfK: »Ich wünsche mir für uns« anstatt »Du musst das tun für mich«. Eine Bitte und ein Wunsch können immer verneint werden. Das kann dann wehtun und sich wie eine Zurückweisung anfühlen. Aber auch das können wir empathisch und emotional kommunizieren.

Verantwortung der Führungskräfte

Tabea Fesser ist Chief People Officer (CPO) bei Ketchum Germany und für mich eine der Diversity Voices in Deutschland. Als eine der führenden internationalen Kommunikationsberatungen betreut Ketchum Kund*innen vom Mittelstand bis zu Weltkonzernen, von Non-Profit-Organisationen bis zu Ministerien. Tabea startete ihre Karriere bei Ketchum Germany im Jahr 2017 als HR-Consultant und seit 2022 ist sie Mitglied des Executive Boards der Agentur und verantwortet als CPO Themen Rund um People & Culture.

Ich sprach mit Tabea über ihren Weg in der Arbeitswelt und darüber, wie ihr die Kommunikation dabei hilft, sich selbst zu behaupten und die Unternehmenskultur inklusiv zu gestalten.

Liebe Tabea, was war dein wichtigster persönlicher Erfolg?
Mein wichtigster persönlicher Erfolg lässt sich in einem Wort zusammenfassen: Selbstakzeptanz. Ich habe es im Laufe der Jahre geschafft, offen zu meiner Queerness zu stehen. Heute muss ich mir die Frage »Sag ich's oder sag ich's nicht?« nicht mehr stellen. Ich habe verstanden, wie wichtig Authentizität im beruflichen wie persönlichen

Umfeld ist – und dazu gehört, offen darüber zu sprechen, wie ich lebe. Diese Erkenntnis zu erlangen, war ein langer und durchaus auch schwerer Prozess für mich. Umso wichtiger ist mir, andere in ähnlichen Situationen zu ermutigen und ihnen Brücken zu bauen.

Was siehst du als deinen wichtigsten beruflichen Erfolg?

Mit 34 Jahren bin ich Mitglied des Executive Boards einer Agentur, die DEIB tief in ihrer DNA verankert hat, die dieses Thema nicht als Positionierungsprojekt, sondern als strategische Priorität angeht. Ich habe bei Ketchum die Möglichkeit, Chancengleichheit und Chancengerechtigkeit im Unternehmen zu verankern und gemeinsam mit der Agentur und meinen Kolleg:innen als Vorbild voranzugehen.

Was war bisher deine größte Challenge?

Zu akzeptieren, dass wir gesellschaftlich noch lange nicht da sind, wo wir sein sollten und Diskriminierung und Ausgrenzung leider noch immer präsent sind.

Was sind deine Lösungsvorschläge für eine diverse, vorurteilsfreie Kommunikation?

Ich sehe fünf Pfeiler einer inklusiven Unternehmenskultur:

Offene Kommunikation als Grundvoraussetzung. Eine offene, inklusive Kommunikation entsteht nicht von allein – dafür ist unsere Gesellschaft leider nach wie vor zu sehr von Vorurteilen, Ausgrenzung und Diskriminierung geprägt. Eine offene Kommunikation muss daher aktiv durch Unternehmen gefördert werden, damit Mitarbeitende aus der LGBTQIA Community ihre Identität frei und ohne Angst vor Diskriminierung ausdrücken können. Aktives Zuhören, Interesse zeigen, Fragen stellen, andere Perspektiven einnehmen und ermutigen, sich frei

zu äußern – all diese Dinge führen dazu, dass wir Beziehungen aufbau-
en und dass sich unsere Mitmenschen mit all ihren Facetten gesehen,
respektiert und vor allem akzeptiert fühlen. Offene, freie, gewaltfreie
und ehrliche Kommunikation schafft nicht nur eine Umgebung des
Respekts und der Akzeptanz, sondern ermöglicht es Mitarbeitenden
aus der LGBTQIA Community, ihr volles Potenzial zu entfalten.

Sensibilisierung als Schlüssel zur Akzeptanz: Schulungen und
Workshops zur Sensibilisierung der Mitarbeitenden helfen nicht nur
dabei, Stereotypen abzubauen und Vorurteile zu bekämpfen, sondern
fördern auch ein Verständnis für die Herausforderungen und Bedürfnisse von LGBTQIA-Mitarbeitenden. Gleichzeitig helfen diese Trainings, Zusammenhalt aufzubauen, sodass sich die Mitarbeitenden –
gleich welcher Community sie sich zugehörig fühlen – untereinander
unterstützen und bestärken können. Wir haben gute Erfahrungen
damit gemacht, diese Trainings mit externen Partner*innen durchzuführen und sie regelmäßig zu wiederholen. So finden die Inhalte Ein-
gang in das tägliche Miteinander in unseren Teams.

Förderung von Netzwerken und Unterstützungsgruppen: Als
Unternehmen unterstützen wir die Bildung von LGBTQIA-Netzwerken und Unterstützungsgruppen.LGBTQIA-Mitarbeitende
können sich in solchen Gruppen austauschen, sich gegenseitig unterstützen und gemeinsam Strategien entwickeln, um bestehende Herausforderungen zu bewältigen. Dies stärkt nicht nur das Gefühl der
Gemeinschaft, sondern bietet auch eine Plattform für LGBTQIA-
Stimmen, um gehört zu werden und positive Veränderungen innerhalb des Unternehmens voranzutreiben.

Aktive Verantwortung von Führungskräften: Bewusst oder unbewusst – wie sich das Management eines Unternehmens äußert und
verhält, hat maßgeblichen Einfluss auf alle Mitarbeitenden. Daher
ist es unverzichtbar, dass sich das Management aktiv und sichtbar für

Vielfalt und Inklusion einsetzt, klare Botschaften sendet und Richtlinien implementiert, um eine inklusive Unternehmenskultur zu fördern. Genauso wichtig ist, dass Fehlverhalten beziehungsweise eine Verletzung der eigenen Richtlinien klar und für alle sichtbar sanktioniert wird.

Schaffung einer Umgebung des Belonging: Unternehmen müssen sicherstellen, dass sich alle Mitarbeitenden, unabhängig von ihrer sexuellen Orientierung oder Geschlechtsidentität, respektiert und unterstützt fühlen, um ein Gefühl der Zugehörigkeit und der persönlichen Entfaltung zu ermöglichen. Dies fördert nicht nur die individuelle Zufriedenheit, sondern trägt zum Erfolg des Unternehmens bei, indem diverse Perspektiven und Erfahrungen einbezogen werden.

Für mehr Tiefgang – aktives Zuhören

Die Redewendung »Reden ist Silber, Schweigen ist Gold« gibt es nicht nur im Deutschen. Im Ukrainischen sagen wir das Gleiche: Слово – срібло, мовчання – золото. Wenn es darum geht, empathisch miteinander ins Gespräch zu gehen, würde ich noch einen draufsetzen und sagen: »Zuhören ist Platin.« Vor allem dann, wenn es richtig – nämlich aktiv – gemacht wird. Beim aktiven Zuhören geht es darum, den sprechenden Personen das Gefühl zu geben, verstanden zu werden. So können sie sich leichter öffnen und wir können sie besser bei der Klärung der Anliegen unterstützen.

Tatsächlich können ja nur die Gedanken, Wünsche und Gefühle gemeinsam verarbeitet werden, die offen ausgesprochen sind. Als professionelle Gesprächstechnik wird das aktive Zuhören zum Beispiel in der (Team-)Intervision/Supervision oder zur mediativen Klärung von Meinungsverschiedenheiten eingesetzt. Es eignet sich aber auch her als Tool für die Kommunikation im Alltag, vor allem im Umgang mit der Vielfalt!

Aktives Zuhören in vier Schritten

1. Schritt: Zeige deinem Gegenüber durch Körperhaltung, Mimik, Gestik und kleine Äußerungen wie »Ja« oder »Mhmm«, dass du aufmerksam und empathisch zuhörst.

2. Schritt: Stelle sicher, dass du dein Gegenüber verstehst, indem du Inhalte wiederholst, zum Beispiel durch Paraphrasieren (sinngemäß, ohne zu bewerten) und gegebenenfalls nachfragst, zum Beispiel: »Habe ich richtig verstanden, dass ... ?« – »Meinst du damit, dass ...?« Benutze die Worte der anderen Person und gleiche ab, ob ihr unter den verwendeten Begriffen dasselbe versteht.

3. Schritt: Bringe Emotionen dadurch zur Sprache, dass du deine Beobachtungen und Vermutungen zu den Gefühlen, Wünschen und Bedürfnissen deines Gegenübers äußerst, zum Beispiel: »Du wirkst überrascht, dass ...« – »Es scheint, dass du dich über ... ärgerst. Stimmt das?«

4. Schritt: Last, but not least und ganz wichtig: die Haltung. Du beziehungsweise dein Interesse an deinem Gegenüber sollte authentisch sein. Denn dein*e Gesprächspartner*in merkt, wenn du das aktive Zuhören nur »als Technik« anwendest und fühlt sich dadurch im schlechtesten Fall nicht ernst genommen oder gar manipuliert. Und eine Person, die das nicht merkt, ist gegebenenfalls nicht die richtige für ein Gespräch, da sie nur auf sich und ihre eigenen Worte fokussiert ist.

Wie Kommunikation in diversen Teams gut gelingen kann

Kommunikation in einem Team in einer bestimmten Struktur – sei es ein Unternehmen oder eine andere Art von Organisation – bringt bestimmte Herausforderungen mit sich. Ein Team definiert sich als Gruppe der Personen, die an einem gemeinsamen Ziel arbeiten. Über die Performance von diversen Teams hat uns Nina Strassner bereits die ersten Insights gegeben. Diverse Teams performen besser – aber nur dann, wenn mithilfe der Kommunikation die ersten Konflikte (die in neuen Teams unabdingbar sind) gelöst sind, eine gemeinsame Basis für alle Teammitglieder geschaffen wurde und die Zusammenarbeit nach von allen akzeptierten Regeln abläuft.

Zwei große Unterschiede zwischen einem Team und einer Arbeitsgruppe sind die Verantwortung und die Abhängigkeit. Menschen, die individuelle Verantwortung haben und unabhängig voneinander arbeiten können, bilden eine Arbeitsgruppe. Ein Team hingegen hat ein gemeinsames Ziel, das nur kooperativ erreicht werden kann. Die Teammitglieder sind aufeinander angewiesen. Das beste Beispiel ist Sport. Ist ein Teammitglied bei einem Spiel nicht gut drauf, wird das gesamte Team geschwächt und die Chancen auf einen Sieg oder Gewinn sinken rasant.

> **Metaebene**: Die Betrachtung einer Situation aus der Vogelperspektive kann uns dabei helfen, sachlich und analytisch zu bleiben und uns nicht von Gefühlen und Emotionen steuern zu lassen.

Auf der Metaebene betrachtet sind diejenigen von uns, die zu Beginn des Jahres gegen Rechtsextremismus auf die Straße gegangen sind, ein Bündnis – also eine Vorform eines Teams. Jetzt wäre es noch wichtig, das gemeinsame Ziel über Vernetzung, gemeinsame Kommunikation und kooperative Handlungen umsetzbar zu machen und nachhaltig zu verfestigen. Die Demos waren ein Anfang, jetzt müssen wir ein Team werden – und dafür brauchen wir ein Upgrade!

Erwartungsmatrix – was wir selbst und was wir voneinander brauchen

Wie Kommunikation in diversen Teams effizienter werden kann und damit zu mehr Produktivität verhilft, weiß Ayman Saad. Nach 15 Jahren Berufserfahrung in internationalen Konzernen machte sich Ayman als Business- und Teamcoach selbstständig. Durch seine Arbeit möchte er zu einer Arbeitswelt beitragen, in der Teams wieder im Flow sind und die Teammitglieder ihr Potenzial entfalten können.

Ich sprach mit dem zertifizierten Coach über Diversity in der Arbeitswelt und über die Herausforderungen, mit denen divers aufgestellte Teams konfrontiert werden. Die wichtigsten Erkenntnisse fasse ich zusammen.

Gerade in Teams, in denen Menschen aus verschiedenen kulturellen Backgrounds aufeinandertreffen, ist es wichtig, eine Plattform zu schaffen, um die Erwartungshaltung der einzelnen Mitglieder zu klären. Wie oft passiert es, dass wir in Ermangelung der Zeit Annahmen treffen und Interpretieren, was die anderen tun sollen oder nicht. Um Sätze wie »Ich dachte, du machst das?!« im Team zu vermeiden, braucht es Kommunikation. Unausgesprochene Erwartung führt oftmals zu Missverständnis und vor allem zu Enttäuschung.

Für jedes Team ist im Hinblick auf die Zusammenarbeit die Klärung der Erwartungshaltung und Verantwortlichkeiten unabdingbar. Für diesen Zweck nutzt Ayman die sogenannte Erwartungsmatrix. Das Ziel dieser Methode ist das Aufzeigen der Erwartungen der Teammitglieder. Dazu werden an einem Board die Namen aller Teammitglieder in die oberste Zeile sowie untereinander in die erste Spalte geschrieben. Dadurch entsteht ein Raster. Dieses wird von allen Teammitgliedern mit den Erwartungen aneinander befüllt.

Beim Formulieren der Erwartungen sollten die Regeln für gewaltfreie Kommunikation (GfK) beherzigt und Wünsche oder Bitten als Ich-Botschaften gesendet werden. Jedes Teammitglied sichtet die erhaltenen Erwartungen und hat die Chance und Verantwortung zu antworten, ob oder inwieweit die Erwartung erfüllt werden kann. Dadurch entsteht ein Diskurs mit viel Gesprächsstoff innerhalb des Teams. In der Zusammenschau ergibt sich eine gute Übersicht, wo sich die meisten Erwartungen ballen, wo es Überschneidungen gibt oder Erwartungen auseinandergehen – inklusive Status des gesamten Teams. Denn tatsächlich lässt sich die Methode auch über die individuelle Ebene hinaus erweitern, indem gewisse Felder nicht mit Einzelpersonen, sondern mit Teams betitelt werden, in denen die einzelnen Mitglieder ihre Erwartungen an das gesamte Team formulieren können. Diese Methode kann in regelmäßigen Abständen durchgeführt werden, um Erwartungen im Team zu verstehen und erfolgreich bearbeiten zu können.

Inklusive Kommunikation – eine sprachwissenschaftliche Lehreinheit

Wie ihr wisst, ist Deutsch nicht meine Muttersprache. Als ich mit 21 Jahren angefangen habe, Deutsch zu lernen, stand ich vor einigen Herausforderungen. Eine davon: Pronomen und Geschlechter. Einer der besten Tipps, den mir meine damalige Deutschlehrerin in der Ukraine gegeben hat: »Wenn du neue Wörter lernst, um deinen Wortschatz zu erweitern, lerne die Substantive mit dem zugehörigen Artikel.« In meinen Muttersprachen (Ukrainisch und Russisch) haben wir keine Artikel – das war die erste große Umstellung. Die zweite große Umstellung, die mich dazu verleitet hat, die deutsche Sprache in ihrer vollen Pracht zu akzeptieren, war mit einer einzigen Frage verbunden: Wie kann das Wort Mädchen »das« als Artikel haben?

Erst Jahre später, als ich die Logik und die historische Entwicklung mancher deutscher Wörter erkannte, ergab es für mich Sinn.

Zu diesem Thema spreche ich mit Beccs Runge. Beccs benutzt Neopronomen es/nims, ist Gründer*in von »Minzgespinst« und verfolgt das Ziel, das Bewusstsein für die Themen Neurodivergenz, Geschlechtergerechtigkeit und Awareness in der Arbeitswelt und in der Gesellschaft zu schärfen.

Neopronomen: Einige Personen, die sich nicht mit binären Geschlechtern (als Mann mit Pronomen er/ihm, als Frau mit Pronomen sie/ihr) identifizieren, benutzen im Deutschen entweder die englische Variante they/them oder Neopronomen wie xier/xiem, dey/denen oder es/nims. Wie können wir Menschen ansprechen, ohne sie dabei zu verletzen, wenn wir im Umgang mit Neopronomen noch nicht sicher sind? Menschen beim Namen nennen und die Pronomen (zumindest im ersten Schritt) weglassen.

Zum Thema Sonderzeichen in der deutschen Sprache erklärt Beccs: »Sonderzeichen in Worten polarisieren. Dabei sind sie eigentlich schon ziemlich alt. Die Doppelnennung mit Slash (/), beispielsweise Kolleg/innen, ist sogar im amtlichen Regelwerk für Rechtschreibung erlaubt. In den 1970er-Jahren haben Feministinnen das sogenannte Binnen-I entwickelt, um die Bindestrichvariante durch ein einheitliches Zeichen zu ersetzen: KollegInnen. Später kamen dann noch der Unterstrich (_) und das Sternchen (*) hinzu, beide aus der queeren Community, um auch Menschen jenseits von männlich und weiblich Sichtbarkeit zu geben. Denn Sichtbarkeit führt langfristig zu Veränderungen. Der Unterstrich symbolisiert eine Lücke, während das Sternchen vielfältige Geschlechter darstellen soll.«

Verglichen mit manchen anderen Sprachen, wie zum Beispiel Schwedisch oder Ungarisch, ist Deutsch eine vergeschlechtlichte Sprache. Wir haben einerseits das natürliche Geschlecht (Pavlo, er), dann das grammatikalische Geschlecht (der Mann, er) und manchmal gibt es Situationen, in denen das natürliche Geschlecht und das grammatische Geschlecht nicht übereinstimmen. Das erwähnte

Wort »das Mädchen« ist Neutrum. Allerdings: »Julia, also das Mädchen, sie ...« und dann regelmäßig »Das Mädchen, sie ...«, weil das Mädchen schließlich weiblich ist und Pronomen sich – ja, was denn jetzt? – nach dem Namen und dem natürlichen Geschlecht oder nach dem Mädchen und dem grammatischen Geschlecht richten?

Laut Duden hängt das übrigens davon ab, wie weit das Pronomen vom Bezugswort entfernt ist – und macht somit das Chaos komplett. Das sogenannte Gendern (auch geschlechtergerechte oder geschlechterneutrale Sprache genannt) versucht hingegen, hier eine geschlechtsunabhängige Komponente einzubringen. Streng genommen wird beim Gendern also ent-gendert. Dafür wird entweder eine neutrale Form verwendet (»das Team« statt »die Mannschaft«) oder aber mit der Verlaufsform neutralisiert: »die Studierenden« (eine Formulierung, die schon 1932 im Wörterbuch von Jacob und Wilhelm Grimm auftauchte). Wenn beides keine Option ist, wird ein Glottisschlag mittels eines Sonderzeichens dargestellt: die Student*innen.

> **Glottisschlag**: Kehlkopfverschlusslaut zur Aussprache von Wörtern mit Gendersternchen; macht den Unterschied zwischen Urin*sekten und Ur*insekten deutlich.

Gleichzeitig gibt es derzeit sehr laute gesellschaftliche Debatten darüber, ob gendern die »Sprache verhunzen« würde oder gar ein »Orwell'sches Projekt« sei.[30] Eigentlich geht es aber beim Gendern nur darum, Menschen sichtbar zu machen. Studien zeigen: Von geschlechterneutralen Texten und Stellenausschreibungen fühlen sich mehr Menschen angesprochen und sind selbstbewusster, die Aufgaben an- und wahrzunehmen.[31] Die laute Stimmung »dagegen« liegt vor allem an der Art der Berichterstattung und daran, dass auf dieses Thema vor allem aus einer vermeintlichen Neutralität des generischen Maskulinums geblickt wird, die aber nicht unbedingt gegeben ist. Sprache ist ein lebendiges Werkzeug, sie wird sich entwickeln.

Und wie ist das jetzt mit den Pronomen? Personalpronomen (also die dritte Person Singular davon) nutzen wir, wenn wir über Menschen reden, die nicht anwesend sind. Oder die anwesend sind und auf die referenziert wird – »Das ist Pavlo, er ...« –, beispielsweise bei der Vorstellung. Personalpronomen für Menschen sind im Deutschen binär geschlechtlich aufgeteilt: er und sie. Deshalb gibt es (anders als im Englischen oder im Schwedischen) kein geschlechtsneutrales, allgemein gültiges Personalpronomen.

Es gibt aber sogenannte Neopronomen, beispielsweise xier, nin oder dey. Xier wurde von Illi Anna Heger entwickelt, um ein grammatisch korrektes, deutsches, nicht binäres Pronomen zur Verfügung zu stellen.[32]

Über die Angst, etwas Falsches zu sagen

In diesem Bug geht es um Barrieren, die bei uns entstehen, wenn wir negative Erfahrungen durch Fehler in der Kommunikation machen.

Vielleicht hast du auch aus genau diesen Erfahrungen zu diesem Buch gegriffen. Du möchtest gerne die LGBTQIA Community unterstützen, aber du hast Angst, etwas »falsch« zu machen und aus Versehen zu diskriminieren? Oder dir ist bereits Kritik begegnet, obwohl du nur helfen wolltest? Das sind Situationen, die mindestens verunsichern oder auch Angst machen können. Deshalb ist hier ein Upgrade, um diesen Bug zu umgehen.

Zunächst stellen wir ein paar Buchstaben um. Aus »Fehler« wird »Helfer«. Fehler sind nämlich wichtige Helferlein, um zu lernen. Gewaltfreie Kommunikation und diskriminierungssensible Sprache sind zwei große Lernfelder und dabei müssen auch ab und zu Einheiten wiederholt werden, um sie zu festigen. Das ist wie das Lernen neuer Vokabeln (kann am Anfang ein richtiger Schocker sein, wie beim mir mit »dem Mädchen«).

Es gibt keine einheitliche Sprache, die die gesamte LGBTIQA Community gut und richtig findet. Deshalb ist es vor allem wichtig, sich unterschiedliche Stimmen in den Alltag zu holen – und ansonsten, wie bei gewaltfreier Kommunikation, ehrlich und authentisch auf andere Menschen zuzugehen. Ja, es kann sein, dass du für die Art, wie du etwas formulierst, kritisiert wirst. Aber gar nichts zu sagen würde bedeuten, dass sich gar nichts ändert. Und manchmal müssen wir mit Rückschlägen umgehen, darüber sprechen und daraus lernen, um gemeinsam zum Belonging zu kommen.

Ein ganz wichtiger Helfer für alle Unsicheren: Viele Menschen, die aufgrund ihrer Queerness diskriminiert werden, freuen sich über jede Form der Unterstützung, selbst, wenn sie noch nicht ideal formuliert ist. Sei nur offen und aufgeschlossen, wie du es noch besser machen kannst, dann ist der erste und wichtigste Schritt getan!

» Wenn du schnell gehen willst,
geh alleine.
Wenn du weit kommen willst,
geh mit anderen.

Afrikanisches Sprichwort

5 NETZWERKEN

Gemeinsam gehen, um weit zu kommen

Upgrade im Überblick

In diesem Kapitel geht es darum, wie wir nachhaltige Beziehungen aufbauen, pflegen und nutzen können. Dabei spielt Vertrauen eine zentrale Rolle, denn nur wer auf langfristige Kontakte setzt und eine solide Vertrauensbasis schafft, kann im Bedarfsfall auf ein starkes Netzwerk zurückgreifen.

Wir lernen, dass wir unser Netzwerk bereits ausbauen sollten, bevor wir es brauchen – aber auch, dass das Netzwerken ein Marathon und kein Sprint ist. Um diesen Skill zu meistern und am meisten davon zu profitieren, sollten wir uns selbst gut kennen, eine klare Idee davon haben, welche Erwartungen wir an Netzwerke haben und auf unsere soziale Batterie achtgeben.

Neben der Arbeit an uns selbst sollten wir auch anderen helfen und gesellschaftliche Ungleichheiten mithilfe unserer Stärken und Privilegien verringern. Durch das Netzwerken können wir uns gegenseitig unterstützen und voneinander lernen.

Beim Netzwerken geht es um eine wichtige soziale Kompetenz, die uns sowohl im Beruf als auch im Privatleben weiterbringen kann. Entwickeln wir diesen Skill und steigern damit die Qualität unserer Beziehungen, können wir dadurch von unseren Vorbildern und Mentor*innen gestärkt werden. Unser Netzwerk kann auch Schutz bieten – gegen alle Widrigkeiten, mit denen wir konfrontiert werden.

Grundlage der Zugehörigkeit

Fangen wir an mit der folgenden Frage: Warum ist das Netzwerken ein Diversity Skill?

Zum einen macht uns diese Kompetenz erst zu sozialen Wesen – denn es geht um unsere Fähigkeit, auf andere Menschen zuzugehen und Beziehungen aufzubauen. Zum anderen können wir, evolutionär betrachtet, nur in einer sozialen Gruppe/Gemeinschaft überleben. Es ist also nicht nur ein Diversity Skill, sondern ein überlebenswichtiger Skill.

Gleichwohl hat diese Kompetenz eine gewisse Komplexität in sich, weil sie viele andere Kompetenzen voraussetzt, zum Beispiel Empathie, Kommunikation oder Selbstbehauptung. Dazu gehören aber auch Achtsamkeit und Selbstreflexion – wie wir uns den anderen gegenüber präsentieren und wie gut wir uns selbst kennen, ist entscheidend, ob andere Menschen sich mit uns vernetzen möchten oder nicht. Wenn wir müde sind und die soziale Batterie leer ist, sollten wir nicht unbedingt zum Networking Event gehen, sondern eher einen Abend mit ganz viel Me-Time bevorzugen, um wieder in volle Kraft zu kommen.

> Die **soziale Batterie**, auch soziale Energie, spielt beim Netzwerken eine entscheidende Rolle. Alle Menschen haben unterschiedliche Bedürfnisse, wenn es um den Austausch mit anderen geht. Wir nutzen unsere soziale Energie optimal, wenn wir unsere Grenzen erkennen und respektieren.

Unter Netzwerken verstehen wir also unsere Fähigkeit, Menschen kennenzulernen und Beziehungen aufzubauen. Damit können wir den Austausch von Ideen ermöglichen, wir teilen unser Wissen, unsere Kontakte und Ressourcen und bereichern uns dadurch gegenseitig.

Wenn wir Teil eines Netzwerkes sind, können wir ein tieferes Verständnis für die Bedürfnisse und Anliegen der Gemeinschaft entwickeln. Netzwerken schafft eine Balance zwischen den eigenen Interessen und den Bedürfnissen einer Gruppe. Eine offene Einstellung und ein empathischer Umgang mit anderen Menschen sind dabei von tragender Bedeutung. Kein Mensch ist dafür geschaffen, alleine auf dieser Welt zu sein. Wir alle brauchen ein Netzwerk von Menschen, auf die wir uns verlassen können.

Netzwerken hilft beim Abbau von Vorurteilen. Eine offene und nicht urteilende Haltung gegenüber anderen Menschen ist ein wichtiger Bestandteil dieses Skills. Egal ob wir in der Ausbildung oder im Studium sind, unseren ersten Job beginnen oder einige Jahre Arbeitserfahrung hinter uns haben: Wir verfügen bereits über eine Vielfalt an Kontakten. Je früher wir damit anfangen, diese Kontakte in unser Netzwerk zu verwandeln, desto früher können wir sie als wertvolle Ressource nutzen. Geben wir unseren Kontakten ein Upgrade, indem wir sie zu einem Netzwerk machen! Und vergessen wir nicht, unsere Neugier und Offenheit auf alle jene Menschen und Personen zu richten, die bisher noch nicht Teil unseres Netzwerkes waren. Ein 360-Grad-Blick bietet deutlich mehr Perspektiven als ein schlichtes Geradeausstarren.

Neben persönlichen Netzwerken gibt es auch verschiedene Organisationen, die sich zum Beispiel auf die LGBTQIA Community allgemein oder einzelne Teile der Community und deren Interessen spezialisiert haben. Queer-Verbände, LGBTQIA-Zentren oder queere Jugendorganisationen bieten eine Möglichkeit, sich aktiv zu engagieren und Kontakte zu knüpfen. Alle diese Organisationen haben den Anspruch, Safer Spaces zu sein – Schutzräume frei von Wertung und Diskriminierung.

In der LGBTQIA Community ist Netzwerken eine wichtige Fähigkeit, die dazu beiträgt, das Gefühl der Verbundenheit und Unterstützung in der Gemeinschaft zu stärken. Laut Studie des Deutschen Instituts für Wirtschaftsforschung fühlen sich queere Menschen doppelt so häufig einsam wie heterosexuelle.[33] Als queere Personen können wir uns also oft ausgegrenzt und unsicher fühlen, was sich in Isolation und Einsamkeit widerspiegelt. Netzwerken ist jedoch ein guter Weg, um neue Beziehungen zunächst in der Community aufzubauen. Und schrittweise auch in weiteren Geflechten, die sich nicht mehr auf queer oder nicht queer fokussieren, sondern die du nach deinen Interessen, Wünschen und Bedürfnissen auswählst.

Anfangen können wir damit, eine Liste von Personen und Organisationen zusammenzustellen, mit denen wir Kontakt aufnehmen möchten. Dies können lokale LGBTQIA-Gruppen, Organisationen und Vereine sein, bei denen wir uns über Veranstaltungen und Aktivitäten informieren können. Es ist auch eine gute Idee, auf Onlineplattformen wie LinkedIn oder Instagram zu suchen und sich dort mit anderen Fachleuten aus der Community zu vernetzen.

Insgesamt ist Networking eine wichtige Fähigkeit, die auch in der LGBTQIA und anderen Diversity Communities von großem Nutzen ist, um Kontakte zu knüpfen, Ressourcen zu teilen und eine Gemeinschaft zu bilden. Indem wir auf uns selbst, unsere individuellen Bedürfnisse und Interessen, auf Authentizität und positive Einstellung achten, können wir ein starkes Netzwerk aufbauen, das uns in jeglichen Bereichen unseres Lebens unterstützt.

Wir verkaufen uns unter Wert – das Impostor-Syndrom

Kennt ihr auch das Gefühl, euch »unter Wert« zu verkaufen? Ob im Vorstellungsgespräch oder in den Gehaltsverhandlungen bei einer Beförderung werden wir unsicher, glauben nicht an uns und unsere gute Performance. Was in solchen Situationen mit uns passiert, nennt man in der Jugendsprache »kickt hart«[34]: Glauben wir nicht an uns, neigen wir dazu, uns selbst kleinzureden.

Impostor-Syndrom, auch bekannt als Hochstapler- oder Mogelpackungssyndrom, wurde ursprünglich bei erfolgreichen Frauen und Afroamerikaner*innen in den USA festgestellt und analysiert. Es beschreibt massive Selbstzweifel bezüglich der eigenen Leistungen und Kompetenzen und die Unfähigkeit, persönliche Erfolge zu verinnerlichen.

Ein Narrativ, das wir zunächst uns selbst immer wieder erzählen, aber auch nach außen tragen. Dieses kleine Biest Impostor-Syndrom hält uns davon ab, den anderen auf Augenhöhe zu begegnen, an uns und unsere Fähigkeiten zu glauben und für uns einzustehen.

Eine der Ursachen für dieses Phänomen ist unsere Sozialisierung. Wenn uns von klein auf erzählt wird, dass die anderen besser, schneller, erfolgreicher sind, spielen wir irgendwann in unseren Köpfen selbst den Film ab mit dem Titel »Du musst eine Extrameile gehen«. Ich weiß, in vielen Fällen wird dies als Instrument der Motivation eingesetzt – ziemlich altmodisch, wenn ihr mich fragt.

Eine Zeit habe ich in München gelebt. Ich schätze die bayerische Kultur und habe mich da auch sehr wohlgefühlt. Eines der Dinge, die mir allerdings weniger positiv in Erinnerung geblieben sind, ist die bayerische Mundart: »Ned gschimpft is globt gnua« (»Nicht geschimpft ist gelobt genug«). Ein Schocker. Wer bricht sich denn einen Zacken aus der Krone, wenn er die Erfolge und das, was die anderen gut gemacht haben, anerkennt und wertschätzt? Es würde mich sehr interessieren, wer und wann auf die Idee gekommen ist, Lob mit »nicht-schimpfen« gleichzustellen.

Das Gefährliche daran ist die Tatsache, dass diese »Erziehungsart« von Generation zu Generation weitergegeben wird – nicht nur in Bayern! – und somit internalisiert und nicht hinterfragt wird.

Jetzt liegt es an uns, diese Kette zu brechen, den Glaubenssatz (samt Mundart) und damit die Ursache für das Impostor-Syndrom abzulegen. Fangen wir am besten direkt bei uns an!

Unsere Fähigkeit zum Netzwerken liefert bereits den ersten guten Ansatz: mit anderen zu sprechen und gemeinsam zu reflektieren. Unsere Vertrauenspersonen sind unser Anker gegen »Das schaffst du eher nicht« und »Du bist nicht gut genug«. Gerade Menschen, die ähnliche Herausforderungen hinter sich gebracht haben, können uns dabei helfen, für uns wirksame Instrumente und Methode zu entdecken und auszuprobieren. Ein weiterer Schritt kann ein Tagebuch sein, in dem wir unsere Erfolge notieren, um uns selbst vor Augen zu führen, was wir gut gemacht haben. Es können ein, drei oder fünf Bulletpoints am Ende des Tages sein. Wichtig ist, die Regelmäßigkeit einzuhalten. Auch die Erkenntnis »Nobody is perfect« kann zu unserem neuen Glaubenssatz werden und uns helfen, nicht zu hart zu uns selbst zu sein. Alle diese Maßnahmen – vorausgesetzt wir bleiben eine Zeitlang dran und etablieren bestimmte bestärkende Routinen – können zu einem starken Diversity Mindset führen mit dem Motto: »Ich bin gut so, wie ich bin.«

People of Deutschland

Simon Usifo blickt auf einen erfolgreichen beruflichen Werdegang zurück. Als CEO leitet er seit Sommer 2024 das Deutschlandgeschäft der renommierten Netzwerkagentur BBDO.

Für fast zwei Jahrzehnte war der internationale Werbe- und Marketingexperte sowie Speaker für führende Kreativagenturen und Netzwerke in London, Shanghai, Berlin und Amsterdam tätig. Für sein Engagement zu den Themen Diversität, Gleichheit und Inklusion wurde Simon bei den The Best Agency Awards 2021 als »Brave Heart« der deutschen Marketing- und Werbebranche ausgezeichnet. Er ist gebürtiger Rheinländer aus Bonn und Sohn einer französischen Mutter und eines nigerianischen Vaters. Simon besitzt eine starke Netzwerken-Kompetenz, die ihn unter anderem mit »People of Deutschland« zum SPIEGEL-Bestsellerautor gemacht hat.

Lieber Simon, unsere Fähigkeit, uns zu vernetzen, hat viele Facetten – genauso wie Netzwerke selbst. In welchen Netzwerken und in welchen Situationen ist es dir am leichtesten gefallen, Teil der Gemeinschaft zu werden?

Netzwerke leben von der Dynamik zwischen losen, nahezu willkürlichen Verbindungen einerseits und bewusst gepflegten, tieferen Beziehungen andererseits. Ich persönlich fühle mich immer dann am wohlsten, wenn ich Teil einer Gruppe oder Organisation bin, bei der ein klarer Konsens über die fundamentalen Werte herrscht, die unseren Umgang untereinander leiten. Das sorgt für psychologische Sicherheit, die bedeutet, dass ich ohne Probleme mein authentisches Ich voll ausleben kann und mich nicht verstellen muss.

Ich hatte das Glück, bisher ausnahmslos bei Kreativagenturen und Werbekonzernen zu arbeiten, bei denen ich genau diese psychologische Sicherheit genießen konnte. Es ist ein Umfeld, in dem Vielfalt als Bereicherung zelebriert wird und ein relativ hohes Maß an Sensibilisierung gegenüber strukturellen Diskriminierungsmechanismen besteht. Am leichtesten fällt es mir natürlich, mich in Räumen wohlzufühlen, in denen besonders viele Menschen ähnliche Lebensrealitäten teilen und das Niveau an Empathie besonders hoch ist. Immer dann, wenn wir Veranstaltungen rund um unsere Anti-Rassismus-Plattform »People of Deutschland« organisieren und erleben, fällt es mir besonders leicht, mich als Teil der Gemeinschaft zu fühlen. Denn ich steche nicht heraus, muss mich aber auch nicht krampfhaft einfügen, sondern werde einfach so verstanden, wie ich bin.

Wie hat sich deine Kompetenz zum Netzwerken im Laufe der Zeit entwickelt und was hat dir dabei geholfen, diesen Skill zu meistern?

Dass ich eine internationale Karriere bestreiten darf, die mich nach Amsterdam und innerhalb eines Konzerns von London über Shanghai nach Berlin geführt hat, hat in jedem Fall nicht geschadet.

Einen Vorteil hatte dieser Lebensweg nämlich: Als jemand, der lange Zeit das Gefühl hatte, kulturell zwischen den Stühlen zu sitzen, war das Verlassen der eigenen Heimat auf jeden Fall identitätsstiftend. Das Gefühlschaos zwischen Deutschland als Geburtsort und den durch meine Eltern begründeten Wurzeln aus Frankreich und Nigeria regulierte sich nach und nach. Ich habe in den letzten Jahren auf diese Weise meine innere Mitte gefunden.

Das ist deswegen für das Netzwerken entscheidend, weil Netzwerken nichts anderes ist als das sorgfältige, nachhaltige Kuratieren von Beziehungen. Erfolgreich kuratieren kann man allerdings nur, wenn man eine klare Vision davon hat, nach welchen Parametern gewisse Menschen zu einem passen sollen oder auch nicht – gerade in Bezug auf die Werte, die sie leben. Diese Einschätzung wiederum funktioniert nur dann besonders gut, wenn man mit sich selbst im Reinen ist.

Auf dieser Reise zu mir selbst habe ich nicht nur Selbstbewusstsein für das Netzwerken gewonnen, sondern verstanden, dass Netzwerken vor allem heißt, andere Menschen aufrichtig zu unterstützen, ohne einen Gegenwert dafür zu erwarten. Alles andere ist Fügung.

In deinem Spiegel-Bestseller »People of Deutschland« werden 45 Geschichten erzählt von Menschen, die von Diskriminierung betroffen sind. Wie können uns Netzwerke gegen Vorurteile und Alltagsrassismus helfen?
People of Deutschland verfolgt in erster Linie zwei grundlegende Ziele: 1. die Sensibilisierung der Mehrheitsgesellschaft in Bezug auf Rassismus und 2. das Empowerment der BIPoC Community. Beide Ziele leben davon, dass sich Menschen miteinander vernetzen, die gewillt sind, ihre eigene Plattform und Reichweite in den Dienst der Sache zu stellen.

»Die Abkürzung ›B(I)PoC‹ ist ein Begriff, der sich auf Schwarze, Indigene und People of Color bezieht. Mit dem Begriff sollen explizit Schwarze und indigene Identitäten sichtbar gemacht werden, um antischwarzem Rassismus und der Unsichtbarkeit indigener Gemeinschaften entgegenzuwirken. Der Begriff soll die spezifische Gewalt, kulturelle Auslöschung und Diskriminierung hervorheben, die Schwarze und indigene Menschen erfahren.«[35]

Menschen, die sich in unserer Gesellschaft für demokratische Werte und gesellschaftlichen Zusammenhalt einsetzen, investieren sehr viel Energie, Herzblut und Ressourcen in eine Arbeit, die nicht jeden Tag sichtbar von Erfolg gekrönt ist, sondern auch viele Rückschläge mit sich bringt. In diesem Zusammenhang ist es wichtig, Synergien mit Gleichgesinnten herzustellen und sich gegenseitig zu motivieren und zu inspirieren. Das geht nur, wenn wir alle voneinander wissen und ein Gefühl dafür haben, wer welchen Beitrag leisten kann und wo wir uns am besten ergänzen und Kollaborationen sinnvoll sind.

Was brauchen wir, um ein Diversity Upgrade in Deutschland durchzuführen?

Wir brauchen ein Bewusstsein dafür, dass Vielfalt kein heißes Thema ist, sondern Lebensrealität. Es geht um nichts anderes als die Zukunftsfähigkeit unseres Landes, insbesondere im Kontext der komplexen Herausforderungen in der Welt.

Wir brauchen positive Narrative, die gerade der Mitte der Gesellschaft klar machen, dass Vielfalt nicht nur das neue Normal ist, sondern dass bisher marginalisierte Personengruppen in ganz vielen Fällen die Antworten auf die vielen neuen Fragen und Herausforderungen sind, die uns gerade bewegen. Anstatt dass diese Gruppen von der Mehrheitsgesellschaft strukturell diskriminiert werden, brauchen wir gerade jetzt in Gesellschaft und Wirtschaft deren Kompetenzen.

Es geht um Fähigkeiten wie erhöhte Resilienz, emotionale Intelligenz, eine ausgeprägte Ambiguitätstoleranz, Risikofreude und interkulturelle Kompetenzen. Eine Kultur, die ganz selbstverständlich – in ihrem Selbst-Verständnis – inklusiv ist und psychologische Sicherheit bietet, ist nicht nur hinsichtlich ihrer Performanz besser gerüstet für die Zukunft, sondern auch ein Ort, an dem sich alle besser fühlen. Gesunde, gebildete, weiße, hetero-cis Männer eingeschlossen.

Digitales Networking – die Bedeutung sozialer Medien

Von Instagram bis Discord, von LinkedIn bis Grindr: Die digitalen Angebote für queere Personen sind mittlerweile genauso facettenreich wie die Community selbst. Und das ist eine gute Sache, denn unterschiedliche Menschen docken an unterschiedliche Dinge an. IRL (In Real Life – im echten, analogen Leben) würden wir uns auch nicht alle in demselben Verein oder auf derselben Veranstaltung begegnen. Gleichzeitig haben die digitalen Vernetzungsmöglichkeiten einen Vorteil: Sie sind leichter zugänglich als ihre analogen Pendants. Zum Beispiel für Menschen, die in der Gesellschaft behindert werden, aber auch für Personen, die außerhalb urbaner Ballungszentren mit entsprechend queerer Infrastruktur leben.

Für marginalisierte Personen kann das Internet ein Ort sein, um Wissen auszutauschen, soziale Kontakte zu pflegen und sich gegenseitig zu empowern. Ein Ort für wunderbare Erfahrungen also, die das direkte Lebensumfeld des Öfteren nicht bieten kann. Kein Wunder, dass die Vernetzung über Onlineportale auch während der Covid-Pandemie noch einmal ordentlich Fahrt aufgenommen hat. Gerade was das Thema Coming-out angeht, können Onlineportale eine niedrigschwellige Möglichkeit sein, erste vorsichtige Schritte zu unternehmen.

Ermutigt durch die Sichtbarkeit anderer queerer Personen kann es digital leichter fallen, Dinge und uns selbst auszuprobieren. Einen neuen Namen zum Beispiel. Neue Pronomen. Die Option, sich zu Menschen unterschiedlicher Geschlechter hingezogen zu fühlen – und mit anderen in Foren, Chats und Kommentaren darüber zu sprechen. Interessanterweise kann es ja gerade bei Themen, die uns nahe gehen, einfacher sein, sich einer Gruppe von Gleichgesinnten oder einer außenstehenden Person anzuvertrauen als der eigenen Familie oder dem Freundeskreis. Und diese Erfahrung machen nicht nur Jugendliche.

Doch wo Licht ist, ist auch Schatten. Schwierig wird es immer dann, wenn unsere Erwartungen nicht erfüllt werden. Wenn wir uns beispielsweise auf den digitalen Austausch mit einer Person einlassen, uns ihr anvertrauen und das Gegenüber den Kontakt unvermittelt abbricht (Ghosting). Dann laufen unsere Wünsche, Fragen und Anliegen ins Leere. Was bleibt, ist die Frage »Was habe ich ›falsch‹ gemacht?« und eine große Verunsicherung, mit der wir einen guten Umgang finden müssen. Wenn wir geghostet werden, kann es uns triggern und re-traumatisieren.

> **Ghosting** (englisch ghost, Gespenst) bezeichnet einen vollständigen, unerwarteten Kontaktabbruch in der zwischenmenschlichen Kommunikation, obwohl vorher eine Beziehung bestand, zum Beispiel Dates stattgefunden haben.

Generell wäre es naiv zu behaupten, das Internet sei der queeren Community nur freundlich gesonnen. Aktuell erleben wir einen erschreckenden politischen Rechtsruck. Queer- und Transfeindlichkeit sind auf dem Vormarsch und der Ton zwischen den Parteien wird rauer, auch online.

Sichtbar zu sein bedeutet in diesem Zusammenhang leider oft auch, sich angreifbar zu machen. Anders als in persönlichen Gesprächen greifen im Internet zusätzliche Dynamiken, mit denen wir als User*innen bewusst und achtsam umgehen müssen. Zum Beispiel äußern sich Menschen – im Schutz digitaler Anonymität – in Kommentaren oft ungehemmt, beleidigend und diskriminierend. Digitale Gewalt hat aber auch andere Ausdrucksformen wie verletzende Bilder, Cybermobbing oder das Verbreiten von Desinformation.

Da gilt es gut auf die eigenen Ressourcen und die eigene Sicherheit zu achten und sich gegen Hassrede & Co. durch Gegenrede, Löschen, Blockieren, Melden oder Anzeige zur Wehr zu setzen. Denn auch wenn wild um sich feuernde anonyme Hasskommentator*innen einen anderen Eindruck vermitteln: Das Internet ist kein rechtsfreier Ort und gegen vieles kann man straf- oder zivilrechtlich vorgehen.

Organisationen wie HateAid, die Amadeu Antonio Stiftung oder Beratungsstellen, die sich für Menschenrechte im digitalen Raum einsetzen, leisten großartige Unterstützung für Betroffene der Cybergewalt.

Mentoring – weil es ohne Empowerment nicht geht

Netzwerken ermöglicht es uns, unsere Vorbilder zu identifizieren und mit ihnen in Kontakt zu treten. Viele LGBTQIA-Netzwerke und -Organisationen bieten inzwischen diese hervorragende Möglichkeit für ein gemeinsames Wachstum.

Mentoring ist ein niedrigschwelliges, wirkungsvolles Instrument – vor allem für Menschen, die Diskriminierung erfahren.

> **Mentoring** beschreibt die »Tätigkeit einer erfahrenen Person (Mentor*in), die ihr fachliches Wissen und ihre Erfahrungen an eine unerfahrene Person (Mentee) weitergibt«[36].

Mentor*innen committen sich, uns zu unterstützen und uns dabei zu helfen, unser Potenzial zu entfalten. Durch eine gezielte Begleitung können wir wertvolle Erfahrungen sammeln und von Perspektiven und Erfahrungen der Mentor*innen profitieren, um unsere individuellen beruflichen oder persönlichen Entwicklungsziele zu identifizieren und zu erreichen.

Worauf wir achten können, um vom Mentoring bestmöglich zu profitieren:

Die Orientierung. Wenn wir uns dafür entscheiden, Mentoring als Boost für unsere Entwicklung zu nutzen, brauchen wir keine hundertprozentige Klarheit darüber, wie der Prozess abläuft. Der erste Schritt im Prozess fängt mit seinem Ende an – bedeutet: Was möchten wir nach dem Mentoring erreichen? Wünschen wir uns einen neuen Job, möchten wir sicherer und selbstbewusster werden oder geht es um Begleitung beim Coming-out? Wir sollten uns also zunächst unseren wichtigsten Erfolg, den wir im Mentoring erreichen möchten, vor Augen führen. Dabei muss dieser nicht detailliert definiert sein. Die genaue Zielsetzung und Erstellung eines »Aktionsplans« ist Teil des Mentorings. Im ersten Schritt brauchen wir nur ein »Leitthema« oder ein »Oberziel«.

Die Suche. Die Identifikation geeigneter Mentor*innen kann uns zunächst schwierig erscheinen. Doch bestehende Netzwerke, ob Freundeskreis, Familie oder andere, können uns bei der Orientierung und Kontaktaufnahme mit potenziellen Mentor*innen unterstützen. Eine weitere Option ist, Support in unserem Ausbildungsbetrieb oder beim Arbeitgeber zu suchen. Viele Unternehmen bieten interne Mentoringprogramme an. Auch Onlinenetzwerke wie LinkedIn oder Xing können helfen, passende Mentor*innen zu finden. Bei der Auswahl ist jedoch darauf zu achten, dass die Person, die wir uns ausgesucht haben, Motivation mitbringt, ausreichende Erfahrung im Bereich des spezifischen Entwicklungsfeldes hat und es auch auf persönlicher Ebene ein guter Match ist.

Die Struktur. Für den Erfolg des Mentorings ist es von essenzieller Bedeutung, dass der Prozess von allen Beteiligten gemeinsam strukturiert wird. Sollte es um ein unternehmensinternes Mentoring und unsere berufliche Entwicklung gehen, wäre es ratsam, eine Vertretung aus HR (Human Resources) und unsere Vorgesetzte zu involvieren, damit sie die Möglichkeit bekommen, unseren Progress zu verfolgen. Zu einer guten Struktur, die am Anfang festgelegt wird – sich bei Bedarf aber auch ändern kann –, gehört der Austausch von Erwartungen, Zielen und Anliegen. Ebenso sind ein gemeinsamer Zeitrahmen, regelmäßige Treffen und Feedbackmechanismen wichtig und sogar entscheidend, um den Entwicklungsprozess zu fördern und das Engagement der Beteiligten zu maximieren.

Mentoring gibt uns die Möglichkeit, uns in Selbstwirksamkeit zu üben. Sind wir Mentor*in, schlüpfen wir automatisch in die Rolle eines Role Models und haben eine Vorbildfunktion für Menschen, die sich auf einem ähnlichen Weg befinden, den wir bereits erfolgreich gegangen sind. Als Mentees setzen wir uns Ziele, gehen den Weg dahin gemeinsam mit der Person unseres Vertrauens und jedes erreichte Ziel im Mentoring ist ein Erfolgserlebnis, das uns Selbstvertrauen spendet – wir glauben mehr an uns. Wir gestalten unser Mentoring selbst – in engem Austausch mit dem*der Mentor*in – und erhöhen damit unsere Selbstwirksamkeit, was zu einer Verbesserung des Selbstwertgefühls führt. Wir schaffen Grundvertrauen in unsere Fähigkeiten und stärken somit die Selbstbestimmung.

Zusammen/gehören – Teil 1

Für Menschen aus der queeren Community existieren in Deutschland verschiedene Netzwerke. Eines der ältesten – Wirtschaftsweiber e. V. – feierte 2023 sein 25-jähriges Jubiläum. Tanja Bauer-Glück ist Teil dieses Netzwerkes, das sich als »Stimme der lesbischen und queeren Frauen in der Arbeitswelt« versteht.

Tanja ist anerkannte Expertin in den Bereichen Business und Leadership Coaching mit einem ausgeprägten Fokus auf Unternehmer*innen-Mindset, Leadership und Diversity in werteorientierten Unternehmen.

Liebe Tanja, unsere Fähigkeit zum Netzwerken ermöglicht es uns, Teil einer Gemeinschaft zu sein und Zusammengehörigkeit zu leben. Was verstehst du als Business Coach unter dieser Kompetenz?

Menschen fühlen sich manchmal völlig allein. Sie denken: »Das kann ich unmöglich schaffen!« oder »Wie machen das andere nur?« Ob es der Start in einen neuen Job ist, die Gründung eines eigenen Unternehmens, die Akquise neuer Kund*innen, das Entwickeln innovativer Ideen oder der Wunsch nach einem Partner oder einer Partnerin, einer eigenen Familie oder einem sicheren Coming-out – all diese Situationen stellen uns vor Herausforderungen, die wir nicht allein meistern können und sollten.

Um persönlich – privat oder beruflich – erfolgreich zu sein, sind Vorbilder und, noch wichtiger, Unterstützer*innen unerlässlich. Wir brauchen Menschen mit Erfahrung, Menschen, die anders denken und uns neue Impulse geben. Menschen, die an uns glauben und uns ermutigen, sind genauso wichtig wie solche, die uns einen Reality Check geben – eine Reflexion unseres Verhaltens – und klar sagen, was nicht funktioniert. Wir brauchen diverse Perspektiven, Sparringspartner*innen und Sounding Boards.

Sounding Board: Methode, bei der mithilfe eines Gremiums Veränderungsprozesse in Unternehmen begleitet werden – Top-down (von oben nach unten) sowie mit Feedback aus allen Unternehmensbereichen. In regelmäßigen Abständen erfolgen moderierte Meetings, das erhaltene Feedback wird strukturiert ausgewertet.

Kurzum: Wir benötigen ein Netzwerk.

Networking bedeutet den Aufbau und die Pflege persönlicher und beruflicher Kontakte. Ziel ist es, ein soziales Netzwerk von Personen zu schaffen, die zueinander in Beziehungen stehen und sich privat und vor allem beruflich unterstützen, helfen oder kooperieren. Ein robustes Netzwerk ist entscheidend und erfordert Verbindlichkeit, Zuverlässigkeit, Bereitschaft zu geben und langfristiges Commitment.

Welchen Impuls möchtest du mit Menschen teilen, die jetzt anfangen, ihr Netzwerk aufzubauen?

Die Qualität eines Netzwerkes ist abhängig von dessen Belastbarkeit. Es muss unterschiedliche Meinungen, Konflikte und ehrliche Auseinandersetzungen aushalten. Manchmal ist der Diskurs notwendig, um große Schritte zu machen. Im Kern geht es jedoch um gegenseitige Unterstützung. Netzwerke haben Menschen über Jahrhunderte zu wichtigen Positionen verholfen, Meinungen verstärkt und Machtstrukturen geschaffen – im positiven wie im negativen Sinne.

Netzwerke sind allerdings nur dann stabil und belastbar, wenn alle Seile an den Knotenpunkten fest verknüpft sind. Das bedeutet, dass alle Mitglieder eines Netzwerkes die Verantwortung für dessen Stabilität und Entwicklung tragen. Sobald ein Knoten locker wird, geht die Belastbarkeit verloren.

Was brauchen wir, um ein Diversity Upgrade in der Arbeitswelt durchzuführen?

Networking spielt für marginalisierte Gruppen eine besonders wichtige Rolle. Personen, die aufgrund ihrer ethnischen Zugehörigkeit, Geschlechtsidentität, sexuellen Orientierung, Behinderung oder des sozioökonomischen Status benachteiligt sind, können durch ein starkes, unterstützendes Netzwerk entscheidende Vorteile erfahren.

Insbesondere für die queere Community ist aktives Networking unerlässlich, da es sowohl individuelle Karrieren als auch kollektive Ziele unterstützt und fördert.

Für queere Personen ist die Sichtbarkeit am Arbeitsplatz oft mit Herausforderungen verbunden.

- Netzwerke eröffnen Chancen zu Jobangeboten, Bildungsmöglichkeiten und notwendigen Unterstützungssystemen. Queere berufliche Netzwerke spezialisieren sich auf Ressourcen, die auf die Bedürfnisse der Community zugeschnitten sind. Austausch, Karriereberatung, Mentoringprogramme, Workshops und Schulungen sind entscheidend für eine erfolgreiche Karriere in einer oft heteronormativ geprägten Arbeitswelt.
- Die Vernetzung mit Entscheidungstragenden und Einflussnehmenden trägt zur verstärkten Sichtbarkeit und dem Abbau von Vorurteilen bei. Diese Verbindungen sind essenziell, um Karrierechancen zu erweitern und die Akzeptanz in der breiteren Gesellschaft zu fördern.
- Netzwerke müssen bewusst inklusiv gestaltet werden, damit sie nicht nur die Interessen der dominanten Gruppen widerspiegeln. Inklusive Netzwerke fördern eine Kultur der Akzeptanz, des Respekts und des gegenseitigen Verständnisses.
- Netzwerke dienen als Plattform für aktive Lobbyarbeit und politische Einflussnahme. Sie bündeln kollektive Stimmen und bauen effektiv Druck auf politische und wirtschaftliche Entscheidungstragenden aus.

Wirtschaftsweiber e.V. bietet unter anderem ein Mentoringprogramm für queere und lesbische Frauen an. Du bist selbst Mentorin. Wie hat deine Mentee dich überzeugt, sie anzunehmen?

Meine Kolleginnen, die das Mentoringprogramm betreuen, haben ein sehr gutes Händchen beim Matching. Aber das ist nur der erste

Schritt. Für mich ist es wichtig, ähnlich wie in meinem Beruf als Business Coach, dass die Mentee freiwillig und mit voller Überzeugung bei der Sache ist. Obwohl ich als Mentorin auch eine Menge lerne, liegt der Fokus auf dem Ziel der Mentees. Sie haben ein Thema und möchten eine Lösung oder eine Strategie für ihr berufliches Fortkommen. Da ist es insbesondere wichsie mit mir im Austausch bleiben, erarbeitete Wege ausprobieren, offen sind für Vorschläge und Ideen sowie selbst reflektieren.

Ein Mentoring ist dann erfolgreich, wenn wir die Zeit nutzen können, um Möglichkeiten zu spielenauszutesten, die Grenzen des Machbaren zu erweitern und gemeinsam über den Tellerrand zu schauen.

Ein echtes No-Go sind Einstellungen wie »So, nun erzähl mir mal, wie es geht«. Das kommt schon mal vor, ist aber nicht zielführend und macht auf Dauer weder Sinn noch Spaß.

Eine spezielle Funktion – die Rolle der Führungskräfte

In der Arbeitswelt haben Führungskräfte eine wichtige Verantwortung und dazu gehöre ich selbst: Wir müssen sicherstellen, dass unsere Mitarbeitenden die besten Voraussetzungen haben, um produktiv und erfolgreich zu arbeiten. Dazu gehört auch, ihnen Raum zum Netzwerken zu geben.

Wieso ist das so wichtig? Zum einen ist Netzwerken ein wesentlicher Bestandteil des Berufslebens, durch den sich wertvolle Kontakte knüpfen lassen, die uns später sehr hilfreich sein können. Zum anderen geht es um die Effektivität des Teams. Wer in einem guten Netzwerk eingebunden ist und sich austauschen kann, ist besser informiert, erhält wertvolle Hinweise und Tipps und kann dadurch schneller und effektiver an Problemen arbeiten. Ein engmaschiges Netzwerk im Team sorgt für bessere Arbeitsabläufe und eine effektivere Zusammenarbeit. Durch Kontakte und Austausch wird Wissen geteilt, Erfahrungen werden weitergegeben und damit Synergien geschaffen, die das Team effizienter und erfüllter in Richtung gemeinsame Ziele voranbringen.

Natürlich ist es wichtig, dass die Zeit fürs Netzwerken nicht zu sehr von der Arbeit abhält und dass alle ein gemeinsames Verständnis davon haben, was berufliches Netzwerken bedeutet – und was nicht (ob ein gemeinsamer Kaffee nun Netzwerken oder die x-te Quasselpause am Tag ist, sei dahingestellt). Es geht also darum, dass die Führungskraft dafür sorgt, den Zeitbedarf clever zu managen, damit alle Aufgaben im Blick bleiben und auch fristgerecht erledigt werden können. In der modernen Arbeitswelt gibt es viele Gelegenheiten zum Netzwerken und Austausch: von internen Workshops oder Konferenzen bis hin zu Onlineplattformen und Social-Media-Netzwerken. Vielleicht kann auch ein spezielles Veranstaltungsformat geschaffen werden, zum Beispiel garantierte Zeit während der Arbeitswoche für interne Netzwerkmeetings. Wenn die Führungskraft dies etabliert und signalisiert, dass gutes Networking auch gute Teamarbeit bedeutet, kann dieser Fokus auf Netzwerken als regelmäßige Praxis eingeführt werden.

Und es gibt noch einen Vorteil: Netzwerken innerhalb des Teams bedeutet nicht nur Vorteile für die Arbeit, sondern hat auch einen nicht unerheblichen sozialen Nutzen. Wenn Menschen miteinander – im wahrsten Sinne – in Verbindung stehen, fühlen sie sich unterstützt, geschätzt und weniger isoliert. Das Teilen von Interessen und gemeinsamen Aktivitäten kann letztendlich zu einer guten Arbeitsmoral, einer gesunden Arbeitsumgebung und einem besseren Arbeitsklima beitragen.

Unabhängig von der Größe ihrer Teams sollten Führungskräfte darauf achten, dass die Mitarbeitenden nicht als Arbeitskräfte betrachtet werden, sondern vor allem als Menschen mit unterschiedlichen Interessen, Hobbys und Vorlieben. Durch das Netzwerken können die Teammitglieder darin bestärkt werden, ihre Persönlichkeit und damit ihr einzigartiges Potenzial vollständig zu entfalten.

Es gibt Unternehmen, in denen explizit »nicht erwünscht« ist, dass die Mitarbeitenden auf LinkedIn aktiv sind. Andere wiederum bieten proaktiv Schulungen für Corporate-Influencing-Programme und setzen ihre Mitarbeitenden als Botschafter*innen beim Employer Branding ein. Eine gewisse Sorge schwebt natürlich im Raum: Wenn meine Mitarbeitenden sich auf LinkedIn herumtreiben, werden sie von ihren Aufgaben abgelenkt. Meine Antwort darauf: Wenn Mitarbeitende sich nicht zugehörig fühlen und dadurch nicht motiviert sind zu arbeiten, finden sie immer etwas, womit sie sich ablenken können.

Liebe Führungskräfte, habt bitte keine Angst. Erlaubt euren Mitarbeitenden, sich zu vernetzen und ihre Netzwerke zu pflegen. Zeigt euren Teams, dass ihr ihnen vertraut und sie wertschätzt. Auf diese Weise erhöht ihr das Engagement für die Zusammenarbeit im Team und ihr werdet in eure Rolle bei der Teamentwicklung anerkannt.

Doch wie könnt ihr sicherstellen, dass das Networking in euren Teams erfolgreich ist? Hier sind einige Tipps, die euch dabei helfen können:

- **Organisiert ein Networking-Event** oder einen Workshop innerhalb des Teams, um den Austausch und die Zusammenarbeit zu fördern.
- **Stellt sicher, dass alle Mitarbeitenden Zugang zu den notwendigen Ressourcen haben**, um ihre Netzwerkkontakte aufzubauen und zu pflegen. Das kann online oder offline erfolgen.
- **Schafft eine Kultur des Teilens und der Zusammenarbeit**, um sicherzustellen, dass die Teammitglieder offen und transparent miteinander kommunizieren. Das kann durch regelmäßige Feedbacksitzungen, Brainstormings und ähnliche Formate erreicht werden.
- **Unterstützt eure Teammitglieder dabei, Mentor*innen zu finden.** Nutzt dafür auch euer eigenes Netzwerk, seid selbst Mentor*in und stets die beste Version euer selbst, denn ihr wisst nie, wer euch gerade zuschaut. Als Führungskraft habt ihr eine Vorbildfunktion im Unternehmen und dieser solltet ihr mit Freude, Respekt und Wertschätzung gerecht werden.

Inklusives Netzwerken – von introvertierten und extrovertierten Typen

Auf das Netzwerken und die Problematiken an sich bin ich in anderen Teilen des Kapitels bereits eingegangen. Deshalb soll es hier vor allem um die Bedürfnisse von introvertierten, aber auch neurodivergenten Menschen gehen.

> **Neurodivergenz** ist eine Form der neurologischen Vielfalt, bei der Menschen eine andere Verarbeitung von Reizen und Zugang zu sozialem Verhalten haben. Die bekanntesten Neurodivergenzen sind Autismus und ADHS (Aufmerksamkeitsdefizit-/Hyperaktivitätsstörung).
> Introvertierte Menschen sind Personen, die eine nach innen gewandte Haltung haben. Das Beisammensein mit anderen Menschen kostet sie Energie und sie benötigen »Alleine-Zeit« zur Regeneration.

Dadurch entsteht schnell das Vorurteil, introvertierte Menschen würden nicht netzwerken und wären damit »selbst Schuld«, wenn ihnen lukrative Möglichkeiten entgehen. Dabei sind auch introvertierte Menschen häufig interessiert an Kontakten mit anderen Menschen. Sie müssen nur die Quantität deutlich reduzieren (und gewinnen eher in der Qualität).

Auch im Bereich der Neurodivergenz kann das übliche Netzwerken in lockerer Atmosphäre mit vielen Sinneseindrücken zu Barrieren führen. Menschen reden durcheinander, Gläser klirren – es muss sich dauerhaft an die angebrachten sozialen Normen erinnert werden und am Ende bleibt unsicher, ob andere Menschen den Abend wirklich angenehm fanden oder nur höflich sein wollten.

Gutes Netzwerken (und auch die Planung eines guten Netzwerkevents) kann und sollte somit so inklusiv wie möglich sein. Verschiedene Bereiche, in denen es unterschiedlich viele Sinneseindrücke gibt, können helfen, Barrieren abzubauen und Ruhezonen zu schaffen. Auch klare Vorgaben und eingehaltene Time Tables sind Möglichkeiten, Sicherheit und Routinen zu schaffen. Vorher einen kurzen, schriftlichen Überblick über Barrieren und Planung der Veranstaltung zu schicken, kann ebenfalls helfen. Manchmal nutzen neurodivergente Menschen Talker oder kommunizieren nur schriftlich. Das in der Planung zu berücksichtigen, ist ebenfalls eine Form der Inklusion. Auch Pausen können introvertierten Menschen die Möglichkeit zum Durchatmen geben und somit ihr Netzwerken verbessern.

Und manchmal hilft es nur noch, sich zurückzuziehen. Denn Isolation kann auch Schutz bedeuten. Wenn es also – queeren wie nicht queeren – Menschen psychisch und physisch nicht gut geht, ist es in Ordnung, sich störenden Einflüssen zu entziehen. Hier können digitale Formate die Möglichkeit bieten, trotz Barrieren an Netzwerkevents teilzuhaben. Auch hybride Formate ermöglichen die Teilhabe unterschiedlicher Personen (und Perspektiven).

Soziale Ausgrenzung kann zu Einsamkeit, Rückzug und am Ende auch zu wirtschaftlichen Einbußen führen. Unterschiedliche Studien belegen, dass queere Menschen schlechteren Zugang zu Beförderungen erhalten und häufig verunsicherter sind als ihre nicht-queeren Kolleg*innen. Gerade um diese Perspektiven nicht zu verlieren, benötigt es ein queer-inklusives Netzwerken und die Einbeziehung unterschiedlicher Bedürfnisse.

Im Fokus – soziale Herkunft

An dieser Stelle möchte ich eine weitere Diversity Voice vorstellen, wobei ich mir sicher bin, dass für viele von euch Natalya Nepomnyashcha eine bekannte Persönlichkeit ist, nicht zuletzt als Vorkämpferin für Chancengleichheit, Bildungsaufstieg & soziale Diversität. Geboren wurde Natalya 1989 in Kyiv und wuchs in einem sozialen

Brennpunkt in Bayern auf. Ohne jemals Abitur erworben zu haben, machte sie 2012 einen Masterabschluss in Großbritannien. Nach dem Studium der Internationalen Beziehungen war sie unter anderem für eine der weltweit größten Unternehmensberatungen sowie eine NGO aus Westafrika tätig.

2016 gründete sie nebenberuflich »Netzwerk Chancen«. Das soziale Unternehmen bietet ein ideelles Förderprogramm für soziale Aufsteiger*innen zwischen 18 und 39 Jahren und kollaboriert mit potenziellen Arbeitgebenden. Gleichzeitig setzt sich die Initiative dafür ein, dass die soziale Herkunft als Diversity-Faktor anerkannt wird. Natalya Nepomnyashcha leitet die Organisation ehrenamtlich neben ihrer Vollzeitbeschäftigung.

Liebe Natalya, wie haben sich dein Netzwerk und die Kompetenz zum Netzwerken im Laufe deines Werdegangs entwickelt?

Ich komme aus einer Hartz-IV-Familie, meine Eltern haben nie genetzwerkt. Ganz im Gegenteil sogar: Sie haben eine tiefe soziale Scham empfunden und alles versucht, um möglichst nicht aufzufallen.

Diese Scham hat sich auch auf mich übertragen. Entsprechend hat es lange gedauert, bis ich sie überwunden und Selbstbewusstsein erlangt habe. Nach dem Studium habe ich aber auf Anhieb keinen Job gefunden und verstanden, dass ich ohne ein Netzwerk nicht weiterkomme. Entsprechend habe ich angefangen zu netzwerken, vor allem auf Abendevents in Berlin. Mittlerweile gehören einige Menschen meinem Netzwerk an, vor allem aus der Konzernwelt und NGOs.

Was hat dir dabei geholfen, ein starkes und vor allem vielfältiges Netzwerk aufzubauen?

Anfangs ist es mir schwergefallen, auf fremde Menschen zuzugehen. Irgendwann habe ich mir selbst ein Ziel gesetzt: auf jedem Event zwei

Menschen kennenzulernen. »Danach kannst du gehen«, habe ich mir gesagt. Dieses feste Ziel hat sich ausgezahlt. Vielfältig wurde das Netzwerk dann vor allem, als ich auf LinkedIn aktiv geworden bin. Mit steigender Sichtbarkeit erhielt ich auch viele Kontakte.

Dein Engagement und deine Pionierarbeit für soziale Aufsteiger*innen und Chancengerechtigkeit haben unter anderem dazu geführt, dass soziale Herkunft als die siebte Kerndimension von Diversity anerkannt wurde – ein Meilenstein für die Arbeitswelt, in der Chancen ungerecht verteilt und viele Jobs auf Empfehlung und durch interne Netzwerke vergeben werden.
Die Chancen in der Arbeitswelt sind in der Tat ungerecht verteilt. Studien zeigen, dass nicht nur der Bildungs-, sondern auch der Karriereerfolg von der sozialen Herkunft abhängt. Soziale Aufsteiger*innen verfügen eben über kein Netzwerk, haben oft ungerade Lebensläufe oder kennen nicht die sozialen Codes der Businesswelt. Entsprechend wichtig war es, die soziale Herkunft als Diversity-Faktor zu etablieren. Unternehmen müssen auch diese Vielfalt sehen und anstreben.

Als Gründerin hast du eine Plattform geschaffen, die viele Erfolgsgeschichten schreibt. Welche Rolle spielen Netzwerke bei der Förderung von Diversity?
Gerade Menschen aus unterrepräsentierten Gruppen werden erst dann stark, wenn sie sich zusammentun. Netzwerk Chancen fördert deshalb über 2.300 junge Erwachsene aus nicht akademischen und finanzschwachen Familien kostenfrei mit Coachings, Workshops und Job-Angeboten – aber auch einem starken Netzwerk. Besonders wichtig ist mir hierbei der Peer-to-Peer-Ansatz: Unsere Mitglieder unterstützen auch einander!

Was brauchen wir, um ein Diversity Upgrade in Deutschland durchzuführen?

Ich würde mir wünschen, dass Arbeitgebende Diversity weniger als Marketingmaßnahme und mehr als strategische Priorität sehen. Damit müsste einhergehen, dass man den gesamten Employee Lifecycle vom Employer Branding über Recruiting bis hin zu Personalentwicklung und Offboarding unter der Diversity-Brille anguckt. So wäre sehr vielen geholfen. Dafür braucht es aber Ressourcen, sowohl was Budget, als auch was Personal anbetrifft.

Zusammen/gehören – Teil 2

Wenn es um Netzwerke für die LGBTQIA Community geht, ist eine der Organisationen, die Schule machen, mit Sicherheit der 1991 gegründete »Berufsverband Völklinger Kreis e. V. (VK)«. Das Netzwerk schwuler Führungskräfte und Selbstständiger ist die Plattform für berufliche Förderung, Wertschätzung und Chancengleichheit am Arbeitsplatz.

Ich sprach mit Matthias Weber, dem langjährigen Vorstand des VK , Co-Founder und Präsident des European Pride Business Network (EPBN), eines internationalen Dachverbands für queere Organisationen. Als Vorstand von drei Versicherungsgesellschaften in der HDI-Gruppe gehört Matthias zu den wenigen geouteten Menschen auf C-Level in der DACH-Region.

Lieber Matthias, welche Rolle spielt Netzwerken als Kompetenz in deinem Werdegang?

Netzwerken ist eine Megakompetenz in unserer Arbeitswelt.

Netzwerken ist für mich eine Zusammenfassung vieler Kompetenzen und Social Skills: Interesse an anderen Menschen, Empathie, starkes Verständnis für Kollaboration, Bereitschaft und Interesse, mit anderen zusammenzuarbeiten. Viele Kommunikationsfähigkeiten und persönliche Eigenschaften wie beispielsweise Zuverlässigkeit und Kreativität gehören auch dazu. All diese müssen beherrscht werden, um erfolgreich zu netzwerken.

Und dann ist für die meisten Jobs die Zusammenarbeit mit anderen von besonderer Bedeutung. Um in Teams erfolgreich zu sein, brauchen wir soziale und (zunehmend) Diversity-Kompetenzen. Aber auch in der Kollaboration mit anderen Stakeholder*innen sind diese unerlässlich.

In den Berufsfeldern, in denen ich im Laufe meiner Karriere unterwegs war – Vertriebsleitung, Marketing und Führung von Organisationen –, geht es im Zentrum um Menschen und darum, ihre Motive und Bedürfnisse zu verstehen. Was im regulären Job gilt, ist in der ehrenamtlichen Arbeit in Verbänden und Politik genauso: Die Fähigkeit, unterschiedliche Menschen und Interessen zusammenzubringen, ist ganz entscheidend.

Mit welchen Herausforderungen wurdest du bisher als langjähriger Vorstand des Völklinger Kreises konfrontiert und was hat dir geholfen, diese zu überwinden?

In meiner Arbeit für den VK habe ich viele verschiedene Herausforderungen gehabt. Insgesamt bin ich seit neun Jahren Mitglied des VK-Vorstands, vier davon als Vorstandsvorsitzender – und kann sagen, ich habe in der Zeit viel gelernt!

Ich sehe Herausforderungen eher positiv, denn an diesen können wir lernen, wachsen und uns messen lassen. Teilweise war es für mich sehr komplex und stressend, neben meinem beruflichen Engagement viele unterschiedliche ehrenamtliche Projekte umzusetzen – aber die strategische Arbeit und die Gestaltungsfreiheit, mit denen diese Tätigkeit einherging, waren eine echte Belohnung dafür.

Eine andere Herausforderung war: Konsens schaffen und Konflikt aushalten. Hier habe ich viel gelernt, nicht zuletzt, weil ich dafür oft aus meiner Komfortzone treten musste. In einem Netzwerk mit über 700 Mitgliedern hatte ich mit verschiedensten Stakeholder*innen und Interessen, Meinungen und Ausrichtungen zu tun. Als Vorsitzender war es meine Aufgabe, diese so weit wie möglich zusammenzubringen oder zumindest hinter einem Konsens zu versammeln. Ich versuche immer, eine Plattform für einen konstruktiven Austausch und Dialog zu schaffen, um unterschiedliche »Lager« zu vereinen. Was mir dabei geholfen hat, war, mir und den anderen das übergeordnete Ziel (unsere Vision und Mission, die wir verfolgen) immer vor Augen zu führen. Ein weiteres Learning: meinen Umgang damit zu finden, dass es Situationen gibt, mit denen einzelne Personen nicht einverstanden sind und nicht sein werden. Das ist manchmal der Preis, der im Sinne der Gemeinschaft oder eines übergeordneten Zieles bezahlt werden muss. Solche Situationen sind glücklicherweise eher selten entstanden – für sie sind gute Konfliktmanagement-Skills sehr hilfreich.

Was war für dich als Gründer des European Pride Business Network (EPBN) besonders herausfordernd?
Die Herausforderungen beim EPBN sind bisher ganz anders. Das liegt an der Natur der Organisation. Der VK existiert bereits seit über 30 Jahren, hat somit seine Traditionen und ist mit Vorstand, Regionalrat, Geschäftsstelle und 20 Regionalgruppen gut strukturiert. Beim EPBN, 2020 gegründet, war am Anfang nur eine Idee: Netzwerken, Austausch, Best Practice Sharing, politische Ziele gemeinsam besser und stärker erreichen. Den Ausbau des EPBN kann man mit einer Sandkastenarbeit vergleichen, in dem jedes Mitglied eigene Förmchen mitbringen und etwas Eigenes aufbauen konnte. Als einer der drei Co-Gründer*innen sowie in meiner aktuellen Funktion als Präsident des Verbandes konnte ich »urkreativ« werden und hatte eine maßgebliche gestalterische Freiheit – ich konnte miterleben, wie die ersten Ideen Gestalt angenommen haben. Teil der Challenge war, die Analysearbeit durchzuführen, um herauszufinden, welche Organisationen

Potenzial haben, Partner des Verbandes zu werden, sie zu kontaktie-
ren und für unsere Idee zu begeistern. Das Netzwerken spielte und
spielt bei der Entwicklung eine große Rolle, denn dadurch kommen
die Mitglieder zusammen. Das verändert sich jetzt, wo wir rund 20
Organisationen stark sind und sich viele engagierte und großartige
Menschen einbringen. Und auch das finde ich sehr spannend: zu sehen, wie sich Strukturen bilden und verselbstständigen, wie politische
Strömungen entstehen und sich manche Projekte verselbstständigen.

**Welche Kriterien sind für eine nachhaltige Gestaltung eines
Netzwerkes ausschlaggebend?**
Die Grundidee und ein gemeinsames Interesse: Menschen oder Organisationen werden nur dann auf Dauer ihre Zeit und weitere Ressourcen einbringen, wenn sie für sich die Frage beantworten können:
»What's in it for me?« (»Was habe ich davon?«)
    Des Weiteren ist ein guter Match zwischen den einzelnen Mitglie-
dern wichtig – ebenso wie Teilhabe, Gestaltung, individueller Profit
für die Beteiligten und Transparenz auch über die Beteiligungsmöglich-
keiten und die Entwicklungsstrategie des Netzwerkes.

**Was brauchen wir, um ein Diversity Upgrade in der Arbeitswelt
durchzuführen?**
Ganz aktuell ist meines Erachtens folgender Punkt: dass die Überzeugung für D&I-Engagement wirklich ernst gemeint ist. Es gibt zu viel
Diversitywashing, das als Instrument einzelner Personen oder Gremi-
en in Unternehmen ausgenutzt wird. Das Engagement für Diversity
darf kein kurzfristiges Projekt sein.
    Viele Erfahrungen mache ich hier in einem tollen Projekt: Der Völk-
linger Kreis vergibt alle zwei Jahre den Max-Spohr-Preis. Die sich bewerbenden Unternehmen müssen im Rahmen der Prüfung über 50 Fragen
zu ihrem Diversity-Engagement beantworten. Hier kann man schnell

einen Eindruck bekommen, wie ernst sie es meinen und wie viele Ressourcen sie zur Verfügung stellen. Ich habe bereits erlebt, wie Unternehmen Ressourcen für D&I als eine Art »Anschubfinanzierung« betrachten, die einmalig zur Verfügung gestellt wird – und dann wird das Thema auf Führungskräfte und alle Mitarbeitenden verlagert und das Unternehmen zieht sich aus der Verantwortung zurück.

Im Zweifelsfall führt es dazu, dass die Erfolge, für die jahrelang gearbeitet wurde, verloren gehen. Wir brauchen definitiv ein Diversity Upgrade in der Gesellschaft und in der Arbeitswelt. Dafür sprechen viele Themen, zum Beispiel der Anteil der Frauen in Führungspositionen, unterschiedliche Pay Gaps, beispielsweise der Gender Pay Gap oder die Anzahl der LGBTQIA-Menschen, die sich am Arbeitsplatz immer noch nicht outen und/oder Diskriminierung erfahren. Wer sich ernsthaft mit dem Thema auseinandersetzt, weiß, dass für Unternehmen jetzt nicht der richtige Moment ist, mit der Bereitstellung von Ressourcen aufzuhören.

Gender Pay Gap ist der zentrale Indikator für Verdienstungleichheiten zwischen Frauen und Männern. Auch wenn der Gender Pay Gap in den letzten Jahren verringert wurde, lag er laut Statistischem Bundesamt 2023 immer noch bei 18 Prozent, 2014 waren es 22 Prozent.[37]

Nachhaltiges Netzwerken – vertrauensvoll und langfristig

Netzwerken ist wie ein Bankkonto: Zum Abheben müssen wir vorher eingezahlt haben. Wenn wir erst dann nach Kontakten – online wie in unserem näheren Umfeld – suchen, wenn wir sie dringend benötigen, werden wir mit großer Wahrscheinlichkeit scheitern. Denn Netzwerken bedeutet, langfristige Beziehungen aufzubauen und zu pflegen. Das erfordert Zeit, Energie und vor allem gegenseitiges Vertrauen. Nur wenn wir kontinuierlich in unser Netzwerk investieren, können wir in schwierigen Situationen auf unsere Kontakte zurückgreifen.

Wir sollten unser Netzwerk ausbauen, wenn wir es nicht brauchen. Das klingt im ersten Moment paradox, macht aber Sinn. Wenn wir erst in einer Notsituation ein Netzwerk schnell ausbauen wollen, um Unterstützung zu finden, riskieren wir zum einen in eine Bittsteller*innen-Rolle zu geraten. Zum anderen: Wenn es uns nicht gut geht, haben wir überhaupt Ressourcen, um neue Kontakte zu knüpfen? Es lohnt sich also, bereits vorhandene Kontakte kontinuierlich zu pflegen und zu erweitern, um in Zukunft Support zu bekommen. Und wenn wir ein Netzwerk etabliert haben, gehen wir idealerweise in die Vorleistung – wir helfen den Menschen zuerst, bevor wir sie nach Hilfe fragen.

Angenommen, wir haben online eine Person entdeckt, die eine perfekte Mentorin, ein idealer Mentor für uns sein könnte. Wenn wir die Person direkt anschreiben, ist die Wahrscheinlichkeit, dass unsere Nachricht nicht beachtet wird oder untergeht, relativ hoch. Wie können wir vorgehen? Erfolg versprechender ist es, dass wir uns zunächst auf LinkedIn vernetzen, Beiträge dieser Person liken und kommentieren. So machen wir uns sichtbar und rufen uns der Person immer wieder ins Gedächtnis.

Ein weiterer Vorteil eines auf Vertrauensbasis aufgebauten Netzwerkes ist der Reality Check. Durch Reflexion des eigenen Verhaltens sowie ehrlichen und offenen Austausch mit anderen können wir mehr über uns selbst und über die anderen erfahren. In einem Dialog auf Augenhöhe nehmen wir unsere Stärken und Privilegien wahr, die wir vorher nicht als solche betrachtet haben. Dabei geht es nicht nur darum, uns selbst zu bestätigen oder als Vorbild zu fungieren (das mit Sicherheit auch!), sondern auch um die Übernahme von Verantwortung: Wer bestimmte Privilegien genießt, kann diese im Netzwerk nutzen, um anderen zu helfen und somit einen Beitrag dazu leisten, gesellschaftliche Ungleichheiten zu verringern.

Drei weitere Gedanken zum Abschluss dieses Kapitels, die ich gerne mit euch teilen möchte:

Netzwerken ist anstrengend. Wer ein Bild von charismatischen Social Butterflies, sehr extrovertierten und geselligen Menschen, im Kopf hat, darf nicht vergessen, dass gerade die Menschen, die mit einem scheinbaren »Talent zum Netzwerken« gesegnet sind, diesen Skill bereits gemeistert und einen sehr guten Umgang mit ihren Ressourcen etabliert haben.

Es ist kein Sprint, sondern ein Marathon. Es reicht nicht, ein Networking-Event besucht zu haben, um gut aufgestellt zu sein. Auf den Events, in den Vereinen und Verbänden können wir Menschen kennenlernen. Doch das ist erst der Anfang. Um Kontakte auszubauen und zu intensivieren, braucht es Zeit und eine zentrale menschliche Währung: Aufmerksamkeit. Digitale Plattformen inklusive regelmäßiger Check-ins können sich als Formate gut eignen. Das sind kurze »Hallo-wie-geht's?« mit Menschen, mit denen wir nicht täglich zu tun haben.

Ein wichtiger Bestandteil vertrauensvoller Beziehungen ist unsere **Bereitschaft, uns verletzlich zu zeigen**. Wenn wir in digitalen und analogen Netzwerken nur über unsere Erfolge sprechen und darüber, wie toll wir dies oder jenes gemacht haben, machen wir uns unglaubwürdig. Jeder Mensch erlebt Niederlagen und hat zu kämpfen. Nur wenn wir uns ehrlich zeigen, schaffen wir Vertrauen. Verletzlichkeit hat mit Menschlichkeit zu tun und ist auf keinen Fall ein Ausdruck von Schwäche. Und was ist Schwäche überhaupt – vor allem, wenn wir uns ein Verhalten, das wir als »schwach« bezeichnen, nicht genauer angeschaut haben?

Insgesamt ist Netzwerken ein wichtiger Diversity Skill, der uns im Beruf und im Privatleben weiterbringen kann. Es geht dabei nicht nur um das Knüpfen von Kontakten, sondern auch um den Aufbau langfristiger, vertrauensvoller Beziehungen – und jede gut genutzte Stunde für den Aufbau des eigenen Netzwerks zahlt sich aus. Denn wir wollen nicht primär schnell gehen, sondern vor allem weit kommen. Und das schaffen wir nur zusammen.

>> Kreativität ist die Innovationskraft,
die wir brauchen, um Konventionen
aufzubrechen und eine neue Welt
zu erschaffen.

6
KREATIVITÄT
Von der Kraft (sich) zu entdecken

Upgrade im Überblick

In diesem Kapitel gehen wir auf verschiedene Aspekte und Themen rund um Einfallsreichtum, Erfindungsgabe und Fantasie ein. Ist Kreativität dasselbe wie Innovation? Und wenn nicht, wie sind diese miteinander verbunden? Welche Bedeutung hat Kreativität für die LGBTQIA Community? Wir beschäftigen uns mit Hindernissen und Vorurteilen und mit der These, dass wir nicht unbedingt ein kreativer Typ sein müssen, um innovativ zu sein. Zwei Ebenen gehören in diese Betrachtung: die persönliche und die berufliche.

Dieses Upgrade bringt verschiedene Kreativitätstechniken und Methoden mit sich, die aus meiner Sicht besonders nützlich und leicht umsetzbar sind. Dazu schauen wir uns auch das Konzept des inneren Kindes und dessen kreative Potenziale an.

Des Weiteren ist es in unserer sich rasant verändernden Welt unabdingbar, Diversity auch im Zusammenhang mit Technologie zu betrachten und darüber zu sprechen, wie uns Innovation dabei helfen kann, ein Upgrade durchzuführen. Es geht um Konformität, wie diese uns davon abhält, kreativ zu sein und warum es einen Stereotyp über queere Menschen als »Einhörner« gibt. Am Ende des Kapitels erkunden wir den Zusammenhang zwischen persönlichem Wachstum und Kreativität und schauen uns an, wie wir diesen Skill nutzen, um uns und unsere Karriere weiterzuentwickeln, Neues auszuprobieren und Fehler als natürlichen Teil des Lernprozesses zu sehen.

Kreativität & Innovation –
Neues erschaffen und umsetzen

Kreativität ist ein Diversity Skill, der es uns ermöglicht, neue Lösungen für bestehende Probleme zu finden, flexibel zu denken und innovative Ideen zu generieren. Gleichzeitig gehört dazu die Fähigkeit, unsere Originalität und Individualität auszudrücken, was wiederum dazu beiträgt, Vielfalt sichtbar zu machen und sie wertzuschätzen.

Gerade Menschen oder Gruppen, die anhand bestimmter (Persönlichkeits-)Merkmale Diskriminierung erfahren, nicht zuletzt die LGBTQIA Community, haben oft mit Machtdynamiken zu kämpfen, die ihre Einzigartigkeit und Individualität einschränken. Kreativität kann uns dabei helfen, diese Einschränkungen zu überwinden und unseren eigenen Weg zu gehen. Dieser Skill ermöglicht uns auch, uns selbst auszudrücken und unser eigenes Narrativ zu kreieren, was wichtig ist, um uns gegenseitig besser zu verstehen und die Akzeptanz zu erhöhen.

Kreativ sein und innovativ sein werden oft als Synonyme benutzt, denn beides bezieht sich in unserer Wahrnehmung auf einen schöpferischen Prozess. Doch es gibt einen wesentlichen Unterschied.

> **Kreativität** beschreibt unsere Fähigkeit, neue und originelle Ideen zu generieren, die die Welt um uns herum auf eine (hoffentlich) positive Weise beeinflussen können. Innovation ist die Umsetzung dieser kreativen Ideen in die Praxis, um greifbare Resultate zu erzielen und etwas Neues in die Welt zu bringen.
>
> **Innovation** ist somit der praktische Teil von Kreativität. Wir können auch sagen, Kreativität ist der Funke, der Ideen zum Leben erweckt, während Innovation der Schritt ist, der diese Ideen in die Realität umsetzt.

Das heißt, dass Innovation auf Kreativität aufbaut – doch wenn wir den innovativen Schritt nicht gehen, bleiben kreative Ideen und Ansätze schlicht Luftschlösser.

Kreativität im Sinne von Mut, unseren Ideen und Impulsen freien Lauf zu lassen, ohne sie umgehend zu bewerten oder ein Ergebnis zu erwarten, wird uns häufig bereits in jungen Jahren abtrainiert. Wir werden erzogen, um uns an Normen und Konventionen zu halten, anstatt unseren Einfallsreichtum und unsere Originalität zu leben und zu feiern. Die gute Nachricht: Wir können Kreativität (wieder) lernen. »Früher dachte man: Es gibt die Genies und es gibt die anderen«, sagt Professor Horst Geschka von der Gesellschaft für Kreativität in Mainz. Das sei heute aber überholt. Die Fähigkeit, bei Problemen querzudenken und sich neue und nützliche Lösungen einfallen zu lassen, sei vielmehr durchaus trainierbar. ›Jeder kann kreativ sein‹, meint auch die Psychologin Jennifer Gunkel von der Technischen Universität München. Ob jemand im Beruf vor Ideen sprüht oder nicht, sei nicht nur eine Charakterfrage. Es hänge vielmehr von den Arbeitsbedingungen ab. Denn damit sich die Kreativität entfalten kann, müssten Arbeitnehmer genug Freiräume haben, erläutert Gunkel, die zum Thema Kreativität forscht. Eine fehlende Kreativkultur in Unternehmen hemme Geistesblitze und innovative Gedanken. ›Ich muss das Gefühl haben, dass neue Ideen willkommen sind.‹ Auch sei es wichtig, dass im Team oder der Abteilung ein offener Umgang herrscht: ›Es muss klar sein, dass ich etwas äußern darf, ohne dass meine Idee gleich runtergemacht wird.‹«[38]

Wir können diese Erkenntnisse auch auf unser privates Leben übertragen. Vielleicht ist es gerade für Menschen, die sich für unkreativ halten, am Anfang hilfreich, sich in vertrauensvollen Umfeldern auszuprobieren. Ein neugieriger Umgang mit den eigenen Gedanken und Einfällen kann sehr befreiend sein.

Ich bin überzeugt: Kreativsein ist ein Zustand, den jede*r von uns anstreben sollte. Der freie und spielerische Umgang mit unserem Einfallsreichtum führt uns näher an unsere Selbstbehauptung. Uns mit uns selbst zu beschäftigen und willkommen zu heißen, welch schöpferische Kraft in uns steckt, hat zudem einen positiven Einfluss auf unsere Resilienz.

Doch warum ist es gerade für queere Menschen wichtig, Kreativität zu pflegen und zu stärken? Weil wir immer noch besser darin werden können, unserer Identität Ausdruck zu verleihen und sie zu formen – beispielsweise durch Schreiben, Malen oder Mode. Damit können wir auch unsere Umgebung verändern und neue Vorstellungen von der Welt um uns herum schaffen.

Zudem kann diese Fähigkeit einen Einfluss auf unsere Karriereentwicklung haben. Kreative Fachkräfte denken out of the box, bringen neue Perspektiven und unerwartete Lösungsansätze in die Teamarbeit ein. Mitarbeitende, die diesen Skill gemeistert haben, werden in ihrem Arbeitsumfeld als eine wertvolle Ressource betrachtet. Eine kreative Herangehensweise an die Arbeit und die Fähigkeit, Probleme auf innovative Weise zu lösen, kann auch dazu beitragen, Barrieren zu überwinden, die aufgrund von Diskriminierung und Vorurteilen aufgebaut wurden. Und wenn wir daran gehindert werden, uns auf unsere bunte, vielfältige Art einzubringen, dürfen wir darüber nachdenken, uns neue Kontexte zu suchen, die uns unterstützen und fördern.

Ich bin nicht der kreative Typ!

Diejenigen von euch, die bereits Trainings durchgeführt oder als Führungskraft mit einem Team gearbeitet haben, werden folgendes Szenario kennen: Ihr steht vor einer Gruppe und habt euch eine Methode überlegt, um Ideen zu sammeln. Freies Assoziieren. Oder Serious Play. Während einige Teilnehmende beherzt einsteigen und ihre Ideen ins Plenum tragen, glänzen andere durch ... nennen wir es mal Zurückhaltung. Auf die freundliche Rückfrage, ob sie auch etwas beitragen möchten, erntet ihr ein Schulterzucken: »Ich bin halt nicht so der kreative Typ.« Da stellt sich die Frage: Woran liegt das? Und vermutlich ist die Antwort darauf gar nicht so einfach. Denn hinter einer Kreativitätsblockade oder -verweigerung können sich ganz unterschiedliche Gründe verbergen.

Zum einen wären da die Rahmenbedingungen. Nicht jeder Person fällt es leicht, sich in einer Gruppe zu öffnen. Wer kreativ ist, wer es wagt, einen gedanklichen Trampelpfad abseits der zielorientierten Hauptstraße zu nutzen, macht sich im Zweifel angreifbar. Denn Kreativität bedeutet, Neuland zu betreten. Und wer Schritte auf unbekanntem Terrain wagt, riskiert auch mal einen Fehltritt. Aber Fehler zu machen beziehungsweise ein gesunder Umgang mit ihnen ist längst nicht in allen Kontexten und (Unternehmens-)Kulturen etabliert.

Gleichzeitig erfordert Kreativität tatsächlich eine gewisse Routine. Als Kind fällt es uns leicht, uns im Spiel zu verlieren. Ganz im Hier und Jetzt zu sein und uns mithilfe unserer Vorstellungskraft in Welten hineinzufühlen, die außerhalb unserer tatsächlichen Grenzen liegen. Als Erwachsene sind uns diese Grenzen schmerzlich bewusst. Beschränkt durch Regeln, Normen und nicht zuletzt den stetigen Druck, produktiv und leistungsbereit zu sein, ist das offene, kreative Herangehen an Fragestellungen oft gar nicht mehr so leicht.

Da lohnt es sich gegenzusteuern und im Alltag eine gewisse Kreativitätsroutine zu etablieren. Sich immer wieder die Frage zu stellen: »Was wäre noch möglich? Was noch? Was noch?« Sich ganz bewusst mit Kreativitätstechniken zu beschäftigen (Kapitel 6) und auszutesten, ob eine davon nützlich sein kann. Sich vielleicht auch zu trauen, ein Hobby aus der Kindheit wieder aufzugreifen (das kann etwas – zumindest damals – ganz Einfaches sein wie ein Mandala ausmalen oder Musik machen). Am Ende ist Kreativität nämlich nicht nur ein starkes Tool, um Innovationen voranzutreiben, sondern vor allem Übungssache.

Kreativität ist eine unendliche Ressource, die wir nicht ausschöpfen können: Je mehr wir sie nutzen, desto mehr nimmt sie zu. In den Originalworten von Maya Angelou: »You can't use up creativity. The more you use, the more you have.«[39]

Ideen in Maßnahmen übersetzen

Lars-Eric Mann gehört zu den Diversity Voices und Top Manager*innen in der Kommunikations- und Marketingindustrie der DACH-Region. Angefangen als Sales-Assistent bei SAT.1 und als Management Trainee wurde Lars-Eric zum Marketingchef von »Gute Zeiten, Schlechte Zeiten«, Sales Director und in Folge Geschäftsführer von IP New Media. Seit 2022 ist Lars-Eric Chief Marketing Officer bei der Ad Alliance GmbH, der Vermarktungseinheit von RTL Deutschland.

Lieber Lars, welche Rolle spielt Kreativität in deiner Arbeit?
Kreativität spielt in meiner Arbeit eine große Rolle. So geht beispielsweise der Entwicklung von Werbekonzepten immer ein kreativer Prozess voraus, bei dem man versucht, aus Insights eine übergreifende Leitidee zu entwickeln und diese dann in Maßnahmen zu übersetzen. In jedem einzelnen dieser Prozesse ist Kreativität eine entscheidende Komponente.

Ist Kreativität eine Kompetenz, die sich im Laufe deines Werdegangs weiterentwickelt hat – und wenn ja, was hat dir bei der Entwicklung geholfen?
Kreativität an sich habe ich schon immer verspürt. Beim Playmobil-Spielen habe ich mir beispielsweise als Kind meine eigenen Geschichten ausgedacht und in der Schulzeit habe ich Kurzgeschichten geschrieben. Diese Lust am Erfinden von Geschichten habe ich mir behalten. Heute nutze ich meine Kreativität, um Marken zu inszenieren und zu erzählen. Was sich aber sicherlich entwickelt hat, ist die Fähigkeit, die Kreativität besser für mich nutzbar zu machen.

Manche Menschen behaupten von sich, sie wären »nicht der kreativer Typ«. Siehst du es als Ausrede, sich an bestimmten Prozessen zu beteiligen oder kann Kreativität trainiert werden?

Jeder Mensch hat ja erst einmal eine eigene Wahrnehmung von seinen Stärken und Lernfeldern. Und das ist völlig legitim und nicht anzuzweifeln. Ich glaube aber schon, dass man Kreativität bis zu einem gewissen Grad trainieren kann. Wichtig ist es, das richtige Umfeld dafür zu schaffen, das Raum für Kreativität bietet und jede*n auch dazu zu ermuntert, sich diesen Raum zu nehmen.

Kreativität bedeutet auch, etwas Neues zu erschaffen. Hilft uns diese Kompetenz dabei, gesellschaftliche Normen aufzubrechen und Vorurteile abzubauen?

Wenn man sich vor Augen führt, was beispielsweise RuPaul für die Drag- und LGBTQIA-Community weltweit durch seine Kreativität bewirkt hat, ist das beeindruckend und hat ganz sicherlich für mehr Toleranz gesorgt. Auf der anderen Seite gibt es natürlich gegensätzliche Fälle, bei denen Menschen ihre Kreativität eher zum Schaden der Gesellschaft angewandt haben. Der positive Wert von Kreativität für Diversität entscheidet sich also schlussendlich über den Output. Und das kann leider in beide Richtungen wirken.

Wie hilft dir Kreativität bei der Zusammenarbeit mit deinem Team und bei der Gestaltung einer inklusiven Organisation, in der Diversity wertgeschätzt wird?

Bei der Gestaltung einer inklusiven Organisation und der Wertschätzung von Diversity hilft aus meiner Sicht nicht Kreativität, sondern Offenheit und Bewusstmachung. Dabei ist es wichtig, den Mehrwert gemischter Teams aufzuzeigen, damit es nicht als Selbstzweck wahrgenommen wird. Ein solcher Mehrwert besteht dann zum Beispiel in kreativerem Output.

In der Werbe- und Kommunikationsbranche, in der du tätig bist, geht es darum, kreativ zu sein, um Storytelling und die Entwicklung neuer Konzepte. Gleichzeitig geht es um die Umsetzbarkeit, Messbarkeit und den Output. Wie schwierig ist es, beide zu vereinen?

Kreativität hat viele Facetten. Es gibt die künstlerische Kreativität, man kann aber auch durch Kreativität neue Ansätze für Messverfahren entwickeln. Häufig wird zudem unterschätzt, welches Level an Kreativität im Projektmanagement notwendig ist. Genau dort passieren immer wieder plötzlich unerwartete Dinge, die man nur durch kreatives Querdenken gelöst bekommt. Daher bin ich ein großer Befürworter davon, alle Farben der Kreativität zu sehen – und glaube, dass diese sehr gut vereinbar sind. Es wird immer dann schwierig, wenn eine kreative Partei sich über die andere erhebt.

Was brauchen wir, um ein Diversity Upgrade in der Arbeitswelt durchzuführen?

Wir brauchen Leader, die den Willen und die Macht haben, das Thema prioritär voranbringen zu wollen. Wir brauchen das gemeinsame Verständnis, dass Diversity einen wirklichen Nutzen für die Arbeit und die Gesellschaft bringt. Und wir brauchen immer wieder den Perspektivenwechsel, um das Verständnis füreinander und für die Chancengleichheit weiter zu schärfen.

Kreativitätstechniken – gib deinen Ideen eine Chance

Kreativitätstechniken sind Methoden, die wir verwenden können, um den Einfallsreichtum zu fördern und neue Ideen zu generieren. Es gibt viele verschiedene Techniken, die von Kreativitätsforschenden und Innovationsgurus entwickelt wurden, um uns dabei zu helfen, unsere kreativen Fähigkeiten zu maximieren. Diese Techniken sind oft sehr unterschiedlich und können von visuellen Ansätzen bis hin zu ganzheitlichen Methoden reichen. Ich möchte euch kurz und knapp drei Techniken vorstellen, die ich als Führungskraft und Trainer mit meinen Teams getestet und für gut, da zielführend befunden habe. Wenn sie euch nicht zusagen beziehungsweise ihr mit ihnen nicht zurechtkommt, sucht auch in der bunten Welt da draußen eine oder zwei Methoden, die ihr als Nächstes ausprobiert. Das Ziel ist es, eurer Kreativität Raum zu geben und freien Lauf zu lassen. Auf welchem Weg oder mit welchem Tool ihr das am besten erreicht, dürft ihr für euch herausfinden.

Brainstorming

Eine der bekanntesten und erfolgreichsten Techniken zur Förderung der Kreativität, mit der viele bestimmt bereits gearbeitet haben, ist das Brainstorming. Diese Methode besteht aus einer Gruppe von Menschen, die sich gezielt zusammensetzen, um Ideen auf eine informelle Weise zu generieren. Wichtig dabei: Ideen werden ohne Kritik oder Bewertung zunächst nur aufgenommen und notiert. Es gibt keine falschen oder dummen Ideen. Die Gruppe soll dazu ermutigt werden, mögliche Hemmungen und Ängste vor Bewertungen, die nach der Ideensammlung in einer weiteren Runde dazugehören, abzubauen. Die Methode basiert auf der Annahme, dass man auf diese Weise das volle kreative Potenzial der Gruppe freisetzen kann.

> **Kern des Brainstormings** ist ein kreativer Raum, der frei von Hemmungen und Angst vor Bewertung ist.

Eine erfolgreiche Brainstorming-Sitzung beginnt in der Regel damit, dass die moderierende Person das Ziel der Sitzung erklärt und die

Teilnehmenden anschließend aufgefordert werden, ihre Ideen fließen zu lassen. Dabei spielt die Moderation eine tragende Rolle. Eine gut moderierende Person sorgt dafür, dass die Teilnehmenden motiviert werden, zwar schnell und effektiv Ideen zu generieren, aber auch Spaß und das Vertrauen haben, um die Menge an Ideen zu erhöhen. Zunächst liegt der Fokus auf Quantität (Anzahl der Ideen) statt auf Qualität und Umsetzbarkeit. Das Ziel der Sitzung ist es, so viele Ideen wie möglich zu sammeln – und erst anschließend (nach einer Pause oder an einem anderen Tag) diese Ideen zu evaluieren, zu bewerten, zu filtern und zu verfeinern.

Meiner Meinung nach ist die Brainstorming-Methode so erfolgreich und wird oft angewendet, weil zum einen eine Gruppendynamik entsteht, bei der alle Teilnehmenden sich dabei wohlfühlen, ihre Ideen in den Raum zu werfen. Es entsteht erst gar kein Platz für den »inneren Saboteur«, der sagt: »Diese Idee ist doof, sag das lieber nicht.« Ein weiterer Vorteil ist, dass sich in der Regel das gesamte Team mit den späteren Ergebnissen identifizieren kann, da jedes Mitglied etwas im Prozess beigetragen hat.

Die moderierende Person spielt auch hier eine zentrale Rolle. Sie muss dafür sorgen, dass die Regeln »Keine Bewertungen der eigenen Ideen oder die der anderen« sowie »Wertschätzung« von allen zu jeder Zeit eingehalten werden. Sollte eine der teilnehmenden Personen die Regeln ignorieren und die eine oder andere Idee als »Quatsch« bezeichnen oder auslachen (das habe ich auch bereits erlebt), bleibt es Aufgabe der Moderation, alle Anwesenden – sachlich und ohne die Situation zu eskalieren – an die Regeln zu erinnern.

Der morphologische Kasten

Geht es um die Entwicklung neuer Ideen und Lösungen für komplexe Probleme oder um die Produktentwicklung, ist die strukturierte Methode »morphologischer Kasten« ein gutes Tool. Der Ansatz basiert auf einer Matrix mit verschiedenen Parametern, die miteinander kombiniert werden können. Jeder Parameter repräsentiert eine bestimmte Option oder Möglichkeit. Die Teilnehmenden werden aufgefordert, verschiedene Parameter miteinander zu kombinieren, um so neue Ideen und Lösungen zu generieren.

- **Beispiel**: Ein Unternehmen möchte ein neues Produkt entwickeln. Durch das Verwenden des morphologischen Kastens kann das kreative Team verschiedene Produktmerkmale wie Farben, Formen, Materialien und Funktionen miteinander kombinieren, um auf dem Weg einzigartige Produkteigenschaften zu entwickeln und sich von der Konkurrenz abzuheben.

Mindmapping

Mindmapping ist eine Technik, die verwendet wird, um Ideen und Informationen visuell zu strukturieren. Die Methode basiert auf der Idee, dass unser Gehirn besser in der Lage ist, Informationen durch Assoziationen und Zusammenhänge zu speichern und abzurufen, als sie einfach in Listenform niederzuschreiben.

- **Beispiel**: Wenn wir eine neue Idee generieren wollen oder ein komplexes Problem haben, können wir diese Technik verwenden, um alle damit verbundenen Ideen und Informationen zu sammeln und zu visualisieren. Dabei werden die Hauptthemen in der Mitte der Mindmap notiert und dann mit verschiedenen Zweigen, Linien und Schlagwörtern erweitert. Auf diese Weise können komplexe Zusammenhänge strukturiert und verständlich dargestellt werden. Mindmapping kann alleine oder im Team genutzt werden, um das kreative Denken und die Ideenfindung zu unterstützen.

 Keep it real – dein inneres Kind

Die Themen Kreativität und Imaginationskraft beschäftigen auch Sy Legath in seiner Rolle als Therapeut, Trainer und Supervisor. In seinem Gastbeitrag erläutert Sy das Konzept des inneren Kindes in der Psychotherapie und im Coaching und stellt die Verbindung des inneren Kindes zu unserer Fähigkeit, kreativ zu sein, her.

»Zu Beginn des Kapitels war bereits von der Macht des Spielens die Rede. Tatsächlich ist es tief in der menschlichen Natur verankert, sich die Welt spielerisch anzueignen. Energetisch und ausgelassen, irgendwo zwischen ungezügelter Kreativität und Wettkampf. Ein Kräftemessen mit anderen, genauso wie ein neugieriges Erkunden und Erweitern der eigenen Grenzen.

Mittlerweile sind kreative, spielerische Elemente Teil vieler Lehr- und Medienkonzepte, die ich gerne in meiner Arbeit nutze und auf unterschiedlichen Ebenen – von der Führungskräfteentwicklung bis hin zur Gamification von Lernszenarien – zielgerichtet einsetze.

Allerdings erlebe ich in meiner Praxis auch, dass dieser intuitive, spielerische Zugang zu neuen Inhalten, zu anderen Personen und zum eigenen Erleben nicht für alle Menschen selbstverständlich ist. Herausfordernd wird es dann, wenn die Anteile der eigenen Persönlichkeit, die eng mit kreativem, spielerischem, aber auch emotionalem Erleben in Verbindung stehen, nicht gut greifbar sind.

Seit den 1990er-Jahren begegnet uns in diesem Zusammenhang oft der Begriff des inneren Kindes, sowohl in therapeutischen Kontexten als auch in der Populärwissenschaft.

 Dein inneres Kind: Wenn du kreativ sein willst, gib deinem inneren Kind Raum zum Spielen.

Viele Kolleg*innen nutzen diese Metapher, um aus der Kindheit stammende Muster im Denken, Fühlen und Handeln für ihre Klient*innen besser greifbar zu machen. Bei der Arbeit mit dem inneren Kind geht es in der Psychotherapie häufig darum, frühe traumatisierende Erfahrungen und Erlebnisse stimmig in unser jetziges Leben zu integrieren. Ich bin jedoch davon überzeugt, dass uns ein guter Zugang zu unseren kindlichen Anteilen auch außerhalb therapeutischer Settings helfen kann, unsere Kreativität neu zu entdecken und ein ganzes Bündel weiterer Eigenschaften wie Neugierde, Begeisterungsfähigkeit und Spontaneität mutig zur Gestaltung unserer Lebenswirklichkeit nutzbar zu machen.

Gleichzeitig wissen wir, dass es nicht jeder Person in gleichem Maße möglich ist, sich frei und ungezwungen nach ihren eigenen Wünschen, Ideen und Vorstellungen zu verwirklichen – sei es aufgrund der eigenen gesellschaftlichen Positionierung oder verinnerlichter Denkmuster und Glaubenssätze.

Paradoxerweise kann uns hier die eigene Vorstellungskraft ein Schnippchen schlagen. Dann nämlich, wenn das kreative Erfinden neuer Zusammenhänge und Realitäten in Eskapismus überbordet.

> **Eskapismus** bezeichnet das Meiden und die Flucht vor dem Alltag und der realen Welt mit ihren Anforderungen zugunsten einer imaginären und besseren (Schein-)Wirklichkeit.

Das kann auf unterschiedliche Arten geschehen, zum Beispiel durch die übermäßige, unkritische Nutzung von Medien. Diese dienen als Ablenkung von der Lebenswirklichkeit und laden die Konsument*innen niederschwellig dazu ein, sich mit vorgestellten Protagonist*innen, Ästhetiken, Normen und Werten zu identifizieren – egal, ob diese in deren eigentlichen Lebensalltag integriert werden können oder ihm konflikthaft gegenüberstehen.

Auch soziale Medien können in diesem Zusammenhang problematisch sein. Viele Personen inszenieren sich dort in einer idealisierten Version – Schön. Erfolgreich. Glücklich. –, die bisweilen im harten

Kontrast zum tatsächlichen Alltag steht. Die Krux an der Sache: Wer den eigenen Selbstwert auf das Feedback (#gefälltmir) gründet, das er oder sie für eine fiktive digitale Persona erhält, wird es im analogen Leben schwer haben, a) motiviert Veränderungen anzustoßen und b) echte Zugehörigkeit – also Belonging – zu erleben. Dieses gründet schließlich auf der Wertschätzung einer komplexen menschlichen Persönlichkeit mit all ihren Facetten. Und spätestens hier verliert die Kreativität ihre spielerische Komponente: Wer nur auf der Suche nach Motiven für Instagram & Co. durch den Tag läuft, wird viele Gelegenheiten verpassen, gestalterisch aktiv zu werden, in echten Kontakt mit dem Gegenüber zu treten und Wertschätzung für das eigene authentische Ich zu erleben.

Ich möchte abschließen mit einem Plädoyer für den Alltag und dem Wunsch, dass es uns allen gelingt, kreativ und mutig mit den eigenen Ressourcen zu arbeiten und immer wieder Freude an der spielerischen Erweiterung von inneren und äußeren Grenzen zu finden.«

Walt Disney – diese Methode kann dir 26 Oscars bringen

Einer der bekanntesten Kreativen weltweit ist mit Sicherheit Walt Disney. Seine Fantasie und sein Erfindungsreichtum haben Disney über 800 Preise und Auszeichnungen eingebracht, unter anderem 26 Oscars – was ihn zu einer »der am häufigsten ausgezeichneten Persönlichkeiten in der Geschichte der Menschheit«[40] macht.

Zum Thema Kreativität können wir von dem Mickey-Mouse-Erfinder viel lernen. Eine der wichtigsten Erfindungen von Disney bezieht sich jedoch nicht auf seine Zeichentrickfilme und ihre Figuren, sondern auf eine ganz bestimmte Technik, die auch nach ihm benannt wurde. Interessant ist, dass die Methode ihre weltweite Bekanntheit erst viele Jahre später erhalten hat – und zwar durch den Mitbegründer des Neuro-Linguistischen Programmierens (NLP) Robert Dilts, der sich in seinem Buch »Strategies of Genius«[41] der Technik und Herangehensweise von Disney bedient, um Denkblockaden zu lösen. Die sogenannte Walt-Disney-Methode hat sich auch für mich bereits in einigen Situationen als nützlich erwiesen.

Walt-Disney-Methode

Verwendet wird diese Methode zur Ideenfindung und Entwicklung von Konzepten. Sie ermöglicht es, das Denken und Kreieren aus drei verschiedenen Blickwinkeln zu betrachten, die dabei helfen können, neue Ansätze auf eine außergewöhnliche Weise zu entfalten und zu entwickeln.

Walt Disney hatte in seiner Residenz in Los Angeles drei Räume, die er nacheinander betrat und in jedem Raum in eine neue Rolle schlüpfte. Im ersten Raum war er Träumer, im zweiten Realist und im dritten Raum der größter Kritiker und Spielverderber seiner neuen Ideen, die er gerade entwickelt hatte. Wenn notwendig, wurde iterativ eine zweite oder dritte Runde durch alle drei Räume gemacht.

> Ein **iterativer Prozess** ist eine mehrfache Wiederholung derselben oder vergleichbarer Vorgänge, bis die erzielten Ergebnisse den Erfordernissen entsprechen. Iterative Prozesse werden in der Softwareentwicklung eingesetzt, haben aber seit geraumer Zeit auch Verwendung in vielen anderen Bereichen wie Marketing und Vertrieb.

Der Träumer (Dreamer)

Der erste Raum umfasst das Brainstorming kreativer Ideen und Möglichkeiten. Hier hat unsere Fantasie freien Lauf. Wir befinden uns in einer Wunderwelt, in der alles möglich ist. Wir generieren so viele

Ideen, wie aus uns herausprudeln. In diesem Stadium des Kreativprozesses existieren keine Grenzen und Bewertungen– denn gerade Ideen, die zunächst als unrealistisch erscheinen mögen, können die Grundlage für die größte Innovation sein.

Der Realist (Realist)

Im zweiten Schritt kommt der Reality Check. Dabei werden alle aufgeschriebenen Ideen auf Machbarkeit geprüft, samt Gewichtung der Vor- und Nachteile. In diesem Raum wird eine objektive Perspektive eingenommen, um eine Vorstellung davon zu bekommen, was tatsächlich möglich ist. Geprüft wird, indem beispielsweise Fragen nach Zeit, Budget, Technologie und Unterstützung beantwortet werden.

Der Kritiker/Spielverderber (Critic)

Der dritte und letzte Schritt ist der Kritikraum. Hier darf bewertet werden – und zwar im großen Stil. Wir nehmen eine kritische Perspektive ein und stellen gezielte Fragen, die unsere Kritiker*innen stellen würden, um die Stärken und die Schwächen der Ideen zu finden. Diese Perspektive hilft, jegliche Schwachstellen herauszufiltern und das bestmögliche Konzept herauszuarbeiten. Die Ergebnisse aus dieser Phase werden zielführend in einen weiteren Träumerschritt integriert, um erneuerte Ideen weiter zu gestalten.

Die Walt-Disney-Methode ermöglicht uns das Hineindenken in diese drei Räume und Rollen – ob in realen Räumen, in virtuellen oder nur im Kopf. Die drei verschiedene »Hüte«, die wir im jeweiligen Raum tragen, sind wie drei Jobs, die uns dabei helfen, unsere Kreativität und ihren Output aus verschiedenen Perspektiven zu betrachten, zu filtern und zu erweitern. Dabei begeben wir uns in unterschiedliche Entwicklungsstadien, um zu einem einzigartigen

Konzept oder einer neuen Idee zu gelangen. Diese Methode eignet sich besonders gut für kreative Projekte und die Umsetzung innovativer Ideen im Beruf, aber auch für den Alltag und bei der persönlichen Entwicklung. Viel Spaß beim Ausprobieren!

Diversity in Tech & KI ist keine Luxusdebatte

Ich freue mich sehr, Mina Saidze für einen Beitrag gewonnen zu haben. Sie selbst beschreibt sich auf ihrer Website so: »Ich bin Mina Saidze, Forbes 30 under 30 Gründerin, Autorin von FairTech und Tech Evangelist mit einer Leidenschaft für Diversity in Tech.«[42]

Für mich ist Mina eine einzigartige Voice im deutschsprachigen Raum, da es keine andere Stimme gibt, die so viel Expertise in den Bereichen Diversity und Innovation hat, diese beide Themen erfolgreich verbindet und vor allem zugänglich für Menschen macht, die weniger Tech-Know-how besitzen. Mina steht für einen evidenzbasierten Kulturwandel und damit für eine empirische, daten- und faktenbasierte Betrachtung gesellschaftlicher Themen.

Diversity und künstliche Intelligenz (KI) sind ein aktuelles und heiß diskutiertes Thema. Mina ist in Sachen neue Technologien dabei gefühlt fünf Jahre weiter als die Mehrheitsgesellschaft.

»Bei Diversity darf es nicht nur um Lippenbekenntnisse oder glamouröse Events unter dem Deckmantel von Female Empowerment gehen. Das ist leider das, was vor allem meine LinkedIn-Bubble darunter versteht. Wir müssen weg von Bauchgefühl und Kommerzialisierung und hin zu einem evidenzbasierten Kulturwandel, wofür wir Zahlen, Daten und Fakten brauchen. Denn Datensätze bilden unsere gesellschaftliche Realität ab.

Aktuell wird im medialen Diskurs häufig von diskriminierenden Algorithmen gesprochen. Die Wahrheit ist jedoch komplexer: KI per se ist weder diskriminierend noch rassistisch noch sexistisch. Der Algorithmus lernt auf Basis von Trainingsdaten, eine Entscheidung zu treffen. Und genau da steckt der Wurm drin: In den Trainingsdaten sind bestimmte Gruppen, zum Beispiel Frauen, unterrepräsentiert – und diese Daten werden immer noch von Menschen gemacht.

Diskriminierung entsteht also nicht durch KI selbst, sondern durch menschliches Verhalten. Das Identifizieren und Neutralisieren von Biases – durch Voreingenommenheit verzerrte Einschätzungen oder Wahrnehmungen – ist nur eine oberflächliche Lösung. Die Wurzel des Problems, Diskriminierung und Rassismus, ist menschlich, bleibt bestehen und erfordert weiterhin gesellschaftliche Veränderungen. Die schnelle Verbreitung von KI bringt die Mängel unserer Gesellschaft nur noch deutlicher ans Licht und wir erkennen zunehmend die Dringlichkeit dieses Themas.

Es gibt eine Vielzahl an Beispielen dafür, dass KI Sexismus reproduziert. Wenn ich als Frau eine Bildgenerator-KI wie Lensa AI Bilder von mir erstellen lasse, kann es sein, dass ich Pamela Anderson ähnlicher sehe als mir selbst. KI, die von Banken für die Kreditvergabe genutzt wird, benachteiligt Frauen systematisch. Das Ganze wird auch als Gender Data Gap bezeichnet. Die Vereinten Nationen gehen davon aus, dass 22 Jahre nötig sein werden, um den Gender Data Gap zu schließen.[43]

Im medizinischen Bereich können lebensbedrohliche Folgen entstehen, wenn geschlechtsspezifische Symptome bei der Anwendung von Bilderkennungsalgorithmen zur Krebsdiagnostik nicht angemessen erkannt werden oder Medikamente unzureichend auf die Bedürfnisse weiblicher Patientinnen abgestimmt sind. Dem ›Women in AI‹-Report von Deloitte[44] zufolge sagten 63 Prozent der Befragten, dass KI-Modelle immer verzerrte Ergebnisse liefern, solange das Feld eine Männerdomäne bleibt.

Wir müssen ein Bewusstsein dafür schaffen, dass Rassismus oder Sexismus ein strukturelles Problem ist und dass wir in unserem Land noch lange nicht von Gleichberechtigung, egal in welchen Belangen, reden können.

Machen wir ein Experiment. Bitte schließe jetzt die Augen. Stell dir folgendes Szenario vor: Du sitzt an deinem Rechner und möchtest für deine Präsentation Bilder von Chief Technology Officers (CTOs) suchen oder du suchst nach geeigneten Sprecherinnen für deine Konferenz, die für Top-Führungskräfte gedacht ist. Wenn du bei Google nach ›CTO‹ oder ›CTO Deutschland‹ suchst, dann wirst du in den Suchergebnissen mehrheitlich Bilder von Männern sehen.

Einige Wochen später erwägst du, deinen Job zu wechseln, da du für eine neue Herausforderung bereit bist. Deshalb bewirbst du dich als Chief Technology Officer für mehrere Stellen bei deinen Traumarbeitgebern. Trotz geeignetem Profil und langjähriger Erfahrung erhältst du keine Einladung zum Bewerbungsgespräch. Liegt es an dir oder an der Recruiting-Software, die dich vorab ausgefiltert hat?

Du bist über die Absagen frustriert und vertreibst dir die Zeit auf Instagram, wo dir im Feed Porträtbilder von deinen Freunden angezeigt werden, die mithilfe von Lensa im Stil von Kunstwerken oder Comics verwandelt wurden. Du willst den Hype mitmachen, indem du ebenfalls eine Auswahl von Bildern in der Lensa-App hochlädst. Dann stellst du jedoch fest, dass bestimmte Körperteile von dir – zum Beispiel deine Brust – überdimensional dargestellt werden.

Am nächsten Tag hast du einen Termin bei einem Versicherungsunternehmen. Du möchtest den gleichen Service wie dein Partner in Anspruch nehmen. Komischerweise erhältst du signifikant schlechtere Konditionen, wobei du sogar ein höheres Vermögen und Einkommen und ergo ein geringeres Risiko aufweist. Als du deinen Berater darauf ansprichst, erwidert dieser lediglich, dass nicht er es entscheidet, sondern die Betriebssoftware, welche nach Eingabe deiner Daten diese Konditionen vorschlägt. Bei der Vergabe eines Kredits ist es ähnlich: Die Bank weist dir als Frau eine geringere Kreditwürdigkeit im Vergleich zu deinem Partner zu, obwohl du über mehr Kapital verfügst.

Das, was ich gerade beschrieben habe, ist keine Fiktion, sondern eine Realität, die maßgeblich von Technologie konstruiert wird.

Das Ganze erinnert an die Science-Fiction-TV-Serie ›Black Mirror‹, die die Auswirkungen von Technik und Medien auf unsere Gesellschaft thematisiert. Es sind Dystopien, die einem den Schlaf rauben und zumindest bei mir Albträume auslösen.

Frauen sind also struktureller Benachteiligung in gleich mehreren Dimensionen ausgesetzt: Benachteiligung und Ungleichbehandlung auf dem Arbeits- und Finanzmarkt sowie Sexismus.

Dies sind keine nebensächlichen Aspekte, sondern klare strukturelle Probleme, die angegangen werden müssen. Auch diese wichtige Fragestellung wurde zu lange verdrängt: Wie kann ich, wenn ich von algorithmischer Diskriminierung betroffen bin, dagegen vorgehen?

Synthetische Daten sind künstlich erzeugte Daten, die die Struktur und die statistischen Eigenschaften von Daten nachahmen, die aus realen Ereignissen gewonnen wurden. Die Verwendung synthetischer Daten dient dazu, diese Lücken wie beispielsweise die Unterrepräsentanz von Attributen wie dem Geschlecht (z. B. Frauen) zu füllen. So können diskriminierungsfreie KI-Technologien entwickelt werden (z. B. Recruiting- oder Gesichtserkennungssoftware).

Synthetische Daten, die von KI generiert werden, bieten eine Möglichkeit, die Lücken in großen Datensätzen zu füllen und sicherzustellen, dass KI-Systeme auf der Grundlage vielfältiger Daten trainiert werden. Dafür braucht es auch vielfältige KI-Teams. Als migrantische Frau in einem Tech-Team bin ich nicht automatisch Expertin in Gender- und Anti-Rassismus-Fragen. Dennoch steigt die Wahrscheinlichkeit, dass ich auf meine Perspektiven und Bedürfnisse aufmerksam mache und diese bei der Entwicklung von KI berücksichtigt werden.

Diversity in Tech ist keine Luxusdebatte. Sondern es geht darum, wie unsere Welt von morgen aussieht.«

Einfach »normal« sein – Konformismus und Individualismus

Wie ich bereits in der Einleitung erzählte, bin ich in der UdSSR aufgewachsen und habe den Konformismus als Mindset in meinen jüngsten Jahren verinnerlicht. Bereits ab der ersten Schulklasse jeden Tag eine Uniform zu tragen, war Pflicht. Ohne Uniform wurden wir für den Unterricht nicht zugelassen und mussten nach Hause gehen. Der wichtigste Bestandteil der Einheitskleidung in den ersten drei Klassen war ein Anstecker, auf dem Wladimir Iljitsch Lenin abgebildet war. Zudem mussten alle sowjetischen Schüler*innen ab der ersten Klasse jeden Morgen eine Miniparade vor der Schule durchführen und hießen »Die Kinder des Oktobers«, um die Revolution von 1917 zu würdigen (ein grauenvolles Ereignis, bei dem die kommunistischen Bolschewiki unter Führung Lenins gewaltsam an die Macht in Russland kamen).

> **Konformismus** bezeichnet laut Duden »eine Haltung, die durch Angleichung der eigenen Einstellung an die herrschende Meinung, durch Anpassung an die bestehenden Verhältnisse gekennzeichnet ist«[45].

Die Uniformpflicht in der Schule und der damit verbundene Konformismus haben dazu geführt, dass ich mich ganz besonders für die Modebranche interessiert und als Teenager davon geträumt habe, Teil dieser Welt zu sein (den Traum habe ich mir übrigens viele Jahre später erfüllt). In den 1990er-Jahren habe ich durch unsere Satellitenantenne (wir waren einer der drei Haushalte in unserem Plattenbau, der eine solche Antenne hatte) Fashion-TV empfangen. Die ersten Modeshows von Versace, Gaultier oder Mugler, die ich gesehen habe, waren für mich eine wahre Offenbarung. Das war Individualismus pur, Kreativität, Einzigartigkeit – weit weg von meinem Alltag mit grauen, uniformierten Schulen.

Kann das ein Zufall sein, dass viele Modeschöpfer, inklusive der drei von mir genannten, Teil der LGBTQIA Community sind? In der Tat werden queere Menschen häufig als Individualist*innen betrachtet. Wir werden als »Einhörner« bezeichnet oder mit anderen Fabelwesen verglichen. Wir sind bunt, wir sind einzigartig, wir glitzern und es können nur Jungfrauen auf uns reiten – die Liste kann beliebig fortgesetzt werden. Aber der Unterschied zwischen Einhörnern und Herdentieren (wie Schafe oder Hirsche), aber auch Rudeltieren wie Wölfen, ist, dass Einhörner außerhalb der Norm, außerhalb des Gewohnten existieren, Denken und Neues kreieren – wie die Designer*innen eben.

Konformismus und Individualismus sind Haltungen, die beide Vor- und Nachteile mit sich bringen. Ersterer kann Übereinstimmung bedeuten, aber auch eine Anpassung an die Normen, die von der dominierenden Mehrheit definiert werden – unter Aufgabe der eigenen Individualität. Die Unterscheidung der beiden Haltungen hat gerade für LGBTQIA und Menschen, die Diskriminierung erfahren, eine besondere Bedeutung. Denn Diskriminierung und Ausgrenzung sind oft eine Art Bestrafung für diejenigen, die »anders«, die nicht so wie »alle anderen« sind.

Konform sein bringt Sicherheit. Um als Teil der Gemeinschaft zu existieren, müssen wir die Regeln, die für alle gelten, akzeptiert haben. Gleichwohl sollen wir nicht vergessen, unserer Identität und unserem Individualismus als Ausdruck dieser Identität genug Raum zu geben.

Im Jahr 2023 sagte die AfD-Vorsitzende Alice Weidel im ARD-Sommerinterview: »Ich bin nicht queer, sondern ich bin mit einer Frau verheiratet, die ich seit 20 Jahren kenne.«[46] Ein perfektes Beispiel für eine Person, die »normal (konform), nur lesbisch« sein möchte. Die Ablehnung der geschlechtlichen Nicht-Binarität ist meines Erachtens allerdings ein plumper und unangebrachter Versuch von Konformismus. Die dahinter stehende Haltung lautet: Es existieren zwei Geschlechter, wir können entweder männlich oder weiblich sein. Alles darüber hinaus wird nicht akzeptiert und abgelehnt. Doch wie kann ich beispielsweise als cis Mann mit Pronomen (er/ihm) darüber urteilen, wie sich Menschen fühlen, die sich als nicht binär oder gender non-conform identifizieren?

> Als **geschlechtlich nicht konform** (im Englischen **gender non-conforming** oder gender-fluid) bezeichnen sich Menschen, die Erwartungen an ihr Verhalten und ihre Kleidung entsprechend ihrem bei der Geburt zugewiesenen Geschlecht nicht, zeitweise nicht oder teilweise nicht erfüllen.

Der Unterschied zwischen Nicht-Binarität und gender non-conforming ist, dass gender non-conforming Menschen zwar einem binären Geschlecht angehören, sich aber bewusst Stereotype oder zugeschriebene Merkmale eines anderen Geschlechts aneignen. Frauen mit kurzen Haaren und Latzhose, Männer mit Ohrringen und Nagellack, Männer im Kleid und High Heels sind Frauen beziehungsweise Männer, aber gender non-conform. Nicht binäre Menschen dagegen sind nicht binär, unabhängig davon, ob sie sich gender conform oder gender non-conform verhalten (auch wenn es derzeit noch kein gender conform für Nicht-Binariät gibt).

Für ein Diversity Upgrade müssen wir unsere eigene Haltung und unseren eigenen Weg finden. Ob wir uns an Normen anpassen, uns mit Ausbrechen wohler fühlen oder eine Balance zwischen beiden das Richtige für uns ist, darf nur uns überlassen werden. Wo auch immer in diesem Prozess ein Übergang stattfindet: Kreativität ist der Schlüssel.

Es ist wichtig, die hoch individualisierten Stereotype in Bezug auf queere Menschen aus dem Kopf zu verbannen. »Du siehst gar nicht schwul aus« ist kein Kompliment. Warum? Weil das Loslassen von Stereotypen sowie das Zulassen von Individualität ein gesamtgesellschaftliches Thema ist, das jede Person betrifft – ob queer oder nicht queer.

Wir sollten in jedem Umgang, in jedem Aufeinandertreffen die Person und ihre einzigartige Individualität sehen. Das Leben ist zu kurz und viel zu bunt, um Menschen in Schubladen zu stecken.

We are all born naked and the rest is Drag

Bambi Mercury ist eine der bekanntesten Dragqueens Deutschlands. Wie der Name – eine Mischung aus dem gleichnamigen Disney Film und Freddie Mercury – uns bereits verraten kann: Der Kreativität der bärtigen Queen sind keine Grenzen gesetzt. Bambi kreiert und näht selbst ihre Looks, ist Partyveranstalterin, DJane, Moderatorin, TV Personality, Jurorin, Content Creator und noch so viel mehr. Deutschlandweit wurde sie durch die Teilnahme an der ersten Staffel von »Queen of Drags« mit Heidi Klum bekannt. Seit Kurzem moderiert Bambi mit Queen Rachel Intervention den Podcast »Bart & Schnauze«. Sie schafft es, sich in ihrer Kreativität immer wieder neu zu erfinden.

Liebe Bambi, was bedeutet für dich Kreativität?
Kreativität ist, dass man keine Regeln befolgen muss. Wenn du selbst entscheiden kannst, wie du dich darstellen möchtest. Du bist frei und kannst dich dadurch und damit ausdrücken. Du hast einen Wiedererkennungswert. Es gibt so viele, die kreativ sein wollen, aber gar nicht wissen, wo es überhaupt hingeht oder wie sie mit all dem »Überschuss«, der in ihnen ist, umgehen sollen. Es ist sehr wichtig, dass man sich selbst keinen Druck macht und der Evolution des Schaffens Zeit gibt.

Wird dieser Schaffensprozess vom Bauchgefühl gesteuert oder vom Kopf? Und wie gestalten sich solche Phasen bei dir?
Ich glaube, das ist eine Bauchgeschichte. Zu vergleichen mit Heißhunger, wenn man so richtig Bock auf etwas hat. Man hat dann so eine Unruhe in sich und muss etwas tun. Ich will dieses Gefühl, etwas geschafft und mich gefordert zu haben, und kann daraus Befriedigung ziehen. Ich bin meist dann kreativ, wenn alle anderen schlafen. Früher war es so, dass meine Kreativität immer im Zaum gehalten wurde. Da

konnte ich nicht das machen, was ich wollte. Ich hatte keine Entscheidungsfreiheit. Irgendwie ist es schon erstaunlich, dass aus allem dann diese Drag Persona entstanden ist. Ich hätte niemals gedacht, dass ich irgendwann Drag mache, weil ich auch immer eher schüchtern war.

Wie wichtig ist Kreativität in der heutigen Gesellschaft gerade im Hinblick auf Diversity Skills?

Es ist wichtig, weil es das schon immer war. Viele Menschen, die früher nicht offen mit sich selbst sein und zu sich stehen durften, haben sich in der Kunst ausgedrückt. Ganz viele klassische Musikstücke sind zum Beispiel von queeren Künstler*innen, das wissen nur die meisten Menschen nicht. Es ist total interessant, was man dann zwischen den Zeilen liest, sieht und hört. Kreativsein ist ein ganz großes Sprachrohr. Auch im Thema Drag, wo die meisten ja denken, Drag ist ein Mann in Frauenklamotten. Dabei ist es viel, viel mehr! Das hat nichts mit dem Geschlecht zu tun oder der Sexualität. Es gibt sämtliche Gender Identities, die involviert sind und so viel unterschiedliche Kunst machen. Das ist wirklich eine Kunstfigur, Entertainment, aus dem jeder Mensch etwas anderes macht, ein Miteinander, das teilweise sogar Leben rettet. Viele Menschen lernen sich dadurch anders und besser kennen. Alles vermischt sich und das ist so schön.

Gab es Situationen, in denen dir Drag geholfen hat, Vorurteile oder Klischees abzubauen?

Mir selbst hat es geholfen. Zu einer Zeit, in der es noch keine Social Media gab, in einem Ort groß zu werden, wo ich dachte, dass ich die einzige queere Person auf der Welt bin, schürte Vorurteile. Ich habe mich durch Abgrenzung angepasst, ich verstand mich als »normaler« Schwuler. Als ich dann in eine größere Stadt gezogen bin, habe ich mit vielen anderen Menschen zu tun gehabt, mit vielen anderen Geschlechtsidentitäten und habe viel dazugelernt – und tue das immer noch. Als ich mit Drag angefangen habe, habe ich gemerkt, dass ich überhaupt kein Selbstbewusstsein hatte. Ich wusste gar nicht, wer ich selbst überhaupt bin und wo ich hinwill. Durch meine Kunstfigur bin ich mir selbst nähergekommen und mit Situationen in meinem Leben konfrontiert worden, mit denen ich umgehen musste. Und das war die beste Schule. Meine Kunstfigur und ich teilen uns immerhin einen Körper. Ich bin sehr froh, dass ich Bambi rauslassen konnte, weil sie mir sehr viel im Leben ermöglicht hat, sehr viel erleichtert und sie schützt mich auch.

Was brauchen wir, um ein Diversity Upgrade in Deutschland durchzuführen?
Kreativität natürlich! Die queere Community hat ganz andere Herausforderungen, was unsere Identität betrifft – und da können Kunst und Kreativität helfen. Das ist, wie Depressionen zu behandeln, Gefühle müssen raus. Das ist ein Output, aus dem du etwas erschaffen kannst. Wenn du zum Beispiel mächtigen Liebeskummer hast, dann passieren die besten Dinge: Geschichten, Lieder, Bilder. Wir sollten keine Angst vor negativen Emotionen haben, sondern schauen, wie wir sie als Impuls nehmen können. Das bezieht sich ja nicht nur auf die queere Community. Wenn wir Kreativität als Output unserer Gefühle und als Zugang zu ihnen verstehen, finden wir alle mehr zu uns selbst.

Kreativität und persönliche Entwicklung

Kann unsere Fähigkeit, kreativ zu sein, unsere Persönlichkeitsentwicklung fördern? Der Wahrnehmungspsychologe und Architekt Axel Buether meint dazu, dass die systematische Bildung der Kreativität der Persönlichkeitsentwicklung diene und eine offene, neugierige und forschende Haltung gegenüber der Umwelt fördern sowie schöpferische Denk- und Handlungsstrategien vermitteln solle.[47] Oder ist es genau andersherum und wir werden erst dann kreativ, wenn wir es geschafft haben, unsere alten negativen Glaubenssätze abzulegen? Meine Antwort lautet: Beides! Eine Mehrdeutigkeit, zu der wir noch in Bezug auf die VUCA-Welt in Kapitel 7, Adaptivität, zurückkommen werden. Auf der einen Seite kann Kreativität also als Werkzeug für die Entwicklung betrachtet werden. Sie ist eine Form der Selbstreflexion, die es ermöglicht, neue Perspektiven zu gewinnen und uns in neuen, unbekannten Terrains auszuprobieren. Je mehr wir dies tun, desto mehr können wir uns weiterentwickeln und wachsen.

Auf der anderen Seite lernen wir, wenn wir uns mit Persönlichkeitsentwicklung auseinandersetzen, uns selbst besser kennen und unsere »Baustellen« zu schließen, finden mehr Erfüllung, werden freier und somit kreativer. Als Coach bin ich mehrfach Menschen begegnet, die per se gegen Persönlichkeitsentwicklung eingestellt sind. Ihr Argument: »Ich habe doch bereits eine Persönlichkeit, warum soll ich diese noch entwickeln?« Das ist meiner Ansicht nach keine klare Haltung, sondern häufig eine Ausrede. Ich bin überzeugt, dass es immer etwas gibt, das uns weiter wachsen lässt und dass wir unsere Entwicklung proaktiv gestalten sollten. Dazu gibt es eine Metapher, die ich gerne erzählen möchte.

Wenn wir geboren werden, kommen wir auf diese Welt als »unbeschriebenes Blatt«. Die erste negative Erfahrung ist wie ein Knick auf diesem Blatt. Jedes weitere negative Erlebnis – Diskriminierung, Ausgrenzung, jegliche Form von Gewalt oder toxische Beziehungen – hinterlässt Spuren auf unserem Blatt, bis irgendwann nur noch eine geknüllte Papierkugel übrig ist. Damit wir nicht in diesem Zustand bleiben, der uns jeglicher Individualität und Kreativität beraubt, müssen – und können – wir lernen, uns (wieder) zu entfalten. Indem wir die geknickten Seiten des Blattes, eine nach der anderen, auseinanderziehen und sie ausbreiten, damit unser Blatt wieder in seine ursprüngliche Form kommt.

Unsere persönliche Entwicklung und unsere Fähigkeit, kreativ zu sein, sind Teile eines interdependenten Prozesses.

> **Interdependent** leitet sich vom lateinischen »dependere« ab, »von
> etwas abhängen«, und weist auf eine einseitige oder gegenseitige
> Abhängigkeit hin. Verschiedene Elemente oder Personen in einem
> System, zum Beispiel Abteilungen eines Unternehmens, sind ent-
> weder aufeinander angewiesen oder ein Element auf ein anderes.

Durch kreativen Ausdruck können wir tiefere Einsichten in unsere innere Welt erlangen. Dieser Skill ermöglicht es uns, in das Innere der Papierkugel zu schauen und dorthin zu gelangen, wo das Auge nicht hinkommt. Oft existieren komplexe Gedanken und Emotionen, die wir nicht immer in Worte fassen können. Durch einen kreativen Ausdruck jedoch finden wir einen Weg, diesen Raum zu geben. Indem wir uns aktiv in kreative Projekte einbringen und unsere Kreativitätsroutinen etablieren, können wir uns selbst herausfordern, mehr über uns herausfinden und unsere Grenzen erweitern.

Kreativität kann auch ein Weg sein, Stress abzubauen und uns aus Situationen zu befreien, die wir als belastend empfinden. Durch kreatives Arbeiten können wir uns in einen sogenannten Flow-Zustand versetzen. Wir tauchen für eine Weile ganz in unseren Schaffensprozess ein und lösen uns ein Stück weit von alltäglichen Sorgen und Ängsten.

> Der **Flow** ist ein Zustand – und ein Gefühl –, bei dem alles um uns
> herum in den Hintergrund rückt. Wir befinden uns in tiefer Versun-
> kenheit und Konzentration.

Wenn wir im Flow sind, sind wir völlig auf eine (kreative) Tätigkeit fokussiert. Wir verlieren das Zeitgefühl und ignorieren äußere Ablenkungen beziehungsweise nehmen sie nicht wahr. Wir konzentrieren uns – wieder – auf unsere Stärken und Ressourcen und gewinnen unseren Fokus zurück.

Kreativ zu sein ist ein wichtiger Bestandteil unseres persönlichen Wachstums, den wir für ein Diversity Upgrade dringend benötigen.

Unsere Vielfalt kann nicht aus 84 Millionen zerknüllter Papierkugeln bestehen. Wir brauchen mehr Kreativität, um uns selbst besser zu verstehen, uns zu akzeptieren, wie wir sind und uns persönlich zu entfalten. Mit diesem Skill können Gedanken und Emotionen auf individuelle Weise ausgedrückt werden. Das ist vor allem dann wichtig, wenn wir eine Blockade erfahren und unsere linke (analytische) Gehirnhälfte »versagt«, weil sie es nicht schafft, passende Worte zu finden. Wenn wir diese Fähigkeit (wieder)entdeckt und gestärkt haben, besitzen wir ein mächtiges Instrument, das uns unterstützt, innovativ zu bleiben, Grenzen zu verschieben und damit Konventionen und Vorurteile abzulegen.

» Es ist weder die stärkste Spezies,
die überlebt, noch die intelligenteste.
Es ist diejenige,
die am anpassungsfähigsten ist.

Leon C. Megginson

7
ADAPTIVITÄT
Die anpassungsfähigste
Spezies überlebt

Upgrade im Überblick

In diesem Kapitel beschäftigen wir uns mit dem Diversity Skill Adaptivität. Wir beginnen mit einer Einführung in das Modell der VUCA-Welt, um ein besseres Verständnis für die Herausforderungen zu schaffen, mit denen wir in der modernen Welt konfrontiert sind. Der Moderator und Aktivist Fabian Grischkat spricht darüber, warum er sich als digitaler Dolmetscher sieht und wie ihm Adaptivität im Umgang mit verschiedenen Stakeholder*innen hilft. Hier setzen wir uns auch mit Changeprozessen, unserem Umgang mit Veränderungen und mit der Bedeutung von Changemanagement auseinander. Wir gehen auf Adaptivität als Diversity Skill ein, der nicht zuletzt auch Lernfähigkeit umfasst. Es wird darum gehen zu verstehen, wie wir lernen und welche Rolle lebenslanges Lernen für ein Diversity Upgrade spielt.

Dr. Julia Freudenberg erzählt von ihren persönlichen Erfahrungen und wie Adaptivität ihr dabei hilft, ein offenes und diverses Miteinander zu gestalten. Weiterhin behandelt dieses Kapitel die Bedeutung von Adaptivität für die Führung diverser Teams und stellt den situativen Führungsstil vor. In ihrem Interview erzählt uns Dr. Caroline von Kretschmann, dass für sie Adaptivität aus drei Komponenten besteht. Es sind grundsätzlicher Optimismus, also ein Vertrauen in das Leben, die Fähigkeit zur Akzeptanz von Unabänderlichem und schließlich eine starke Lösungsorientierung.

Bist du bereit, tiefer in die Welt der Adaptivität im Kontext von Diversity einzutauchen und zu verstehen, wie dieser Skill uns dabei helfen kann, Herausforderungen zu meistern und auf Veränderungen zu reagieren? Dann lass uns loslegen!

Anpassungsfähigkeit – eine Tugend für den Wandel

Wir passen uns unserem Leben an. Vom ersten Moment auf dieser Welt ist Adaptivität eine der wichtigsten Fähigkeiten, die unser Überleben sichert und erst möglich macht. Wir passen uns an das Wetter, an Umstände, an Menschen und Lebensbedingungen an, in denen wir existieren.

Doch was beinhaltet diese Kompetenz und was macht sie zu einem Diversity Skill, den wir für ein Diversity Upgrade unbedingt weiterentwickeln sollten? Eine erste Assoziation mit Adaptivität ist Flexibilität und Anpassungsfähigkeit. Diese beiden Begriffe werden oft als Synonyme verwendet, dennoch mache ich hier einen Unterschied. Sind wir flexibel, schaffen wir es, uns in neuen, teilweise unerwarteten Situationen zurechtzufinden. Wir wissen, wann wir die Richtung ändern oder neue Herangehensweisen ausprobieren sollten und sind in der Lage, dies zu tun, ohne unser Ziel aus den Augen zu verlieren. Flexibilität bedeutet für mich: Ich bleibe mir selbst treu, bin aber offen für neue Wege.

Anpassungsfähigkeit ist für mich wiederum eine Eigenschaft, die zwei verschiedene Facetten hat. Auf der einen Seite, ermöglicht sie es uns, in harmonischer Weise Teil unserer Umgebung zu werden und uns in der jeweiligen Situation – zum Beispiel am Arbeitsplatz – wie ein Puzzleteil ins »Big Picture« einzufügen, ohne uns selbst zu verlieren. Auf der anderen Seite kann Adaptivität wie ein Schutzmechanismus betrachtet werden. Wie bei einem Chamäleon, das sich durch einen Farbwechsel unsichtbar macht und damit schützt, kann uns Anpassungsfähigkeit unangreifbar machen.

Neben Anpassungsfähigkeit gehören zur Adaptivität auch Neugierde und eine offene Haltung. Befangen in einer Echokammer und umgeben nur von gleichgesinnten Menschen, die uns in unserer Position und unseren Ansichten bestärken, trainieren wir uns Offenheit und Adaptivität ab. Auch aufgrund von Vorurteilen und einem Mangel an Urvertrauen lassen wir aus auf neue Ideen, Menschen und Perspektiven erst gar nicht ein.

Der Begriff »**basic trust**« wurde vom deutsch-amerikanischen Psychoanalytiker Erik H. Erikson 1950 geprägt und mit »Urvertrauen« ins Deutsche übersetzt. Er beschreibt eine stabile soziale Einstellung, die in den ersten Lebensmonaten geprägt wird. Nach dem »Grad« des Urvertrauens richtet sich unsere Fähigkeit, uns auf Beziehungen mit anderen Menschen einlassen und Nähe zulassen zu können.

Unsere Lernfähigkeit ist ein wichtiger Bestandteil dieses Diversity Skills. Wenn wir uns anderen Menschen gegenüber öffnen und Beziehungen aufbauen, lernen wir automatisch dazu. Adaptivität hat viel mit dem Verlassen der gewohnten Umgebung zu tun. Je schneller wir in einer Situation dazulernen, desto mehr bestärken wir uns selbst für die neuen Herausforderungen. Wenn wir zu den alten Griechen schauen, die die Panta-rhei-Formel entwickelt haben, können wir feststellen, dass sich unsere Umgebung permanent verändert und wir gar nicht anders können, als stetig dazuzulernen. »Wir können nicht zweimal in denselben Fluss steigen«, bedeutet auch: Unsere Umgebung verändert sich jeden Tag, wir machen neue Erfahrungen und passen uns dem Wandel an. Unsere Adaptivität wird also permanent auf die Probe gestellt und es liegt an uns zu entscheiden, welchen Herausforderungen wir uns stellen wollen und wie proaktiv wir dabei lernen möchten.

Panta rhei stammt aus dem Altgriechischen und bedeutet »Alles fließt«. Diese philosophische Lehre von Heraklit und Platon vergleicht unsere Welt mit einem Fluss, der sich ständig in Bewegung befindet.

Ein Konzept der Welt im Wandel greift auch das sogenannte VUCA-Modell auf. Entwickelt in den USA in den 1990er-Jahren nach dem Ende des Kalten Krieges hat dieses Modell im Laufe der Zeit an Aktualität nur gewonnen. Das Akronym VUCA steht für vier Herausforderungen, mit denen wir in der Welt konfrontiert werden, die vom schnellen und unvorhersehbaren Wandel geprägt ist:

Volatility – Unbeständigkeit, Uncertainty – Unsicherheit, Complexity – Komplexität und Ambiguity – Mehrdeutigkeit.

Der Begriff VUCA-Welt wird in der Arbeitswelt meines Erachtens hauptsächlich in den Führungsetagen verwendet, vor allem wenn es um die strategische Ausrichtung der Unternehmen geht. Zum Beispiel wird das Modell angewendet, um Volatilität des Marktumfeldes zu beschreiben oder wenn es um Unsicherheit im Umgang mit neuen Technologien geht. In den Teams wird noch viel zu wenig darüber gesprochen. Die Mitarbeitenden brauchen mehr Weiterbildung für den sicheren Umgang mit VUCA. Dabei kann ein Training der Adaptivität als Kompetenz eine gute Stütze sein, denn je anpassungsfähiger wir werden, desto leichter fällt uns der Umgang miteinander in einer Welt, die geprägt ist von Unbeständigkeit, Unsicherheit, Komplexität und Mehrdeutigkeit.

Digitaler Dolmetscher

Fabian Grischkat ist ein deutscher Moderator und Aktivist. Geboren im Jahr 2000 in Duisburg, war Fabian bereits in seinen jungen Jahren als Content Creator auf Social Media aktiv. Für seine Arbeit wurde er mehrfach ausgezeichnet, unter anderem mit dem Gen*Zeo Award in der Kategorie »Society« und mit dem Smart Hero Award in der Kategorie »Ökologisch Wirtschaften«. 2020 hat sich Fabian als bisexuell geoutet. Er engagiert sich als Mitglied von LGBTQIA aktiv für die Rechte der queeren Community.

Lieber Fabian, als Moderator, Aktivist und Sachverständiger im Deutschen Bundestag arbeitest du erfolgreich mit unterschiedlichen Stakeholder*innen. Welche Rolle spielt dabei Adaptivität als Kompetenz?

Tatsächlich freue ich mich sehr über diese Frage. Ich habe das Gefühl, dass insbesondere in politischen oder aktivistischen Kreisen Anpassungsfähigkeit/Adaptivität häufig negativ konnotiert ist. Dabei ist diese Kompetenz in meinen Augen der Schlüssel für politischen und gesellschaftlichen Wandel. In einer parlamentarischen Demokratie braucht es am Ende des Tages immer Mehrheiten. Wenn ich als Sachverständiger im Ausschuss für Menschenrechte eine Mehrheit der anwesenden Abgeordneten von meinem Anliegen überzeugen möchte, dann muss ich meine Botschaft anders verpacken, als ich es zum Beispiel in einem kurzen TikTok-Video tun würde. Wenn ich ein Unternehmen von einer Diversitätsstrategie überzeugen möchte, müssen meine Argumente durch positive Beispiele anderer Unternehmen oder Studien im Corporate-Sektor gestützt werden. Diese Form von Adaptivität findet sich auch im Prinzip der Respektabilität wieder. Marginalisierte Gruppen konnten sich in der Vergangenheit häufig erst dann Rechte erkämpfen, wenn dominante/herrschende Gruppen gewisse Gemeinsamkeiten erkannten. Beispielsweise war ein wesentliches Argument für die Öffnung der Ehe in Deutschland, dass homosexuelle Paare genauso spießig und bürgerlich sein wie heterosexuelle Paare.

Bereits im Alter von zwölf Jahren hast du deinen ersten YouTube-Kanal gestartet, damals mit Comedy-Content. Heute zählt deine Community alleine auf Instagram über 135.000 Menschen. Entwickeln Digital Natives eine andere Art von Adaptivität und Innovationsaffinität, weil sie in zwei Welten – analogen und digitalen – aufgewachsen sind?

Definitiv. Ich sehe meine Rolle hier häufig als »digitaler Dolmetscher«. Ich habe das Privileg, dass ich sehr früh, bereits in meiner

Kindheit, digitale Kompetenzen erlernen konnte. Nun könnte ich zum Beispiel einem großen, eher traditionellen Medienhaus voller Arroganz den Vorwurf machen, dass ihnen das Know-how über die Mechanismen sozialer Netzwerke fehlt und sie deshalb mit ihren Inhalten kein junges Publikum erreichen. Stattdessen versuche ich aber in konstruktiven Gesprächen eine Strategie zu erarbeiten, wie das besagte Medienhaus sich auf verschiedenen Kanälen positionieren sollte, um auch meine Generation mit ihren Inhalten abzuholen. Ja, die Mühlen mahlen hier oft langsamer. Ja, häufig kann das zu Frustration führen. Letztendlich entsteht aber ein Produkt, das die beiden Welten verbindet.

Wie gehst du mit »Nachzügler*innen« um, die zum Team »Früher war alles besser« gehören?
Zunächst kann in den Wunsch nach einer vergangenen Zeit, in der vermeintlich alles besser war, verstehen. Wir erleben aktuell multiple Krisen, die sich überlagern und uns als Gesellschaft vor unglaubliche Herausforderungen stellen. Das löst in allen Generationen, auch in meiner, große Sorgen und Ängste aus. »Früher war alles besser« ist eine Flucht aus diesem Krisenzustand – nur führt dieser Notausgang nicht zu einer Lösung der Probleme. Ich drehe den Satz gerne um und sage »Früher ist alles besser«. Studien zeigen: Je früher ein Land effektive Maßnahmen zur Bekämpfung des Klimawandels umsetzt, desto stabiler ist sein Bruttoinlandsprodukt in den kommenden Jahrzehnten. Hohe Investitionen und Transformationen heute schützen uns vor noch höheren Kosten durch Extremwetterereignisse morgen. Wer sich nach der vermeintlichen Stabilität der Vergangenheit sehnt, darf heute progressiven Entwicklungen nicht im Weg stehen. Queere Menschen aus älteren Generationen höre ich übrigens sehr selten den Satz »Früher war alles besser« sagen. Ihnen bin ich dankbar, dass sie sich auch früher nicht mit dem Status quo zufriedengegeben haben.

Welche anderen Skills oder Ressourcen gehören für dich zum Diversity Mindset?

Gerade Unternehmen sollten in gelebter Diversität nicht lediglich das Einhalten von ESG-Kriterien, sondern vor allem Chancen sehen. Klingt wie ein Satz von Christian Lindner, ist aber nur halb so schlimm.

> **ESG-Kriterien**: »Environmental, Social and Corporate Governance (kurz ESG; englisch für: Umwelt-, Sozial- und Unternehmensführung) sind Kriterien und Rahmenbedingungen für die Berücksichtigung von Umwelt-, Nachhaltigkeits- und Sozialfragen innerhalb von Unternehmensführungen, öffentlichen Körperschaften, Regierungen und Behörden.«[48]

Verschiedene Lebensrealitäten bringen auch verschiedene Sichtweisen mit. Wirkt mein Produkt auf eine Community abschreckend? Ist unser Werbeplakat inklusiv? Sollten wir unsere Stellenanzeige in verschiedenen Sprachen ausspielen? Ein einzelner Mensch kann niemals alle Diversitätsdimensionen abbilden – ein diverses Team, in dem jede Stimme gehört und ernst genommen wird, schon eher.

Was brauchen wir, um ein Diversity Upgrade in Deutschland durchzuführen?

Wir brauchen Mehrheiten und Akzeptanz. So bitter diese Erkenntnis sein mag, aber aus einer rein humanitären Perspektive wird das nicht möglich sein. Selbstverständlich dürfen wir Diversität nicht als Ware verkaufen. Aber das Pointieren von ökonomischen Vorteilen durch gelebte Diversität wird auch bei eher konservativen Institutionen und Unternehmen zwangsläufig zu einem Umdenken führen. First Mover leben das heute schon vor. Wenn wir Diversität mit Themen wie Wohlstand und Sicherheit enger verknüpfen, dann wird auch Deutschland bereit für ein Diversity Upgrade sein.

Change – unser Umgang mit Veränderung

Wenn wir also in einer VUCA-Welt leben, die sich in einem stetigen Wandel befindet und mit permanenten Veränderungen konfrontiert ist, hilft uns Adaptivität als ein angeborener Skill, diesen Veränderungen gerecht zu werden. Auch wenn die Fähigkeit, uns anzupassen, unser Leben lang ein Teil von uns ist, bedeutet es nicht, dass wir diese nicht weiterentwickeln können oder sollen. Um unserer Adaptivität ein Upgrade zu geben, dürfen wir uns mit Veränderungsprozessen auseinandersetzen, um sie besser zu verstehen. Denn je besser wir die Regeln dieser Prozesse kennen, desto leichter fällt es uns auch, unsere Rolle darin zu finden und unser volles Potenzial zu entfalten.

Als ich vor ein paar Jahren eine Weiterbildung zum Changemanagement-Berater gemacht habe, wurde ich zum ersten Mal mit dem Begriff »Change« und verschiedenen Modellen des Changemanagements konfrontiert.

> **Changemanagement** hat zwei Bedeutungen: Es beschreibt ein mehrstufiges Verfahren zur Bewältigung der Umstellungen in Organisationen und Unternehmen sowie die Methodologie, auf der diese Umstellung basiert.

Jedes Unternehmen braucht Veränderung, um erfolgreich zu sein. Manche von ihnen führen Veränderungen allerdings – fatalerweise – Top-down ein: eine simple Info zur Kenntnis in einem Jour Fixe oder, noch schlimmer, per E-Mail. Die Führungsetage setzt sich mit den Mitarbeitenden und ihren Anliegen nicht auseinander, sondern stellen sie vor vollendete Tatsachen. Top-down heißt somit nichts anderes als »Ich Boss, du nichts«. Meines Erachtens sind Unternehmen mit Führungskräften, die auf diese Art Macht ausüben und nur auf hierarchische Einbahnstraßen setzen, nicht zukunftsfähig. Mit einer solchen Einstellung riskieren beziehungsweise provozieren sie, dass ihre Mitarbeitenden nicht hinter Veränderung stehen –weil sie sie nicht einschätzen und verstehen können – und im schlimmsten Fall ein Hindernis darstellen, weil sie sich damit nicht identifizieren. Als Führungskräfte haben wir dafür Sorge zu tragen, dass es unseren Teams so leicht wie möglich gemacht wird, Veränderung anzunehmen und sich daran anzupassen.

Gute Führungskräfte kennen verschiedene Modelle eines Changeprozesses, haben eine Strategie für die Implementierung, sorgen für Transparenz und holen bei besonders komplexen Umstellungen externe Berater*innen ins Boot, die nicht nur Expertise, sondern eine externe Perspektive mitbringen.

Kommen wir nun zu den Modellen selbst. Verschiedene Wissenschaftler*innen definieren verschiedene Phasen im Change. Die bekanntesten sind das 3-Phasen-Modell von Kurt Lewin und das 8-Stufen-Modell von John P. Kotter.

Das 3-Phasen-Modell von Kurt Lewin
1. Auftauen (Unfreezing)
2. Ändern, Hinüberleiten (Moving)
3. Erneut einfrieren/verfestigen (Freezing)

Das 8-Stufen-Modell von John P. Kotter
1. Erzeugen eines Gefühls der Dringlichkeit
2. Aufbau einer starken Koalition
3. Entwicklung einer strategischen Vision
4. Einholung der Zustimmung aller Beteiligten
5. Ermöglichung von Maßnahmen durch Beseitigung von Hindernissen
6. Schaffen schneller Erfolge
7. Beibehalten der Beschleunigung
8. Etablierung des Wandels

Im Changemanagement sollte es meines Erachtens nicht nur um Phasen des Prozesses oder die Umstellung selbst gehen, sondern an erster Stelle um die Reaktionen der Menschen. Diversity bedeutet so viele verschiedene Persönlichkeiten, Backgrounds, Lebens- und Berufserfahrungen. Ebenso vielfältig sind also auch die Reaktionen auf Veränderungen. Wir können zu den Menschen gehören, die als erste begeistert von einer bestimmten Neuerung sind oder zu denen, die skeptisch oder misstrauisch sind oder sie rigoros ablehnen. Es gibt viele Nuancen. Ein Change kann uns motivieren – oder verunsichern, uns Angst machen oder unsere »Weltordnung« von einem Tag auf den anderen auf den Kopf stellen und uns damit komplett überfordern. Und all diese Gefühle und Emotionen dürfen nicht auf die leichte Schulter genommen werden. Ich habe bereits Situationen erlebt, in denen im Unternehmen eine Veränderung starke Existenzängste in die Belegschaft gebracht hat. Das Ergebnis: Krankmeldungen als Boykottmaßnahme.

Je nachdem, wie stark unsere Adaptivität ausgeprägt ist, je nach Kontext und Charakter der Veränderung selbst gehören wir zu einer der folgenden Kategorien:

- **Vorreiter*innen** zeichnet eine gute Adaptivität und Pioniergeist aus und sie freuen sich aufs Neuland. Sie haben Freude daran, Neues auszuprobieren, zu lernen und können starke Fürsprecher*innen des Change in der Gesamtbelegschaft sein.
- **Die frühe Mehrheit** macht mehr als ein Viertel der Belegschaft aus. Diese Kolleg*innen sind relativ früh im Prozess mit wenig Aufwand von den Vorteilen der Veränderung überzeugt.
- **Die späte Mehrheit** zieht nach, wenn sie positive Beispiele der Veränderungen erleben. Die frühe und späte Mehrheit bilden die kritische Masse für einen Change.
- **Nachzügler*innen** akzeptieren Change zu einem sehr späten Zeitpunkt (nach Kommunikation/Einführung) – in vielen Fällen, weil sie »keine andere Wahl« haben. Wer zu dieser Kategorie gehört, wird in dem einen oder anderen Gespräch mit Kolleg*in-

nen Sätze fallen lassen wie »Also das brauchen wir wirklich nicht« oder »Früher, das waren noch Zeiten«.

Natürlich darf hier nicht pauschalisiert werden. Nicht jeder Change-prozess verläuft nach demselben Muster und nicht jede Belegschaft tickt gleich. Dennoch, dieses Modell zu kennen hilft uns, uns unsere Teams besser zuzuordnen.

Ich möchte abschließend das ADKAR-Modell von Jeffrey Hiatt vorstellen, da es genau diesen besonderen Fokus auf Menschen in einem Changeprozess legt und einen intensiveren Umgang auf der individuellen Ebene ermöglicht.

Das ADKAR-Modell von Hiatt

Awareness – die Notwendigkeit der Veränderung muss bewusst wahrgenommen werden, ermöglicht durch Gründe, Fakten und Beispiele

Desire – das Verlangen erzeugen und die Vorteile aufzeigen, sich an der Veränderung zu beteiligen

Knowledge – das Wissen bereitstellen, wie die Veränderung realisiert werden kann

Ability – die Befähigung, erlerntes Wissen anzuwenden und Veränderungen umzusetzen

Reinforcement – die Aufrechterhaltung und nachhaltige Bestärkung der Veränderung

Wer sich bei der Strategieerstellung an den fünf Phasen orientiert und sich frühzeitig mit den jeweiligen Maßnahmen und (kommuni-kativen) Schritten auseinandersetzt, wird eine stabile Basis für einen gemeinsamen Changeprozess schaffen. So maximieren wir unsere Chancen für einen effizienten Action-Plan für Veränderung, für die Bereitschaft zu lernen und ein motiviertes Team, das diesen Prozess mit Freude mitträgt und mitgestaltet.

In die neuen Rollen hineinwachsen

Adaptivität als Diversity Skill beinhaltet Selbstreflexion und ein objektives Selbstbild. Cathérine Ngoli (keine Pronomen) ist Wirtschaftspsycholog*in, Berater*in und Coach für strategische Personal- und Organisationsentwicklung. Als Geschäftsleitung von Cathérine Ngoli Consulting und vaunda n.e.V. Unternehmensberatung unterstützt Cathérine Unternehmen und Organisationen in inklusiver Führung, Diversity in Unternehmen und Antirassismus am Arbeitsplatz.

Cathérine war viele Jahre in einer Festanstellung in einem großen, international agierenden Consulting-Unternehmen tätig und wagte nach der Elternzeit den Schritt in die Selbstständigkeit. Mut und Adaptivität führen Cathérine zum Erfolg. Was Adaptivität bedeutet und wie uns ein Vision Board dabei helfen kann, uns an neue Aufgaben zu trauen, daran zu wachsen und die Herausforderungen zu überwinden, erzählt Cathérine in diesem Gastbeitrag.

»Für mich bedeutet Adaptivität nicht ausschließlich die schnelle Anpassung und erfolgreiche Reaktion auf neue Gegebenheiten, sondern vielmehr das langfristige Hineinwachsen in berufliche Rollen. Dabei aber nicht einfach bekannte oder alte Rollenvorbilder nachzuahmen, sondern sich an die eigene Version dieser Rollen anzupassen. Es bedeutet, sich aus der Komfortzone zu bewegen, um eine neue Rolle anzunehmen – eingebettet in die eigenen Stärken, das Selbstbild und die selbst gesteckten Ziele.

Zu Beginn meiner beruflichen Laufbahn war ich angestellt. Meine Stärken und Schwächen wurden an dem vom Unternehmen definierten Rollen- und Anforderungsprofil gemessen. Die Erwartungen an mich als Consultant basierten auf der Performance, dem Einsatz und Verhalten sowie dem Auftreten anderer Consultants, die diese Position zuvor innehatten. Trotz Assessments und Profile, die ich persönlich durchlief, konnte ich damals die tiefgreifende Bedeutung bestimmter Eigenschaften wie Neugier, Offenheit, strategisches Denken, Handlungsorientierung, Flexibilität, Empathie und Entrepreneurial nicht abschätzen.

Rückblickend ist mir bewusst, dass diese Eigenschaften meine berufliche ›Status-quo-Programmierung‹ beschreiben und meinen Leistungsradius widerspiegeln.

In Rollen und Aufgabenbereichen, die ich jedoch in der Vergangenheit hatte, wurde ich dennoch von Vorgesetzten genau für jene kritisiert, da ich vergleichsweise nicht das ›normierte Consultant-Verhalten‹ demonstrierte. Mir wurde gesagt, dass von mir erwartet wird, mich auch an Aufgaben und ähnlichen Projekten zu beteiligen wie andere Consultants, um die Zielvorgaben der Position in gleicher Art und Weise zu erfüllen.

Ich war allerdings an herausfordernden Aufgaben und Projekten interessiert, die neu und komplex waren und einen großen Handlungs- und Gestaltungsspielraum für mich boten. Aufgaben solcher Projekte wurden aber (vermeintlich) beruflich erfahrenen Consultants, zum Beispiel Senior Consultant oder Principals, zugewiesen. Mir wurden sie so manches Mal nicht zugetraut. Oftmals traute ich mich meinerseits nicht, solche Projekte einzufordern aus Angst, unangenehm und forsch aufzufallen. Ich war besorgt, dadurch einen Karrieregegenwind zu erzeugen. Es gibt manchmal Veränderungen und Situationen, bei denen wir mit dem Flow gehen sollten. Situationen, in denen wir uns verständnisvoll und einsichtig zeigen sollten. So nahm ich es damals an.

Aber letztlich waren für mich erkenntnisreiche Momente und Karrierekatalysatoren jene Momente, in denen ich mich gegen die allgemeine Erwartung meines Umfeldes gestellt und auf meine Beteiligung und die entsprechende Verantwortlichkeit bestanden und sie eingefordert habe. Oftmals warten wir darauf, dass jemand sagt: ›Du machst das!‹ Oder wir verbringen Zeit damit, verärgert zu sein, dass jemand anderes die Position bekommt, aber uns niemand die Chance, die Position oder ein bestimmtes Projekt angeboten hat, die auch zu uns gepasst hätte.

Manchmal können nur wir selbst wissen, ob wir eine bestimmte Aufgabe bewältigen können. Nur wir wissen, ob wir es wollen, die neue

Rolle und den dazugehörigen Aufgabenbereich zu übernehmen. Wir müssen Ja zu der neuen Position sagen. In der Regel mache ich mir dann ein Vision Board und definiere mein Zukunftsbild. Es beschreibt zum Teil die neuen Aufgaben, neue Herausforderungen und einhergehende Risiken, abzugebende Aufgaben, neue Lernmöglichkeiten und Wachstumschancen, Erwartungshaltungen an meine Rolle, aber insbesondere meine Werte und auch meine Vorstellung, wie ich mit meinem Selbst auftrete als nicht binäre und schwarze Person.

Wenn wir unsere vorherige berufliche Rolle (Selbstbild oder Selbstkonzept) bewusst ablegen und uns unseren Ängsten oder vermeintlichen Vorbehalten stellen, geben wir uns selbst die Chance, in die neuen Aufgaben hineinzuwachsen, uns den neuen Anforderungen und Herausforderungen der Rolle zu stellen und entsprechend zu lernen. Auf diesem Weg wird unsere Version der Rolle nach und nach angepasst.

Im April 2021 habe ich mich als freiberuflicher Berater*in selbstständig gemacht und im Oktober desselben Jahres einen Verein, der auch beratend tätig ist, mitgegründet. Ich wurde zum Entrepreneur*. Als Geschäftsleitung und Vorstandsvorsitz kann und muss ich meine Stärken voll und ganz einbringen. Natürlich sind die Herausforderungen, mit denen ich in dieser Rolle konfrontiert werde, manchmal überwältigend. Aber dank meines Vision Boards und definierten Zukunftsbildes weiß ich mir zu helfen. Ich kontaktiere mein unterstützendes Netzwerk, das mit mir meine Rolle, meine Werte und meine Ziele reflektiert und mich dabei unterstützt.«

Körpergedächtnis und Gehirn – so lernen wir

Wir haben gesehen, dass Lernfähigkeit – die das Bereitstellen von Wissen sowie die Bereitschaft, es sich anzueignen, umfasst – Teil unserer Adaptivität ist. Das ergibt auch Sinn. Denn je schneller wir in einer Situation das Erlebte verarbeiten und es zu unserem Erfahrungsschatz hinzufügen, desto leichter können wir uns auch auf weitere Situationen einstellen, die ähnliche Herausforderungen beinhalten. Das Gleiche gilt für die Menschen, mit denen wir es zu tun haben. Ich hatte vor allem zu Beginn meiner Karriere immer wieder Begegnungen mit Menschen, die mich auf die Palme gebracht haben. Da hat bereits ein Satz gereicht, um mich zu triggern. So bin ich gestruggelt, bis ich irgendwann festgestellt habe, dass sich hinter der Mensch-Trigger-Emotion-Reaktions-Kette ein bestimmtes Muster versteckt. Es waren ähnliche Menschen, die diese Resonanz bei mir ausgelöst haben.

Ein Gamechanger in dieser Hinsicht war ein Satz, den ich vor vielen Jahren gehört habe: »Wir treffen unser Leben lang auf die gleichen Menschen, sie haben nur unterschiedliche Namen.« Da steckt viel Wahrheit drin. Studien zeigen, dass wir bestimmte Menschen anziehen – abhängig davon, wie unser Mindset und unsere Haltung ausgeprägt sind und in welcher Lebensphase wir uns befinden.[49] Zum anderen und unabhängig vom Kontext bleiben unsere Trigger unverändert und sie werden von außen so lange ausgelöst, bis wir sie losgelassen haben. Wir lernen und passen uns an Menschen und Umstände an, indem wir unsere eigenen Themen erkennen und diese verarbeiten.

Was bedeutet Lernen für uns?

Meine Assoziationen sind Schule, Noten, Wissens- und Skillaneignung. Leider zieht sich der rote Faden – Lernen = benotet werden – nach unserer Schulzeit sowie Ausbildung in der modernen Arbeitswelt durch. Sind wir lernfähig und adaptiv, ermöglicht es uns eine gute Performance auf der Arbeit. Wir bekommen Boni, erfahren (im besten Fall) Wertschätzung und Anerkennung von unseren Vorgesetzten und Kolleg*innen.

Mein Plädoyer lautet: Lernen darf nicht benotet werden und ist als Selbstzweck zu betrachten. Wir brauchen eine Kultur des internalisierten Lernens – frei von äußeren Faktoren. Unser Ziel zu lernen und uns weiterzuentwickeln, muss aus unserem Inneren kommen, intrinsisch motiviert sein, um nachhaltig und lebenslang zu bestehen – und nicht von außen diktiert werden. Es darf nicht sein, dass ich einen Uniabschluss anstrebe, nur weil ich mir davon bessere Chancen für die Jobbewerbungen verspreche, weil die Recruiter*innen sich ausschließlich danach richten, wie viele Weiterbildungszertifikate und sonstige Dokumente in meiner Bewerbung eingereicht wurden.

Darüber, wie wir lernen, gibt es mittlerweile unzählige Studien und wissenschaftliche Erkenntnisse. Ich möchte an dieser Stelle auf zwei zentrale Aspekte eingehen. Ermöglicht wird das Lernen durch unser Gedächtnis, in dem das Gelernte gespeichert wird und wo es abgerufen werden kann. Zudem wissen wir, dass sich unser Gedächtnis in unserer Schaltzentrale »Gehirn« befindet. Etwas Neues lernen – anatomisch betrachtet – ist nichts anderes, als neue Pfade (Synapsen) zwischen den einzelnen Nervenzellen entstehen zu lassen. Je häufiger wir etwas Erlerntes wiederholen, desto stärker sind diese Pfade und desto tiefer verinnerlichen wir diesen neuen Skill oder Informationen, die wir nutzen.

Dieser Weg des Lernens kann mit einem Spaziergang im Wald verglichen werden. Wenn wir den Weg zum ersten Mal gehen, sind wir eher langsam, weil wir tendenziell unsicher und orientierungslos sind. Wenn wir unser Ziel erreicht haben und denselben Weg zum zweiten, fünften oder zwanzigsten Mal gehen, kennen wir nicht nur den Weg auswendig, sondern wir haben einen Pfad auf dem Boden, an dem wir uns entlanghangeln – damit sind wir schneller unterwegs. Irgendwann wird aus diesem Pfad im Wald eine Art Autobahn und die Geschwindigkeit ist so viel höher, dass das Gelernte zum Automatismus wird. Wir müssen erst gar nicht nachdenken, um von A nach B zu kommen.

Aber nicht nur unser Gehirn lernt. Auch unser Körper ist dazu in der Lage. Dafür gibt es einen Begriff: das Körpergedächtnis. Zum einen lernt unser Körper mithilfe von Spiegelneuronen, über die wir in Kapitel 3, Empathie, bereits gesprochen haben. Mithilfe des

Körpergedächtnisses ahmen wir Körperbewegungen, Gesichtsausdrücke und Gesten nach und lernen dadurch.

Aber auch die Eindrücke, die mit allen Sinnesorganen aufgenommen werden, zusammen mit damit verbundenen Bewegungsmustern und Emotionen, werden im Gedächtnis abgespeichert. Ein gutes Beispiel dafür sind die wissenschaftlichen Erkenntnisse aus den letzten Jahren zu unserem Geruchssinn. Wenn ich den Borschtsch-Eintopf (ukrainisches Nationalgericht) meiner Mutter rieche, fühle ich mich Zuhause – unabhängig davon, ob ich mich gerade in meiner ukrainischen Heimatstadt oder in Deutschland befinde. Und mein Körper kann nicht anders, als sich in die Küche zu begeben.

Gerüche wecken die lebhaftesten Erinnerungen und Assoziationen in uns, weil anatomisch eine enge Verbindung zwischen unserem Geruchssystem und den Arealen im Gehirn, in denen Erinnerungen gespeichert werden, besteht.[50]

Ein anderes Beispiel des Körpergedächtnisses hat ebenfalls Bezug zu meinem kulturellen Background. Als ich in der Ukraine lebte, haben sich dort Männer in jeder Situation mit einem Handschlag begrüßt. Ich kann mich noch erinnern, als ich an der Uni war und morgens zur Begrüßung zunächst mindestens zehn Hände schüttelte, bevor es in den Unterricht ging. Mein Körper hat es gelernt. Als ich dann nach Deutschland kam, durfte ich mir als Erstes diese Gewohnheit »abtrainieren«.

Unsere Bereitschaft, lebenslang zu lernen, ist eine Haltungsfrage. Das bedeutet nicht, dass wir jedes Jahr drei Fortbildungen machen müssen, um uns weiterzuentwickeln, kompetenter und anpassungsfähiger zu sein. Neben der fachlichen Entwicklung, die dem Ausbau unserer Expertise in einem bestimmten Bereich dient, bezieht sich lebenslanges Lernen auf die persönliche und soziale Entwicklung.

Uns persönlich zu entwickeln, uns zu entfalten (siehe die Papierkugel-Metapher in Kapitel 6: Kreativität und persönliche Entwicklung) baut auf drei Säulen und beinhaltet alles, was wir in einem Coaching anstreben können: Selbsterkenntnis, Selbstakzeptanz und

Selbstveränderung. Die soziale Entwicklung wiederum hat einen direkten Bezug zu unserem Umgang mit anderen Menschen und mit Diversity – und dafür brauchen wir Diversity Skills.

Das Mindset des lebenslangen Lernens sollten wir kultivieren und bestärken. Wichtig ist, dass es freiwillig geschieht. Wir dürfen für uns die Vorteile des Lernens erkennen und damit intrinsisch motiviert sein. Es bedarf der Selbstinitiative und natürlich sollten wir auch spürbares Interesse an den Themen und Bereichen haben, in denen wir uns weiterbilden und weiterentwickeln möchten.

Es gibt natürlich auch einen inneren Schweinehund, der uns ins Ohr flüstert, dass wir lieber eine ruhige Kugel schieben sollen. Dieser Hund ist ein Bug, ein Hindernis auf dem Weg zum Upgrade, den wir aber – mit etwas Übung – beheben können. Wir können ihn zum Freund machen, wenn wir ihn besser verstehen. Der Impuls, nichts zu tun, wenn wir vor der Wahl stehen, aktiv zu werden oder auf der Couch liegen zu bleiben, ist ein uralter Instinkt, der unser Überleben ermöglicht hat. Unser Gehirn hat per Default einen ressourcensparenden Modus. Was bedeutet: Wir wollen überall, wo unsere Ressourcen (in dem Fall die Kraft in Form des Handelns) gebraucht werden, sparen – damit diese Ressourcen uns für (über)lebenswichtige Dinge zur Verfügung stehen (früher waren es beispielsweise Jagen und Sammeln gehen). Wir können unserem inneren Schweinehund also immer noch dankbar sein, dass es ihn gibt. Und wir können ihn, wenn wir seine Natur erkannt haben, zähmen – soll heißen, nicht zu hart mit uns ins Gericht gehen, indem wir uns selbst als faul und unfähig labeln. Diese Selbstvorwürfe führen zu einem negativen Dominoeffekt und hemmen uns zusätzlich. Also: Wenn der Schweinehund kickt und wir auf der Couch bleiben, ist das völlig okay, uns selbst die Erlaubnis zum Faulenzen zu geben. Wir wissen ja nun, dass wir Kraft sparen und unsere Batterien aufladen, um im nächsten Schritt mit voller Power ins Lernen einzusteigen und hundert Prozent zu geben.

Ein riesiger Schatz

Dr. Julia Freudenberg wohnt in Hamburg und ist einen Großteil ihrer Arbeitszeit bundesweit als gefragte Keynote-Speakerin und Expertin für Diversity und Inklusion und für Auftritte in den Medien unterwegs. Sie ist eine Persönlichkeit, die Menschen mit ihrer Energie und ihrem Charisma in den Bann zieht und jede Begegnung und jedes Gespräch als Highlight verbuchen lässt. Als Quereinsteigerin wechselte Julia 2017 aus der Wirtschaft in die Geschäftsführung der gemeinnützigen »Hacker School gGmbH«, deren Vision es ist, jugendliche Menschen, insbesondere auch Mädchen und sozioökonomisch benachteiligte junge Menschen, für das Programmieren zu begeistern. 2024 feiert Hacker School sein zehnjähriges Jubiläum – herzlichen Glückwunsch! In ihrem Gastbeitrag gibt sie uns wundervolle Insights und Impulse für ein diverses Miteinander und die Chancen zu lernen.

»Lernmöglichkeiten gibt es überall – warum haben wir uns bei der Hacker School gerade für das Programmieren entschieden? Okay, vielleicht war ja auch der Name Programm. Aber ernsthaft, es hat schon einen gut überlegten Grund. Man kann super viel für sich lernen und erfahren, was man vielleicht im ersten Schritt überhaupt nicht mit Programmieren assoziiert.

Im Fokus steht für uns das Erfahren der 21. Century Skills, der Fähigkeiten des 21. Jahrhunderts – namentlich Kreativität, Kommunikation, Kollaboration und kritisches Denken. Ergänzt um eine positive Fehlerkultur, die man ebenfalls durch Programmieren erfahren kann – Bug Fixing ist hier bald 50 Prozent der Miete.

Warum schreibe ich diese Gedanken im Kapitel der Adaptivität? Und was haben sie mit einem Diversity Upgrade zu tun?

Für mich bezeichnet Adaptivität die Fähigkeit, über Anpassungsmechanismen zu verfügen, um sich in komplexen Lebenswelten zurechtzufinden – aber nicht notwendigerweise das direkte Anwenden ebendieser Kompetenz. Auch wenn es sicher nicht immer einfach ist (was weiß ich denn schon, so als weiße cis Kartoffel aus einem Aka-

demikerhaushalt), nehme ich wahr, dass ein Aufwachsen mit besonderen, nicht normativen Prädispositionen die Fähigkeit zu schulen
scheint, sich in komplexe Sachverhalte einzudenken und zumindest
gedanklich immer wieder andere Positionen einnehmen zu müssen.

Möglicherweise im ersten Schritt als Schutzmechanismus, idealerweise im zweiten Schritt als eklatanter Vorteil, da durch ein Ein-
denken in andere Positionen der Reichtum an Möglichkeiten steigt
und Sachverhalte oder Beziehungen aus ganz diversen Blickwinkeln
betrachtet werden können.

Wenn ich mich also, sei es durch Programmieren oder Prädisposi-
tion, herausfordernden Situationen oder Aufgaben stellen muss oder
möchte, kann ich daraus lernen und einen großen Vorteil für mich
erfahren.

Mich mithilfe von Adaptivität gut an ausgewählte Situationen anpassen zu können, durch Freude am Lernen und durch emotionale
Intelligenz, ist ein riesiger Schatz und ermöglicht Offenheit für ein
diverses Miteinander, also für ein dringend benötigtes Diversity Upgrade.«

Überanpassung und People Pleasing

Gerade für Menschen, die »anders« sind als die Mehrheit der Gesellschaft, ist die Grenze zwischen »Ich bin empathisch und fühle mit«,
»Ich versuche mich zu verstecken und nicht aufzufallen« und »Ich
richte mein Denken und Handeln nach Vorstellungen und Bedürfnissen der anderen« von großer Bedeutung. Wir neigen dazu, nicht
zuletzt durch Diskriminierung und damit verbundenem Schmerz,
die wir erfahren, einen Coping-Mechanismus zu entwickeln, der uns
schützen soll. Wir versuchen auf diese Weise, weitere negative Erlebnisse zu vermeiden.

> **Coping-Strategien** (Bewältigungsstrategien) sind Verhaltens-
> muster, die wir anwenden, um Stress (z. B. durch Diskriminie-
> rung) zu vermeiden. Sie dienen dazu, uns selbst vor belastenden
> und grenzüberschreitenden Situationen zu schützen. Manche
> Bewältigungsstrategien schaden uns allerdings und sollten
> durch positivere Strategien ersetzt werden.

Viele Coping-Strategien bauen auf unseren Urinstinkten auf. Es sind
überlebensnotwendige Mechanismen, die in der Entwicklung der
Menschheit eine große Rolle gespielt haben: fight (kämpfen), fly (flie-
hen), freeze (einfrieren/erstarren) und fawn (unterwerfen, hofieren).
Im Umgang mit (Mikro-)Aggressionen und Diskriminierung bedeutet fawn, dass die eigenen Überzeugungen und der Umgang mit Situationen davon abhängig gemacht werden, ob die andere Person als
Gefahr empfunden wird und mit dieser Gefahr durch Unterwerfung
umgegangen werden muss.

Dabei ist wichtig zu betonen, dass es sich nicht um eine reale,
physische Bedrohung handeln muss. Auch potenzielle Konflikte, Mikroaggressionen und Diskriminierungserfahrungen können entsprechende Mechanismen auslösen.

Umgangssprachlich wird dieses Verhalten als »People Pleasing«
bezeichnet, als Versuch, immer die Bedürfnisse anderer Personen zu
erfüllen. Teilweise geht dieses Verhalten sogar so weit, dass angenom-
mene, vermutete Bedürfnisse erfüllt werden, ohne die tatsächlich vor-
handenen Bedürfnisse des Gegenüber zu erfragen.

People Pleaser versuchen stets, es dem jeweiligen Gegenüber recht
zu machen und ignorieren dabei ihre eigenen Bedürfnisse und Grenzen. Zentral ist hier zu verstehen, dass dieses Verhalten nichts mit Op-
portunismus oder Charakterschwäche zu tun hat, sondern ein Überlebensmechanismus ist.

Dennoch wird dieses Verhalten häufig missinterpretiert. Das
kann einerseits dazu führen, dass People Pleaser eben doch als opportunistisch wahrgenommen werden – weil immer die Bedürfnisse des

jeweiligen Gegenübers erfüllt werden, das sich aber bei wechselnden Gegenübern ändern kann. Andererseits können sie sich schnell selbst überlasten, weil immer neue Aufgaben angenommen werden, um Konflikte zu vermeiden.

Gerade queere Menschen haben allerdings gelernt, dass Überanpassung häufig die einzige Möglichkeit ist, in dieser Gesellschaft unerkannt zu bleiben und Diskriminierungserfahrungen zu vermeiden. Bei trans Personen war diese Überanpassung bis 2024 sogar gesetzlich verpflichtend. Sie mussten vor zwei Gutachter*innen beweisen, dass sie »wirklich« trans sind und sich darüber hinaus bis 2011 zwangssterilisieren lassen.

Was wir brauchen, sind Räume und Möglichkeiten, um uns sicher zu entfalten. Denn nur, wenn Menschen in potenziell gefährlichen Situationen nicht in mehr oder weniger urinstinktives Verhalten fallen müssen, können sie an diesen erlernten Coping-Mechanismen arbeiten.

Aber auch andere Teile der queeren Community leiden unter Überanpassung, die mit einer Abwertung jener einhergeht, die nicht bereit sind, sich den herrschenden Normen anzupassen. Kann zum Beispiel so klingen: »Ich bin schwul und Teil der LGBTQIA, aber ich will mich nicht mit allen Facetten der queeren Community auseinandersetzen, weil ich es (auch) der Mehrheitsgesellschaft recht machen will.« Das ist eine gefährliche Art des People Pleasing, weil sich, um der Norm zu gefallen, gegen die eigene Community gewandt wird.

Dabei liegen die Vorteile von Adaptivität (im Gegensatz zum People Pleasing) auf der Hand. Menschen sind in der Lage, sich schnell und empathisch in andere Personen hineinzuversetzen und unterschiedliche Bedürfnisse gleichberechtigt zu berücksichtigen. Adaptivität in divers aufgestellten Teams bedeutet, dass alle Beteiligten nach ihren individuellen Bedürfnissen arbeiten und gefördert werden. Diese Balance ermöglicht ein Gleichgewicht zwischen Autonomie, Grenzen und Rücksichtnahme und fördert den Zusammenhalt im Team nachhaltig.

Vom Reifegrad der Mitarbeitenden und situativem Führungsstil

Adaptivität als Diversity Skill beinhaltet zweifelsohne Flexibilität und einen souveränen Umgang mit verschiedenen Situationen. Als ich zum ersten Mal die Aufgaben einer Führungskraft in einem Unternehmen (nicht meinem eigenen) übernommen habe, befand ich mich lange Zeit in einem sehr großen inneren Konflikt – der nach nicht allzu langer Zeit auch nach außen schwappte.

Meine damalige Vorstellung davon, wie mein Team sein sollte, basierte auf einem Stereotyp. Folgende Merkmale waren für mich relevant: 1) Alle Teammitglieder sind happy, 2) gegenseitige Wertschätzung, 3) alle für eine*n und eine*r für alle und 4) jedes Teammitglied erscheint täglich voller Freude und Motivation am Arbeitsplatz. So ambitioniert ich damals war, einen guten Manager abzugeben, machte ich es mir zum ultimativen Ziel, eine glückliche Familie aus meinem Team zu machen. Und wie konnte ich das schaffen? Natürlich durch den Aufbau persönlicher Beziehungen!

Ich suchte also Kontakt zu meinen Teammitgliedern, interessierte mich für ihre Anliegen, dafür, was sie beschäftigt und bewegt. Die Zahlen und Performance rückten in den Hintergrund. Empathie war meine Kompetenz der Stunde. Meine Annahme war: Je beliebter ich als Person bin, desto stärker identifizieren sich meine Mitarbeitenden mit ihrem Job und die gewünschten Ergebnisse werden dadurch wie von selbst erreicht.

Die Realität holte mich schneller ein als gedacht. Die andere Seite der Medaille und somit die Ursache des aufkeimenden Konflikts mit meinem Team waren die unternehmerischen Ziele, die Performance-Ergebnisse und der stetig wachsende Druck. Ich war fast überrascht, dass ich im Perfomance-Review-Gespräch mit meinen Vorgesetzten nicht nach meinem Beliebtheitsgrad bewertet wurde, sondern anhand der Verkaufszahlen und wie gut die Ziele meines Teams erreicht wurden. Ich wollte ein einfühlsamer Manager sein und habe mich im Belonging verloren. Meine Adaptivität hat versagt – mit meinem einseitigen Fokus auf Empathie ließ ich das Business quasi unter den Tisch fallen.

Irgendwann wurde ich zum Sandwich-Manager: Druck von unten (Kund*innen und Team), Druck von oben (von meinem Management) und ich in der Mitte – mit nicht einmal einer geringsten Vorstellung davon, wie ich mich in der Situation verhalten sollte. Teilweise ratlos, teilweise verzweifelt, gab ich irgendwann den Druck, den ich »von oben« bekam, »nach unten« weiter und wurde sehr schnell vom Everybody's Darling zum Everybody's Arschloch.

Einer der größten Learnings zu Beginn meines Werdegangs als Führungskraft war, die linke Gehirnhälfte (Business, Zahlen, Performance) mit der rechten (Belonging, Empathie, Menschlichkeit) in Einklang zu bringen und eine Balance zu finden. Der Schlüssel dafür war und ist der Diversity Skill Adaptivität.

Führungskräfte werden in der modernen Arbeitswelt unaufgefordert mit Diversity konfrontiert – sie ist in ihren Teams schlicht vorhanden. Was sie des Öfteren nicht vorfinden, ist eine Anleitung, wie sie diese Vielfalt der Mitarbeitenden im Sinne aller gut managen können. Unterstützung bieten hier beispielsweise Paul Hersey und Ken Blanchard mit ihrem Reifegradmodell der Mitarbeitenden und dem Konzept des situativen Führungsstils.[51]

Das Reifegradmodell ermöglicht uns ein besseres Verständnis für unsere Mitarbeitenden in Hinblick auf ihre Kompetenzen und ihr Engagement. Wenn wir diese (er)kennen, passen wir unseren Führungsstil entsprechend an, um die besten Ergebnisse zu erzielen.

> **Situative Führung** bedeutet kein One-size-fits-All. Die Führungskraft ist flexibel und stimmt ihr Handeln und ihre Entscheidungen individuell auf den jeweiligen Grad der Kompetenz des Engagements der einzelnen Mitarbeitenden oder eines Teams ab

Die vier Stile des situativen Führens nach dem Reifegradmodell von Hersey und Blanchard:

Dirigieren (Telling): Haben Mitarbeitende einen niedrigen Reifegrad (geringe Kompetenz und hohes Engagement), wird eine hohe Aufgabenorientierung und eine geringe Beziehungsorientierung empfohlen.

Anleiten (Selling): Haben die Mitarbeitenden etwas mehr Kompetenz, aber ein geringes Engagement, ist Verkaufen als Führungsstil angesagt. Wir wollen die Mitarbeitenden zu mehr Motivation und Leistung führen durch verstärkten Fokus auf Aufgaben sowie auf die Beziehung.

Partizipieren (Participating): Paaren sich mittlere bis hohe Kompetenz mit einem wechselhaften Engagement, dann fahren wir am besten mit einer hohen Beziehungsorientierung und geringen Aufgabenorientierung.

Delegieren (Delegating): Haben wir Personen im Team, die mit hoher Kompetenz und hohem Engagement glänzen, basiert unser Führungsstil auf Delegieren. Wir sollten diese Mitarbeitenden unterstützen und fördern, sich zu Führungskräften weiterzuentwickeln. »We rise by lifting others.«

Das Reifegradmodell und das Konzept des situativen Führens sind Orientierungshilfen. Es geht nicht darum, anhand fixer Indikatoren konkret feststellen zu wollen, welchen Reifegrad das eine oder andere Teammitglied hat. Wenn wir dieses Konzept kennen und verstanden haben, können wir uns als gute Führungskräfte Gedanken machen, welche Mitarbeitenden wir auf welchem Wege am besten erreichen können.

Ein situativer Führungsstil und die damit verbundene Adaptivität bilden ein Diversity Upgrade für jedes Unternehmen!

Optimismus, Akzeptanz und Lösungsorientierung

Ich möchte dieses Kapitel mit einem ganz besonderen Gespräch abschließen, denn Dr. Caroline von Kretschmann ist für mich persönlich nicht nur eine Diversity Voice, sondern auch einer der größten Vorbilder in der LGBTQIA Community. Caroline ist seit mehr als zehn Jahren die geschäftsführende Gesellschafterin des Fünf-Sterne Hotels »Europäischer Hof« in Heidelberg. Die Hauptaufgabe von Führung sieht sie im »Sinnstiften und Integrieren«[52]. Dazu braucht es viele Kompetenzen, nicht zuletzt Adaptivität.

Liebe Caroline, welche Rolle hat Adaptivität in deinem Werdegang gespielt?
Mein beruflicher Werdegang verlief bis zum Verkauf unseres Beratungsunternehmens und zu meinem Einstieg ins Familienunternehmen relativ geradlinig. Mir war schon vor meinem Abitur klar, dass ich eine Banklehre machen und danach Betriebswirtschaft studieren wollte. Auch der anschließende Einstieg in eine internationale Strategie- und Organisationsberatung war für mich eine Entscheidung ohne Ambivalenz und ohne extern induzierte Anpassungsnotwendigkeit. Dennoch hat Adaptivität, verstanden als die auch gestaltende Fähigkeit, sich flexibel an neue Situationen und Herausforderungen anzupassen und idealerweise aus ihnen zu lernen, auch bei mir immer eine große Rolle gespielt. Anpassungsfähigkeit ist eine hilfreiche Bewältigungsstrategie – und das nicht nur bei einschneidenden Erlebnissen wie einem massiven Umsatzeinbruch oder der Coronakrise, sondern auch bei kleineren Veränderungen und Überraschungen –, um sein Leben gut, im besten Fall glücklich, zu gestalten. Veränderung ist allgegenwärtig, Unsicherheit ist Normalität und das Leben fordert uns immer wieder heraus. Adaptivität hat also auch ganz viel mit Antifragilität zu tun, also der Fähigkeit, sich als Mensch oder auch

als Organisation unter schwierigen Bedingungen positiv anzupassen, sodass man aus diesen Bedingungen durch überkompensatorisches Wachstum sogar gestärkt hervorgeht. Hilfreich, um diese Anpassungsfähigkeit relativ gut zu entwickeln, waren für mich drei Dinge: zum einen mein grundsätzlicher Optimismus, also ein Vertrauen ins Leben, dann die Fähigkeit zur Akzeptanz von Unabänderlichem und schließlich eine starke Lösungsorientierung. Ich fokussiere eher Lösungen als Probleme und kann relativ schnell Herausforderungen als Entwicklungschancen sehen und nicht als Bedrohung.

Wie hat sich diese Fähigkeit im Laufe der Zeit durch verschiedene Etappen entwickelt und wovon wurde sie geprägt?
Zum einen habe ich immer mehr Bewusstsein entwickelt. Was ich anfangs intuitiv gemacht habe, konnte ich später immer besser verstehen, einordnen und als Fähigkeit wertschätzen. Eine Ausbildung zur systemischen Beraterin und Coachin, bei der ich mich mit Themen wie Führung oder mit individuellen und organisationalen Dynamiken und Phänomenen beschäftigt habe, hat auch bei dem Thema Adaptivität zu einer anderen Tiefe und Klarheit geführt. Natürlich hat auch jedes einzelne Anpassungserlebnis meine Fähigkeit zur Adaption weiterentwickelt. Ganz massiv zum Beispiel die Coronakrise, die für unseren Familienbetrieb die größte Krise seit dem Zweiten Weltkrieg war. Sowohl für mich als auch für unser Team und das Unternehmen war diese Krise eine enorme Anpassungsleistung. Rückblickend war Corona eine unglaubliche Entwicklungschance – als wir drinsteckten, war es eine fast existenzielle Herausforderung.

Die soziale Adaptivität, also unsere Fähigkeit, uns an diverse Menschen mit unterschiedlichen Backgrounds anzupassen, ist besonders wichtig in der Dienstleistungsbranche. Ist diese angeboren oder kann sie trainiert werden?

Soziale Adaptivität ist in Dienstleistungsbranchen natürlich essenziell, insbesondere in Hotels, in denen der Umgang mit hochgradig diversen Gästen, Mitarbeitenden und Geschäftspartnern die Regel ist. Bei uns im Europäischen Hof Heidelberg haben wir zum Beispiel 65 Prozent internationale Gäste, wir haben Gäste mit unterschiedlichsten kulturellen Hintergründen, allen sexuellen und religiösen Orientierungen und jeden Alters. Und das spiegelt sich auch in unserem Team wider. Ich bin keine Neurobiologin, aber ich habe gelesen, dass die Fähigkeit, mit anderen Menschen mitzuempfinden, Anteil aneinander zu nehmen und in Resonanz zu treten, über die Spiegelneuronen im Gehirn angeboren sei. Die Fähigkeit mitzufühlen ist somit in unserem Gehirn verankert. Empathie und die Fähigkeit, mit der Vielschichtigkeit der Menschen umzugehen und sich in gewissem Sinne anzupassen, sei es dagegen nicht, sondern diese werde von klein auf mehr oder weniger gut erlernt, wenn man dieses neuronale Grundgerüst nutze und mehr oder weniger gute Erfahrungen mache.

Dadurch entsteht dann später der Eindruck, dass einige Menschen von Geburt an ein höheres Maß an Empathie, Mitgefühl und sozialer Intelligenz mitbringen, was ihnen den Umgang mit unterschiedlichen Persönlichkeiten erleichtert. Sie können die Gefühle, Motive und Gedanken des Gegenübers wahrnehmen und sich einfühlen, sie hören zu und versuchen das Gegenüber zu verstehen. Soziale Adaptivität kann also durch bewusstes Lernen und Erfahrung auf- und ausgebaut sowie verfeinert werden.

Wir versuchen das zum Beispiel durch konkrete Schulungen in Bereichen wie Reflexion, Selbstreflexion, Kommunikation und interkultureller Kompetenz genauso wie durch Coachings, systematisches Feedback oder Teamentwicklungen. Letztendlich ist es wohl eine Kombination aus angeborenen Dispositionen und frühkindlicher Erfahrungen und gezielter Entwicklung, die uns in die Lage versetzt, erfolgreich und sensibel in einem sozial vielfältigen Umfeld zu agieren.

Gibt es im Europäischen Hof noch weitere Ansätze, um Flexibilität und Anpassungsfähigkeit in deinem Team zu fördern?

Wichtig ist für uns, dass Flexibilität und Anpassungsfähigkeit einen guten Rahmen vorfinden. Für uns sind dabei ganz entscheidend unsere empathische und werteorientierte Unternehmens- und Führungskultur, welche eine gelebte Vertrauens-, Fehler- und Lernkultur umfassen. Das ermutigt jeden einzelnen, von der Bereichsleiterin bis zum Auszubildenden, situationsgerecht und flexibel zu agieren – auch auf die Gefahr hin, Fehler zu machen. Ganz wichtig in Bezug auf soziale Adaptivität ist bei uns ein Punkt unserer Unternehmensphilosophie, der besagt, dass wir fair, integer, achtsam, wertschätzend, großzügig, offen, aufrichtig, tolerant, respektvoll, verantwortungsbewusst und zuverlässig JEDEM und ALLEM gegenüber sind. Das ist einer unserer Kernwerte, der ausnahmslos von jedem gelebt wird und nicht verhandelbar ist: Wir behandeln jeden Gast individuell, aber jeden gleich gut – unabhängig von seiner Herkunft, seiner sexuellen oder religiösen Orientierung, seiner Hautfarbe oder der Größe seines Geldbeutels. Der Scheich von Persien wird bei uns genauso zuvorkommend und herzlich verwöhnt wie seine Leibwächter, der DAX-Vorstand genauso wie die Postbotin. Dadurch, dass wir in der Geschäftsführung diese Werte ausnahmslos vorleben, können wir diese am besten fördern. Menschen verinnerlichen Werte über erlebte Beziehungen. In diesem Sinne kann ich als Führungskraft und Mensch am meisten bewirken: Wenn ich das, was ich sage und mir im Verhalten von anderen wünsche, auch konsequent in jeder Situation vorlebe.

Was brauchen wir, um ein Diversity Upgrade in der Arbeitswelt durchzuführen?

Ein effektives Diversity Upgrade erfordert ein Engagement auf allen Ebenen und in allen Bereichen des Unternehmens. Ganz entscheidend sind offene Unternehmenskulturen, welche die Chancen der Beschäftigung diverser Teams fokussieren und Inklusion nach innen wie nach außen fördern. Zudem sollten die Unternehmensleitungen und Führungskräfte sich klar zu Diversität als integraler Bestandteil der Unternehmenskultur und -strategie bekennen und sie aktiv vorantreiben. Dies beinhaltet die Entwicklung einer umfassenden Diversitätsstrategie, die über Lippenbekenntnisse hinausgeht und klare, messbare Ziele festlegt.

Wichtig sind auch die Sichtbarkeit von Vielfalt auf allen Ebenen des Unternehmens und das Agieren von Role Models. Indem Unternehmen beispielsweise bewusst vielfältige Führungskräfte fördern und diese sichtbar machen, senden sie ein starkes Signal an alle Mitarbeitenden, dass Erfolg und Teilhabe unabhängig von Geschlecht, Herkunft oder anderen Diversitätsdimensionen möglich sind. Dass wir im Europäischen Hof 60 Prozent Frauen im Unternehmen und auch in den Führungspositionen haben, liegt auch daran, dass wir über vier Generationen hinweg immer mindestens 50 Prozent Frauen in der Geschäftsführung hatten.

Auch dass ich offen queer lebe, ermutigt viele unserer Kolleginnen und Kollegen, ebenfalls offen mit ihrer Homosexualität umzugehen. Das ist zumindest das Feedback, das ich bekomme. Auch bedarf es gezielter Schulungsprogramme, die Bewusstsein und Verständnis für die verschiedenen Dimensionen von Diversität schaffen und darauf abzielen, unbewusste Vorurteile zu erkennen und zu minimieren sowie konkrete Fähigkeiten im Umgang mit Vielfalt zu vermitteln. Eine diversitätsorientierte Personalbeschaffung und -entwicklung sollte schließlich faire Rekrutierungsverfahren und Chancengleichheit in der Karriereentwicklung gewährleisten. Sicherlich gibt es noch viel mehr, aber wenn wir das geschafft haben, haben wir schon viel für Diversität getan.

» Gesundheit!
Sieben Vitamine für ein
Leben mit innerer Stärke.

8

RESILIENZ
Das Immunsystem der Diversity

Upgrade im Überblick

Dieses Upgrade konzentriert sich darauf, unsere Resilienz als Fähigkeit zu stärken. Wir lernen, was Resilienz ist und aus welchen Elementen dieser Diversity Skill besteht. Dabei werden wir uns im Gespräch mit Annette Pampel genauer damit auseinandersetzen, welche Bedeutung Resilienz in der queeren Community hat und welche Ressourcen wir nutzen können, um schwierige Situationen erfolgreich zu meistern. Barbie Breakout berichtet von ihrem Weg und was wir für ein Diversity Upgrade benötigen. Im Gespräch mit Gründer Max Appenroth lernen wir mehr über die Gründer*innenszene Deutschlands und welche Superpower Max nutzt, um sich in Krisensituationen resilient zu zeigen. Wir begegnen der Aktivistin Julia Monro und erhalten Einblicke darüber, wie geteilte Werte und eine gemeinsame Vision dazu beitragen können, Communitys zu stärken und widerstandsfähiger gegenüber Herausforderungen zu machen.

Dieses Upgrade ist eine Unterstützung, unsere Fähigkeiten im Bereich Resilienz zu verbessern, damit wir besser auf Herausforderungen und Veränderungen im Privatleben und im Beruf reagieren und uns schneller von Rückschlägen erholen können. Wir lernen, wie wir Resilienz in unserem täglichen Leben entwickeln und aufrechterhalten können, um unsere persönliche und berufliche Entwicklung zu fördern.

Die sieben Säulen der Resilienz

Nevalyaschka – ein Wort aus meiner Muttersprache, das mich in meiner Kindheit begleitet hat. Ein Wort, das für ein ganz bestimmtes Spielzeug steht und wörtlich übersetzt »liegt nicht unordentlich herum« heißt. Nevalyaschka ist das Stehaufmännchen, das auch in Deutschland bekannt ist – eine Figur, die sich immer wieder von selbst aufrichtet, egal wie oft sie umgekippt wurde. Für mich ist Nevalyaschka eine Metapher, ein Symbol der Resilienz, dieser Fähigkeit, die es uns ermöglicht, uns im Leben immer wieder neu aufzurichten.

Ich muss zugeben, Resilienz gehörte lange Zeit nicht zu meinem Wortschatz. Ich kannte den Begriff nicht, konnte mir ebenso wenig darunter vorstellen. Aber nur weil wir etwas nicht kennen und es nicht beim Namen nennen können, bedeutet das nicht, dass es nicht existiert. So habe ich vor ein paar Jahren während meiner Weiterbildung als Business Coach von dieser Kompetenz gehört und bei mir hat es direkt Klick gemacht. Ich wusste auf Anhieb, dass Resilienz ein Teil von mir ist, ein Teil meiner Geschichte und meiner ganz persönlichen Diversity.

Es gibt Menschen, die Resilienz für ein Modewort oder einen Trend halten. Nicht zuletzt basiert diese Meinung auf der rasanten Entwicklung der Persönlichkeitsentwicklungs- und Coachingbranche. Dabei ist dieser Diversity Skill unsere angeborene Fähigkeit, die sich im Laufe des Lebens und des beruflichen Werdegangs weiterentwickeln kann. Für mich stellt Resilienz eine Art Abwehrmechanismus oder ein Immunsystem dar, das mir hilft, gegen negative Einwirkungen von außen standhaft zu bleiben.

Der Begriff entstammt dem lateinischen Verb »resilire«, was »zurückspringen, abprallen« bedeutet. In der Physik wird damit die Eigenschaft eines Gegenstands beschrieben, nach einer Einwirkung von außen in die ursprüngliche Form zurückzukehren. In den 1970er-Jahren wurde Resilienz in den USA etwas anders verwendet, und zwar um auf psychischer Ebene unsere »Widerstandskraft gegen Stress«[53]

zu beschreiben. »Je nachdem, um welche Art von Stress es geht, hat Resilienz verschiedene Ziele: Entweder man möchte Widrigkeiten entgehen und möglichst normal weiterfunktionieren. Oder es geht darum, den Stress positiv anzunehmen, Vorteile daraus zu ziehen und an den Erfahrungen zu wachsen.«[54]

Im Kontext von Diversity können wir unterscheiden zwischen situativer Resilienz, bezogen auf einen konkreten Stressfaktor, individueller Resilienz, die unsere persönliche Widerstandsfähigkeit beschreibt, Gruppenresilienz, die sich in bestimmten (marginalisierten) Communitys entwickelt und Resilienz auf Organisationsebene (ja, auch Unternehmen können mehr oder weniger widerstandsfähig sein!).

Die vier Phasen von Resilienz

Wenn wir Resilienz situativ betrachten, können wir folgende Phasen unterscheiden:

- **Der Trigger** – ein Stressfaktor oder Ereignis, das von außen auf uns einwirkt. Die Trigger, die unsere Widerstandsfähigkeit dauerhaft und/oder vehement auf die Probe stellen, können Stress oder Traumata auslösen.
- **Die Reaktion** – Aktivierung der Ressourcen, die uns den Umgang mit dem Ereignis ermöglichen (positives Mindset, Selbstwertgefühl, unser Netzwerk, Familie und Freundeskreis etc.).
- **Die Überwindung** – In dieser Phase schaffen wir es, uns von den äußeren Stressfaktoren nicht mehr negativ beeinflussen zu lassen.
- **Das Learning** – Indem wir die Herausforderung bewältigt haben, werden wir ein Stück resilienter und stärker für die Zukunft.

Zu Resilienz auf individueller Ebene existieren bereits verschiedene Modelle. Da diese Fähigkeit eine gewisse Komplexität in sich trägt, ermöglicht eine diverse Herangehensweise auch differenzierte inhalt-

liche Darstellungen. So gibt es zum Beispiel den »Resilienz-Zirkel«
von Ella Gabriele Amann. Die Kompetenzfelder aus diesem Zirkel
sind verbunden und wirken miteinander. Nicht zuletzt zählt Amann
Selbstfürsorge und Improvisationsvermögen zu den Resilienz-Kom-
petenzen. In Al Sieberts Ansatz bauen verschiedene Stufen der individuellen Resilienzentwicklung aufeinander auf. Gabriela Koslowski
stellt in ihrem Buch »Resilienz in der Pflege. Sie sind stärker, als Sie
glauben« (2019) acht Zauberstäbe der Resilienz vor und Prof. Dr.
Jutta Heller gibt uns sieben Schlüssel[55] für diesen Skill an die Hand.

Die sieben Säulen der Resilienz

Das Resilienzmodell, das mir jedoch am meisten zusagt, stammt von
Ursula Nuber, Diplompsychologin und ehemaligen Chefredakteurin
von »Psychologie heute«. Die sieben Säulen der Resilienz beinhalten
drei Grundhaltungen und vier Handlungsaspekte.

Was macht nun resiliente Menschen aus?
Zu den drei **Grundhaltungen** gehören nach Nuber:
- **Optimismus.** Bezeichnend für resiliente Menschen ist die positive
  Grundeinstellung und die Gewissheit, dass die aktuelle heraus-
  fordernde Situation vorbeigehen wird.
- **Akzeptanz.** Resilienten Menschen fällt es leichter, eine Krise oder
  Problem als solches zu akzeptieren, es anzuerkennen und im näch-
  sten Schritt nach Lösungen zu suchen.
- **Lösungsorientierung.** Michail Gorbatschow hatte eine stark aus-
  geprägte Resilienz. Von ihm stammt auch der Satz: »Man kann
  entweder Teil der Lösung oder Teil des Problems sein.« Ich habe
  mich für das Erste entschieden.

Folgende vier Säulen stehen für **Handlungsaspekte**:

- **Raus aus der Opferrolle.** Wer über Resilienz verfügt, gibt nicht den äußeren Umständen die Schuld oder versinkt in Hilflosigkeit, sondern bleibt aktiv und sucht Lösungen bei und für sich selbst.
- **Verantwortung übernehmen.** Sind wir resilient, kommen wir ins Handeln. Gepaart mit Optimismus kann dieser Handlungsaspekt ein starkes Instrument sein.
- **Bindung und Netzwerk.** Echte Beziehungen und Netzwerke bilden eine Art Sicherheitsnetz für den Fall, dass wir aufgefangen werden müssen. In der Luftakrobatik im Zirkus gibt es einen Begriff dafür: Personenauffangnetz.
- **Zukunftsplanung.** Hier schließt sich der Kreis zum Optimismus. Je zuversichtlicher wir unsere Zukunft planen, uns erreichbare Ziele setzen und vorausschauend leben, desto mehr Sicherheit haben wir, die ein positives Mindset mit sich bringt.

Inneres Verteidigungsprogramm

Annette Pampel ist Senior People & Culture Consultant Diversity und Gründerin des LGBTQIA »Rainbow Network« der Coca-Cola Europacific Partners Deutschland GmbH. Nach Abschluss ihres Studiums der Anglistik/Amerikanistik und Germanistik begann Annette ihre Karriere zunächst in der Verlagsbranche, arbeitete anschließend in Stiftungen und Start-ups, ehe sie 2004 zu Coca-Cola wechselte. Nach diversen Stationen im Unternehmen verantwortet sie seit 2018 den Bereich Diversity & Inclusion für die deutsche Business-Unit. Seit mehr als 20 Jahren beschäftigt sie sich leidenschaftlich mit den Themen Diversity, Interkulturalität, Intersektionalität und Empowerment von Minderheiten. Im Fokus steht dabei, Vielfalt sichtbar und wahrnehmbar zu machen und Aktivitäten voranzutreiben, die die Kompetenzen einer vielfältigen Belegschaft als Chance nutzen. Dafür greift sie auf ihr weitreichendes persönliches Netzwerk für die

Zusammenarbeit und gemeinsame Aktivitäten mit Partner*innen und Organisationen. Als Mentorin bei verschiedenen Organisationen unterstützt sie seit Jahren Menschen der LGBTQIA Community.

Liebe Annette, als ich dir von diesem Buch und den Diversity Skills erzählte, hast du sofort gesagt: Resilienz! Was bedeutet für dich diese Fähigkeit?
Resilienz bedeutet für mich persönlich, widerstandsfähig und bei mir selbst zu bleiben. Dieses Immer-wieder Aufstehen, ganz gleich, was das Straucheln, den Fall verursacht hat. Das ist nicht immer leicht, denn nicht nur das Wieder-Aufstehen ist anstrengend und kostet Kraft, sondern auch das Nachdenken, die Selbstreflexion. Ein Umfeld, das empowert, motiviert und unterstützt, vereinfacht das. Resilienz ist aus meiner Sicht vor allem eine erworbene Fähigkeit, mit Ereignissen, die lebensbestimmend sein können, umzugehen. Kraft aus Niederlagen, Fehlern, Schwierigkeiten und (Not-)Situationen zu ziehen und die eine*n zu der Person machen, die man geworden ist und noch wird.

Auch Unternehmen können mehr oder weniger resilient sein. Was macht Organisationen und Unternehmen widerstandsfähiger und was zeichnet diese aus?
Organisationen müssen, um widerstandsfähiger zu sein, einerseits dynamisch und offen für Innovationen sein. Andererseits brauchen sie Werte und müssen diese innerhalb wie außerhalb des Unternehmens authentisch vertreten. Diese Werte spiegeln sich optimalerweise auch in der (Alltags-)Kultur der Organisation wider und werden gelebt: Zugehörigkeit zu empfinden, das gesamte Selbst einbringen zu können, ohne Diskriminierung, Ablehnung oder Nichtakzeptanz zu befürchten und/oder zu erfahren. Eine solche Kultur zu entwickeln ist eine lange Reise und ein kontinuierlicher Prozess, für den ein langer

Atem notwendig ist. Fühle ich mich persönlich wohl an meinem Arbeitsplatz, werde ich wertgeschätzt und mein Beitrag be- und geachtet, kann sich auch die beschriebene Zugehörigkeit entwickeln. Diese wiederum kann Menschen motivieren und aktivieren. Sie können ihr Potenzial nutzen und einbringen und die Organisation, das Unternehmen wird dadurch gestärkt.

Wie können Führungskräfte ihre Teams resilienter machen, gerade in Hinblick auf Diversity in der Belegschaft?
Aus meiner Sicht ist es zunächst einmal wichtig, dass sich Führungskräfte ihrer Rolle und ihres Einflusses bewusst werden – insbesondere das mittlere Management. Sie sind die unmittelbaren Seismografen für die Kultur, die in der Organisation gelebt wird. Die Visionen, die Werte werden an dieser Stelle in die Belegschaft transportiert. Das betrifft selbstverständlich auch sämtliche Diversitätsperspektiven. Edwin Catmull hat einmal gesagt: »Driving the train doesn't set its course. The real job is laying the track.« (»Das Fahren des Zuges bestimmt nicht den Kurs. Die eigentliche Aufgabe besteht darin, die Gleise zu verlegen.«) Mitarbeitenden die Freiheit zu geben, sie selbst zu sein, sich zu entfalten, bringt eine Organisation voran. Für Menschen aus marginalisierten Gruppen bedeutet das auch mehr Freiheit, mehr Gestaltungsspielraum. Führungskräfte, die einen sensiblen Umgang mit Unterschiedlichkeit vorleben, Mitarbeitende in ihrer Individualität schätzen und für Offenheit und Diversität im wahrsten Sinne des Wortes stehen, werden langfristig ihre Mitarbeitenden stärken. Resilienz ist für mich trotzdem noch immer etwas Persönliches, Individuelles – was sich direkt auswirkt auf mein Agieren und damit auf mein Umfeld. Und viele, die marginalisierten Gruppen angehören, haben viel davon!

Hat Resilienz für die queere Community und andere marginalisierte Menschen eine besondere Bedeutung?

Resilienz steht für Widerstandsfähigkeit, für die Fähigkeit, unter widrigsten Umständen zu überleben, bei sich selbst zu sein und zu bleiben – im Optimalfall sogar gestärkt aus diesen schwierigen Lebens- oder Arbeitskrisen herauszukommen. Viele Menschen – Stichwort Intersektionalität – erfahren Markierungen beziehungsweise Zuordnungen zu verschiedenen (marginalisierten) Gruppen nicht nur, weil sie queer sind, sondern auch, weil sie als weiblich/feminin gelesen werden, People of Color sind, eine andere kulturelle Herkunft als die westeuropäische haben, psychisch oder physisch, sichtbar oder unsichtbar, eingeschränkt sind. Immer wieder müssen sie sich mit häufig negativen Zuschreibungen auseinandersetzen, ein Sich-zur-Wehr-Setzen nach außen, in der Interaktion mit anderen. Gleichermaßen beinhaltet diese kontinuierliche Auseinandersetzung stets auch ein inneres Verteidigungsprogramm für diese Person selbst. Es führt immer auch zum Sich-selbst-infrage-Stellen. Wenn Menschen es schaffen, aus dieser Situation gestärkt hervorzugehen, dann ist das natürlich von großer Bedeutung.

Wie hat sich deine persönliche Resilienz entwickelt und was hat dir geholfen, widerstandsfähiger zu sein?

Mein Fun Fact hier ist: Lange bevor der Begriff »Resilienz« aufkam und zu einem Buzzword wurde, habe ich mich, wie viele andere Menschen auch, damit auseinandersetzen zu müssen, »anders« zu sein als die anderen, nicht zur Mehrheit(-sgesellschaft) zu gehören – eine Grunderfahrung für mich, ist es doch zutiefst menschlich, dazugehören zu wollen.

Was macht es mit mir, wenn ich spüre, nicht dazuzugehören? Zunächst einmal suche ich bei mir selbst, stelle mich infrage. Andererseits lassen mich die Menschen der Mehrheitsgesellschaft ja auch dieses »Anderssein« spüren. Ich habe das erlebt als lesbische, ostdeutsch sozialisierte Frau, die weder die eine noch die andere Markierung je versteckt hat, als Geisteswissenschaftlerin in der Industrie, als chronisch kranke Person. Meine Neugier, meine intrinsische Motivation, meine Familie, mein privates Umfeld und das buchstäbliche Wieder-Aufstehen, wenn Hindernisse zu bewältigen, Krisen zu überstehen waren, tiefgreifende Veränderungen anstanden. Die gesellschaftlichen Umbrüche 1989 und die Jahre danach – von der Schwierigkeit, Ende der 1990er-Jahre nach einem erfolgreich abgeschlossenen Universitätsstudium und später aus prekären Arbeitsverhältnissen endlich in eine unbefristete Anstellung zu kommen, über Jobverlust und Arbeitslosigkeit bis hin zu subtiler Diskriminierung – haben mich immer wieder aus Krisen gestärkt hervorgehen lassen. Das war nicht immer einfach. Das möchte ich mit Menschen, denen es heute ähnlich geht, teilen und sie dabei unterstützen, ihre eigene Resilienz zu stärken.

Was brauchen wir, um ein Diversity Upgrade in der Arbeitswelt durchzuführen?

Zunächst einmal: Diversität macht nichts einfacher. Eher das Gegenteil ist der Fall. Diversität (und die damit verbundene Inklusion) bedeutet mehr Reibung, mehr Auseinandersetzung. Diversität erfordert Selbstreflexion, Wissensaneignung und kontinuierliche Kommunikation. Denn nur wenn ich weiß, was mein Gegenüber bewegt, welche sozialen, kulturellen und persönlichen Prägungen diese Person mitbringt, kann ich diese Person und ihr Handeln verstehen und sie fördern und fordern. Das ist eine Erkenntnis, die ich insbesondere den bereits erwähnten Führungskräften wünsche. Unsere Gesellschaft wird zunehmend diverser, unsere Organisationen ebenfalls. Eine Organisation muss sich darauf einstellen und auch ihre Führungskräfte und Mitarbeitenden da abholen, wo sie individuell sind. Das benötigt Zeit, Hartnäckigkeit und ein ordentliches Maß an Resilienz.

Stärke durch Gelassenheit

Unsere Resilienz basiert also auf sieben Säulen und die ersten drei davon sind die Grundhaltungen Optimismus, Akzeptanz und Lösungsorientierung. In diesem Kapitel möchte ich meine Erfahrungen mit euch teilen, wie diese drei Säulen mich persönlich nicht nur gestärkt, sondern auch neu definiert haben.

Die eine oder andere Person, die dieses Buch gerade in der Hand hält, wird sich womöglich fragen: Was hat denn Gelassenheit mit Resilienz zu tun? Und wie soll Stärke durch Gelassenheit entstehen? Hat es damit zu tun, dass es als Stärke betrachtet wird, wenn uns bestimmte Dinge egal sind? Doch hier ist schon ein Missverständnis: Gelassenheit wird oft mit Gleichgültigkeit verwechselt – dabei sind es zwei ganz unterschiedliche Aspekte.

Gleichgültigkeit kann durch die Synonyme Desinteresse, Teilnahmslosigkeit, (innere) Unbeteiligtheit kurz und gut beschrieben werden.

Gelassenheit hingegen – im Englischen »serenity« oder »calmness« – beinhaltet Ruhe – nicht zuletzt die Seelenruhe. Für mich bedeutet Gelassenheit noch etwas mehr, einen State of Mind – einen Geisteszustand, in dem ich mich im Reinen mit mir selbst und mit der Außenwelt fühle, ein Zustand des Gleichgewichts, der mir dabei hilft, mich zu erden und bei mir anzukommen.

Eine Beobachtung, die ich im Leben bei mir selbst und vielen anderen Menschen gemacht habe: Wir werden sozialisiert, mit unserer Aufmerksamkeit in der Außenwelt zu leben. Es war eine große und wichtige Erkenntnis zu verstehen und mir im nächsten Schritt die Erlaubnis zu geben, meine Aufmerksamkeit nach innen, auf mich zu richten.

Zunächst konnte ich damit allerdings wenig anfangen. Eine Begegnung mit mir selbst war alles andere als auf Augenhöhe. Ich habe festgestellt, dass der Grund für viele Unsicherheiten, die ich mit mir herumtrug und die mein Leben und meine Karriere teilweise negativ beeinflusst haben, nicht an der Oberfläche, sondern viel tiefer lag. Einer der wesentlichen Gründe dafür war mein geringes Selbstwertgefühl. Ich konnte mich lange nicht annehmen und akzeptieren, wie ich bin. Meine nach außen gerichtete Aufmerksamkeit hat dazu geführt, dass mein Denken und meine Handlungen sich nach Vorstellungen und Erwartungen der anderen gerichtet haben – ohne zu hinterfragen, wie viel davon meiner eigenen Wahrheit entspricht.

> **Akzeptanz**: Die LGBTQIA Community fordert für sich dieselben Rechte, dieselbe Akzeptanz und dieselbe Wertschätzung, wie sie für die Mehrheitsgesellschaft gelten. Dabei ist die Außenakzeptanz die halbe Miete. Mindestens genauso wichtig ist Selbstakzeptanz – ein Grundstein für ein gesundes Leben und eine erfolgreiche Karriere.

Es wäre gelogen zu sagen, dass aus mir über Nacht ein komplett neuer Mensch wurde. Die Erkenntnis, dass mir ein Gleichgewicht beim Fokussieren meiner Außen- und Innenwelt fehlte, war nur der erste Schritt. Der US-amerikanische Buchautor und NLP-Trainer Anthony Robbins bringt es wunderbar auf den Punkt: »Where focus goes, energy flows« – was ich abgewandelt so übersetze: »Bist du mit deiner Aufmerksamkeit, deinem Fokus im Außen, bleibt keine Energie und Zeit für dich selbst übrig.« Mich überkam ein starkes Bedürfnis, die verlorene Balance (wieder) herzustellen.

Ich habe es verstanden und auf einmal gefühlt, dass mir diese Balance nicht nur zusteht, sondern dass ich sie dringend brauche, um im Leben weiterzukommen. Das Problem war endlich greifbar und so begab ich mich, ein damals immerhin schon lösungsorientierter Mensch, auf die Suche.

Als Nächstes war eine Recherche über meine Optionen an der Reihe. Die Frage der Stunde lautete: Was kann mir mein inneres Gleichgewicht zurückbringen? Meine digitale Bubble war und ist ja immer noch voll mit (Instagram-)Angeboten, die versprechen, durch eine Reise zu uns selbst mehr Erfüllung im Leben zu finden. Von der Arbeit mit dem inneren Kind über Familienaufstellungen bis hin zu Esoterik jeglicher Art, Schamanismus oder Kinesiologie (wenn sich unsere Energieflüsse im Körper anstauen und sich diese durch Schmerzen manifestieren). Neugierig, wie ich bin, habe ich auf der Suche nach Gelassenheit einige Angebote ausprobiert.

Das innere Kind

Insbesondere war die Entdeckung meines inneren Kindes ein Erlebnis, das mich (nicht zuletzt emotional) sehr mitgenommen hat. Eine Erkenntnis, dass ein Teil von mir und meiner Identität mein inneres Kind ist, hat viel zu meiner Selbstakzeptanz und inneren Balance beigetragen. Als ich von diesem Konzept erfahren und mich mit ihm auseinandergesetzt habe, hat sich mein Umgang mit mir selbst verändert. Ich wurde nachsichtiger und geduldiger. Es schien mir, als könnte ich mich ein Stück von meinem Kopf (dem rationalen, ambitionierten und Anerkennung suchenden Teil von mir) lösen. Ich habe mich meinem Herzen angenähert, meiner Gefühlswelt, in der Ängste, aber auch Freude, Spaß, Neugier und Abenteuerlust lebten. Es war der Moment, in dem ich entdeckt habe, dass mein inneres Kind die Quelle meiner Kreativität ist – und dass ich mich, wenn ich gut zu ihm bin, freier entfalten kann (Kapitel 6, Kreativität: Keep it real – dein inneres Kind). Wer das Buch von Stefanie Stahl »Das Kind in dir muss Heimat finden« (2015) noch nicht gelesen hat, dem kann ich es sehr empfehlen.

Auf der Suche nach Gelassenheit und inneren Balance entdeckte ich noch eine weitere Seite des Coachings und der Persönlichkeitsentwicklung. Eine Seite, die bestimmte Formate, Produkte und Angebote zunächst sehr glamourös und verlockend erscheinen lässt – wobei die Betonung auf »zunächst« und »erscheinen lässt« liegt. Auch an solchen Veranstaltungen habe ich teilgenommen und konnte hautnah erleben, was toxische Positivität bedeutet.

Toxische Positivität bedeutet, dass negative Gefühle unterdrückt und tabuisiert werden. »Erlaubt« werden ausschließlich positive Gefühle. Der Optimismus nimmt so viel Raum ein, dass allem, was uns geschieht, ausschließlich positive Effekte zugeschrieben und jegliche Herausforderungen, Probleme oder Struggles als Chancen dargestellt werden. Ein wahrlich weltfremder Ansatz.

Hinter solchen Seminaren steckt in den meisten Fällen eine Maschinerie, die Menschen genau an dem Punkt anspricht und angelt, an dem sie am verwundbarsten sind. Bist du in einer unglücklichen Beziehung? Komm zu uns! Wirst du nicht wertgeschätzt auf der Arbeit? Komm zu uns! Fühlst du dich einsam? Komm zu uns, komm zu uns! Einige Menschen, mit denen ich mich auf einem Event unterhalten habe, erzählten mir, dass sie dasselbe Seminar bereits zum dritten Mal besuchen, weil da immer »so eine tolle Atmosphäre herrscht«. Dabei werden sie am Ende jedes Seminars aufgefordert, sich »vom Alten zu trennen« und die nächste Stufe der »Reise zu sich selbst« zu buchen (Teilnahmegebühren bereits im vierstelligen Bereich) oder für Fortgeschrittene eine Intensivwoche (fünfstellig). Menschen kündigen alte Jobs, nehmen Kredite auf, um an diesen »Reisen« teilzunehmen und werden meiner starken Vermutung nach irgendwann bitter enttäuscht.

Denn nur dem Herzen zu folgen und ausschließlich das zu tun, was sich für uns gut anfühlt, ist ein Fallstrick. Wir brauchen unser Ratio, um die Balance zu finden und nicht in Abhängigkeit zu geraten.

Toxische Positivität ist und bleibt eine Farce. Gerade marginalisierte Menschen, die Diskriminierung erfahren, können sich ihre negativen und teilweise traumatisierenden Erlebnisse nicht schönreden, egal wie viele Seminare sie besuchen. Wenn jemand beschimpft, beleidigt, angespuckt wurde, Gewalt erfahren hat, dann war das nie eine »Chance« und wird auch in Zukunft keine mit sich bringen! Darüber müssen wir uns im Klaren sein und ganz genau überlegen, wo wir unsere Gelassenheit, den damit verbundenen Optimismus, der nicht gekünstelt ist, (Selbst-)Akzeptanz und Lösungsorientierung suchen.

You can't stop the waves

Barbie Breakout schreibt die Geschichte der deutschen LGBTQIA im großen Stil mit. Mit ihrer Stimme klärt sie auf, überzeugt, baut neue Brücken zwischen und für Menschen und Communitys. Es gibt wenige Personen, die ich kenne, die eine Aura wie Barbie haben. Jede Begegnung löst Emotionen aus, ich fühle mich verstanden, ich fühle mich sicher und ich bin richtig so, wie ich bin. In einem solchen Safer Space, den ich Barbie zu verdanken habe, sprechen wir über ihren Weg und über Resilienz.

Liebe Barbie, wie wichtig ist Resilienz in unserer heutigen Gesellschaft – vor allem in Hinblick auf Diversity?
Es scheint, als wäre das das große Thema meines Lebens: immer weiterzumachen – egal was passiert. Den Mut und den Glauben an die Menschheit nicht zu verlieren, ist das Wichtigste, um aktivistisch tätig zu sein. Es gibt natürlich viele Momente, wo du gefeiert wirst und viele Leute dir zujubeln. Aber ein ganz großer Teil davon ist der Umgang mit Backlash und Shitstorms, Hasswellen und doofen Kommentaren. Es gehört dazu, eine dickere Haut zu entwickeln, drüberzustehen und trotzdem weiterzumachen.

Das bezieht sich natürlich nicht nur auf Mediengeschichten oder Social Media, sondern auch darauf, wenn du sichtbar als queerer Mensch durchs Leben gehst, sichtbar sein willst oder vielleicht auch keine Wahl hast. Dann musst du damit umgehen, dass Leute das nicht immer gut finden, aggressiv reagieren oder Gewalt anwenden.

Kann uns Resilienz dabei helfen, Vorurteile abzubauen?
Ja, sicher. Wenn du bei jedem bisschen Widerstand die Flinte ins Korn wirfst, dich geschlagen gibst und liegen bleibst, wird die Nachricht, die du versuchst, nach draußen zu bringen, nicht besonders viele

Menschen erreichen. Es wird immer Widerstand geben, wenn du versuchst, Leute aufzuklären, Dinge zu bewegen und mit Vorurteilen aufzuräumen. Dann musst du die Fähigkeit haben, dich neu zu sortieren, deine Stärke wieder zu finden und weiterzumachen, wenn sich die Wogen geglättet haben.

Hattest du auf deinem Weg bestimmte Herausforderungen, die du bewältigt hast und die dazu geführt haben, dass du Resilienz entwickelt hast?
Ja. Von einer ziemlich komplizierten Elternkonstellation über Mobbing in der Schule, körperlichen Übergriffen seit dem Teenageralter bis hin zu Drogen, HIV, Depressionen, Essstörungen und missbräuchlichen Partnerschaften war alles dabei. Ich bin durch eine Menge Mist gegangen und wäre heute nicht hier, wenn ich keine Resilienz entwickelt hätte. Ich weiß nicht, ob sie mir in die Wiege gelegt wurde oder ob es ein Skill ist, den ich gelernt habe – ein bisschen habe ich das Gefühl, als hätte ich sie schon immer in mir. Aber mein Fell ist definitiv über die Jahre dicker geworden und auch das gehört ja dazu.

Welche bestimmten Ereignisse haben deine persönliche Resilienz geprägt?
Das kann ich nicht genau festmachen. Ich glaube, ich habe die Möglichkeit nicht gesehen, den Kopf in den Sand zu stecken und ihn dort zu lassen. Ich hatte immer das Gefühl: Ich *muss*. Wenn irgendetwas Schlimmes passiert ist, dann habe ich damit eine Weile zu kämpfen. Dann bin ich möglicherweise traumatisiert und muss mich da manchmal Jahre daran abarbeiten. Aber ich habe nicht die Option gesehen, nicht weiterzumachen oder nicht weiter den Weg zu gehen, den ich versuche zu gehen, auch wenn es manchmal sehr schwer ist.

Was brauchen wir, um ein Diversity Upgrade in Deutschland durchzuführen?

Ich habe mir diesen Satz von Jon Kabat-Zinn auf den Arm tätowieren lassen: »You can't stop the waves, but you can learn how to surf« – und das ist mein Mantra und mein Reminder. Wenn man die Umstände nicht verändern kann, hilft es manchmal, die eigene Wahrnehmung und den Umgang mit den Umständen zu verändern. Es gibt viele Menschen aus der LGBTQIA Community, die in Situationen leben, in denen sie ihr Umfeld nicht verlassen können, auch wenn es queerfeindlich und schädlich ist. Dieses Mantra und das entsprechende Mindset können helfen, mit solch schwierigen Situationen umzugehen – und sie sind meiner Ansicht nach ohnehin immer gute Wegbegleiter, denn eine weitere Lesart dieses Satzes impliziert ja auch etwas anderes, das für uns alle wichtig ist und das viele immer wieder vergessen: Wenn du etwas verändern willst, fang bei dir selbst an.

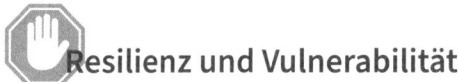Resilienz und Vulnerabilität

Wenn wir Resilienz als Schutzmechanismus oder Schutzschild gegen Stressfaktoren betrachten, wirkt zunächst die Tatsache, dass Vulnerabilität als Gegenteil dargestellt wird, ganz logisch. Resilienz soll also unsere Widerstandsfähigkeit beschreiben und Vulnerabilität unsere Verwundbarkeit oder Verletzlichkeit. Das Problem dabei: Es gibt keine allgemeingültige Definitionen beider Begriffe und je nach Kontext und Zusammenhang kann Resilienz eine Ergänzung zu Vulnerabilität darstellen oder sogar aus ihr entstehen.

Im Lexikon des Bundesministeriums für wirtschaftliche Zusammenarbeit und Entwicklung (BMZ) wird Resilienz als »Fähigkeit von Personen oder Gemeinschaften, schwierige Lebenssituationen wie Krisen oder Katastrophen ohne dauerhafte Beeinträchtigung zu überstehen« definiert. Auf derselben Seite steht: »Nicht resiliente Menschen und Gesellschaften werden häufig als vulnerabel bezeichnet.«[56]

Zu besonders vulnerablen Gruppen zählen laut BMZ-Lexikon Frauen, Kinder und Jugendliche, Menschen mit Behinderungen, Menschen auf der Flucht, LGBTQIA sowie ethnische und religiöse Minderheiten. Die Zuschreibung »Nicht resiliente Menschen sind vulnerabel – oder andersherum: vulnerable Menschen verfügen nicht über Widerstandskraft« ist weit verbreitet und stellt einen Diversity Bug dar.

Die in Hessen geborene, US-amerikanische Entwicklungspsychologin Emmy Werner hilft uns dabei, diesen Bug zu beheben. 1977 veröffentlichte Werner die Ergebnisse einer der größten Langzeitstudien mit Fokus auf Resilienz. Im Rahmen der Studie wurden 698 Kinder, alle geboren im Jahr 1955 auf der Hawaii-Insel Kauai, mehrere Jahrzehnte lang begleitet. 30 Prozent der Kinder wuchsen unter äußerst schwierigen Bedingungen auf: Krankheit und niedriger Bildungsstand der Eltern, Armut, Vernachlässigung, Gewalt in der Familie, Misshandlung. Zwei Drittel dieser »Risikokinder« hatten tatsächlich Lern- und Verhaltensstörungen, wurden straffällig. Ein Drittel aus dieser Gruppe, die den Risikofaktoren ausgesetzt waren, haben sich hingegen erstaunlich positiv entwickelt, hatten eine optimistische Lebenseinstellung, weniger gesundheitliche Probleme und konnten stabile Beziehungen angehen.

Werner war daran interessiert, was die resilienten Kinder aus der Risikogruppe von den restlichen zwei Drittel unterscheidet und stellte dabei sogenannte Schutzfaktoren fest. Zum einen waren es persönliche Eigenschaften wie Geselligkeit, Optimismus und positive Lebenseinstellung oder Problemlösungsfähigkeit. Zum anderen waren es externe Faktoren wie Bindungen zu den unterstützenden Erwachsenen.

Gewisse **Schutzfaktoren** machen uns widerstandsfähiger. Dazu gehören persönliche Eigenschaften wie ein positives Mindset oder Problemlösungsfähigkeit sowie externe Faktoren wie vertrauensvolle Bindungen zu unseren Bezugspersonen.

Die Kauai-Studie von Emmy Werner zeigt uns, dass Resilienz und Vulnerabilität zusammengehören können und sich gegenseitig nicht ausschließen müssen. Wir können sehr wohl einer vulnerablen Gruppe angehören und gleichzeitig eine stark ausgeprägte Widerstandskraft besitzen.

Über eine Superpower

Dr. Max Appenroth ist Aktivist und Diversity-Berater. Er ist Mitbegründer von Diversity Factory GmbH, einem Full-Service-Partner für eine 360-Grad-Perspektive für Vielfalt am Arbeitsplatz. Mit seiner Arbeit verfolgt Max das Ziel, die Schönheit von intersektionaler Diversität in den Vordergrund zu rücken. Als Content Creator klärt er auf seinen Instagram- und LinkedIn-Kanälen zu DEIB-, geschlechtlicher und sexueller Vielfalt auf. In seinem Roman »Queer durch den Regenbogen« erzählt er mit der Geschichte von Ava/Leo seine eigenen Erlebnisse inklusive der vier wichtigsten Coming-outs seines Lebens.

Lieber Max, was bedeuten für dich Resilienz und Widerstandsfähigkeit?
Resilienz bedeutet für mich die Fähigkeit, immer wieder aufzustehen, wenn man stolpert oder gar fällt. Diese Erfahrung, wenn wir sehen, wir können wieder aufstehen, macht uns auf Dauer als Menschen widerstandsfähig. Wenn wir erkennen, dass wir Hürden überkommen können, stärkt das uns auch im Selbstwert.

Wie hast du diese Kompetenz entwickelt und was war dabei hilfreich?
Als trans Person musste ich diese Kompetenz unweigerlich entwickeln. Aufgrund dessen und aufgrund anderer Vielfaltsaspekte, die

ich mitbringe und generell nicht immer ins System passe, bin ich häufiger gegen Wände gestoßen beziehungsweise gestolpert oder »wurde gestolpert«. Resilienz ist ein Überlebensmechanismus, den ich entwickelt habe. Es ist für mich aber auch die Fähigkeit, dem System immer mal wieder den Mittelfinger zu zeigen und deutlich zu machen, dass es auch anders geht. Was mir dabei unter anderem geholfen hat, waren und sind Menschen mit ähnlichen Erfahrungen – Community ist hier ein großes Stichwort –, die mich immer wieder aufgelesen haben, wenn es mir selbst schwergefallen ist.

> **trans**: Max bevorzugt die Schreibweise »trans Mann« und das nicht ohne Grund. Das sagt er dazu: »Auch wenn der Duden ›Transperson‹, oder ›Transfrau/Transmann‹ als richtige Schreibweise anerkennt, ist trans Person (trans Frau/trans Mann) die bessere Wahl. Trans ist ein beschreibendes Adjektiv wie groß, klein, musikalisch. Bei anderen beschreibenden Adjektiven sagen wir ja auch nicht ›Großperson‹ oder ähnliches. Beim Substantivieren werden trans Personen außerdem sprachlich auf das trans Sein reduziert, obwohl trans eine Facette von vielen einer Person sein kann.«

Als Gründer bist du mit vielen Herausforderungen unterschiedlicher Art konfrontiert. Welche Ressourcen und welches Mindset brauchen Menschen, die gründen möchten, um erfolgreich zu sein?

Als Gründer bin ich natürlich mit vielen Herausforderungen konfrontiert, auf die sehr viele andere Gründende auch treffen. Aber natürlich, wenn man jetzt nicht dem Schema F entspricht– das heißt, weiß, hetero, cis und männlich ist, BWL studiert hat, am besten noch mit zwei Kompagnons ähnlicher »Ausstattung« sozialer Kategorien gründet –, hat man natürlich noch mal andere Hürden. Was bringt man mit? Welche Ressourcen hat man? Welche Ressourcen hat auch die Hintergrundfamilie? Das sind alles Aspekte, die eine erfolgreiche Gründung maßgeblich mit beeinflussen. Wie schnell man ein

Funding bekommt oder auch vor allem ein Investment, hängt natürlich sehr stark von der Vernetzung ab, die wir als nicht normativ lebende Menschen häufig eben schwieriger erreichen. Es wird ja immer gesagt, man braucht ein »Gründer-Mindset«. Dabei denke ich mir: Nein, gründen kann theoretische jede Person. Wichtig ist aber, dass man auch Mentor*innen findet, die einen in diesem Vorhaben bekräftigen und uns unterstützen, diese »Extra-Hürden«, auf die man als vielfältige Person trifft, zu überwinden. Auch das Thema Allyship spielt eine große Rolle, wo wir auch immer wieder appellieren und sagen: »Think outside of the box.« Leider haben wir noch keine Statistik darüber, wie erfolgreich trans geführte Unternehmen im Vergleich zu cis geführten Unternehmen sind. Wir wissen aber beispielsweise schon, dass Start-ups von cis weiblichen Gründerinnen erfolgreicher sind als die von cis Männern. Ich bin entsprechend der Auffassung, dass die Inverstor*innen-Szene jetzt am Zug ist zu erkennen, welch vielfältige Kraft Diversity-Gründer*innen mit sich bringen: Durch die deutlich gesteigerte Resilienz, die wir haben, springen wir nicht bei jeder kleinen Welle, die gegen den Bug knallt, sofort vom Schiff. Durch diese besondere Ressource der Resilienz bleiben wir an Bord, weil wir es einfach gewohnt sind, durch eine raue See zu fahren.

Welche Rolle spielt Resilienz in Bezug auf Diversity insbesondere für die queere Community und ihre Mitglieder?
Man weiß, dass Resilienz zum Beispiel bei trans Personen deutlich stärker ausgeprägt ist als bei cisgeschlechtlichen Menschen. Ich sage immer wieder: Das ist eine Superpower. Dieses Durchhaltevermögen zeichnet uns als Arbeitnehmer*innen und Gründer*innen aus. Das, was wir als vielfältige Menschen in die Gesellschaft zurückgeben, ist einfach eine außergewöhnliche Kraft. Und ich glaube, das sollten Arbeit- wie Auftraggebende auch langsam erkennen. Auch sollten sie sehen, wie stark das die Mitarbeitenden macht, wenn Resilienz aktiv gefördert und geschaut wird, wie man gerade marginalisierte

Menschen in der Arbeitswelt gezielt unterstützen kann, um diese Resilienz zu hundert Prozent rauskitzeln zu können.

Was brauchen wir, um in der Gründungsszene ein Diversity Upgrade durchzuführen?

Ein Umdenken der Struktur in dem Sinne, dass vielfältige Gründer*innen viel mehr Platz bekommen sollten und uns viel mehr zugetraut werden müsste. Dass wir gezielt gefördert werden aufgrund der ungleichen Verhältnisse, die wir erfahren und vor allem, dass Investor*innen den Mehrwert vielfältiger Gründer*innen erkennen und schätzen. Wir geben richtig Gas – meines Erachtens häufig deutlich mehr als »der Rest«, weil wir es nicht anders kennen. Ich mag den Begriff Kämpfer*innen nicht unbedingt, aber wir sind Menschen, die wirklich ein Durchhaltevermögen haben, weil wir es aus unserem Alltag gewohnt sind. Das ist etwas, das wir auch als Gründer*innen mitbringen und wir werden damit auch langfristig deutlich erfolgreicher sein.

Von Zurückweisung bis Akzeptanz

In diesem Skill Boost möchte ich ein Modell vorstellen, das auf den ersten Blick nicht unbedingt mit Resilienz zu tun hat. In Kapitel 7, Adaptivität: Change – unser Umgang mit Veränderung, habe ich darüber gesprochen, wie Veränderungsprozesse (Change) mit Diversity Management verbunden sind. Wenn wir es genau nehmen, geht jedes Unternehmen, das eine inklusive und diversityzentrierte Kultur pflegen möchte, durch einen Changeprozess.

Unser Umgang mit Veränderung lässt sich gut anhand des 5-Phasen-der-Trauer-Modells von Elisabeth Kübler-Ross aufzeigen. Die schweizerisch-US-amerikanische Psychiaterin hat sich in ihrer Arbeit intensiv mit Trauer und Verlust beschäftigt.

Basierend auf zahlreichen Interviews mit Sterbenden und Trau-
ernden versucht Kübler-Ross uns dabei zu helfen, besser zu verstehen,
wie wir mit tragischen Ereignissen umgehen. Die Kurve im Modell
erläutert unseren emotionalen Umgang mit Verlusten und beinhaltet folgende Stadien: Leugnung, Wut, Verhandeln, Depression und
Akzeptanz.

Dieses Modell kann für uns alle und unsere Gesellschaft von Nutzen sein, um widrige Lebensumstände zu bewältigen und unsere Resilienz weiterzuentwickeln.

Wir Menschen erleben oft eine Form emotionaler Traumata,
die uns herausfordern und unsere psychische Gesundheit dauerhaft und immens beeinträchtigen können – und das betrifft alle, ob
queer oder nicht queer, aus gutem oder nicht so gutem Haus, ob in
Deutschland geboren oder nicht. Richten wir dennoch den Blick auf
die queere Gemeinschaft, zeigt die Studie des Deutschen Instituts für
Wirtschaftsforschung (DIW), dass queere Menschen dreimal öfter an
Depression leiden als der heterosexuelle Teil der Bevölkerung (siehe
auch Einleitung). Diese Statistik wird nicht zuletzt auf Diskriminierung und fehlende Akzeptanz (teilweise im engsten Familienkreis) geführt, mit denen queere Menschen heute immer noch konfrontiert
sind.

Vielleicht kämpfen wir gegen uns selbst und wollen uns selbst
nicht annehmen, wie wir sind. Oder wir haben uns im geschützten
Raum schon akzeptiert, trauen uns aber unser Coming-out (noch)
nicht zu. Diese Erfahrungen können zu inneren Konflikten führen,
zu Dauerstress oder zu einer Krise. Das Kübler-Ross-Modell hilft uns
dabei, unsere Emotionen in solchen Situationen zuzuordnen, einen
Umgang mit schwierigen, belastenden Themen schneller zu finden
und dadurch resilienter zu werden.

Leugnung/Zurückweisung

Der erste Schritt auf der Kurve ist oft Leugnung oder Zurückweisung. Wir können einfach nicht glauben, dass das, was uns passiert ist, wahr ist. Wir sind verwirrt oder befinden uns in einem Schockzustand. Daher müssen wir uns die Zeit nehmen anzukommen und uns der Realität zu stellen. Gleichwohl darf diese Phase nicht »ausarten«, uns nicht erstarren lassen und nicht dauerhaft zu einer Schutzstrategie werden.

> **Leugnen als Abwehrmechanismus**: Fällt es uns schwer, etwas zu akzeptieren, kann sich Leugnen (unbewusst) in eine Schutzstrategie verwandeln. Indem wir etwas nicht wahrhaben wollen, was für uns schwer zu akzeptieren oder bedrohlich ist, vermeiden wir eine direkte Konfrontation und eventuell Schmerz.

Leugnen dürfen wir bis zu einem gewissen Grad als natürliches Phänomen ansehen und annehmen. Falls wir jedoch erkennen, dass wir aus dieser Phase nicht selbst herauskommen, dürfen wir uns – auch professionelle – Unterstützung von außen holen.

Wut

Wenn wir das Leugnen überwunden haben, kommt als Nächstes die Wut. Wir sind wütend auf das System, das queerfeindlich ist, auf die Personen, die uns Unrecht angetan haben, auf abwertende Blicke, manchmal auf die ganze Welt. Befinden wir uns in dieser Phase, sollten wir unseren Gefühlen, vor allem auch der Wut, Raum geben. Denn sie können helfen, uns von den erfahrenen Schmerzen zu erholen. Gleichzeitig müssen wir lernen, wann es an der Zeit ist, diese negativen Gefühle loszulassen, um uns mit ihnen nicht »chronisch« zu identifizieren. Das Unterdrücken von Wut kann auf Dauer nur schaden. Was hingegen hilft, ist, die Wut herauszulassen – beim Sport, am Boxsack zu Hause oder in Gesprächen mit vertrauten Personen.

Verhandlung

In der folgenden Verhandlungsphase stellen wir uns Fragen wie »Warum ist das passiert?!« oder »Was hätte ich anders machen sollen?«. Die rationale Seite übernimmt, versucht zu verhandeln und sich eine Geschichte zurechtzulegen, die – und das ist ganz wichtig – immer individuell ist und auf unseren persönlichen Erfahrungen basiert. Dabei dürfen wir nicht vergessen, dass wir nicht immer und überall Kontrolle haben. Manchmal geschieht uns etwas und es gibt dafür keine vernünftige Erklärung. Die Tatsachen gehören akzeptiert und der Weg wird fortgesetzt.

Depression

In der Depressionsphase können wir uns traurig, einsam und verzweifelt fühlen. Wir fragen uns, ob das Leben jemals wieder so sein wird, wie es vor dem Ereignis war, der diesen Changeprozess verursacht hat. Diese Phase erfordert viel Me-Time und Selbstfürsorge. Hilfe von unseren Freund*innen oder Fachleuten anzunehmen, um unsere Gedanken zu sortieren, ist keine Schande. Denn dadurch kommen wir in die letzte Phase des Kübler-Ross-Modells.

Akzeptanz

Jetzt akzeptieren wir unsere Emotionen, Gedanken und Überzeugungen und strukturieren uns neu. Wir erkennen das Geschehene als Teil des Lebens an und wissen, dass wir dadurch nicht definiert werden.

Wir haben unsere Fähigkeit zur Resilienz gestärkt und sind bereit, ein neues Kapitel aufzuschlagen.

In der VUCA-Welt (Kapitel 7, Adaptivität: Anpassungsfähigkeit – eine Tugend für den Wandel), die sich schnell ändert und zunehmend komplexer wird, kann Resilienz ein wichtiges Instrument für uns sein – nicht zuletzt für all die marginalisierten Menschen, die es in allen Bereichen des unternehmerischen wie privaten Lebens gibt. Resilienz ist ein Diversity Skill, der uns hilft, die schwierigen Situationen ohne Schäden zu überstehen – Nevalyaschka zu sein.

Gruppenresilienz durch geteilte Werte

Resilienz ist einer der wenigen Diversity Skills, die nicht nur individuell, sondern auf der Ebene der Gemeinschaften existieren. Resiliente Gruppen zeichnen sich durch einen engen Zusammenhalt aus, sind eher kollektivistisch als individuell orientiert und teilen bestimmte Werte, die von den meisten Mitgliedern der Gruppe geteilt werden. Ich spreche mit Julia Monro, Aktivistin und Vorstandsmitglied des LSVD$^+$ – Verband Queere Vielfalt, über Werte und Gruppenresilienz der queeren Community.

Liebe Julia, welche geteilte Werte bringen queere Communitys zusammen und machen diese als Gemeinschaft widerstandsfähiger?
Die queere Community ist leider in Diskriminierung vereint. Diese wird zum Beispiel durch den Staat ausgeübt, wir sprechen hier von struktureller Diskriminierung durch Behörden oder Gesetze. Es existieren gesetzliche Nachteile unter anderem beim Adoptionsrecht lesbischer Frauen, beim Transsexuellengesetz für trans Personen oder in der Vergangenheit auch beim §175 StGB, bei dem homosexuelle Handlungen bis in die 1990er-Jahre noch unter Strafe standen.

Alle Mitglieder der Community erfahren Diskriminierung in unterschiedlichen Ausprägungen und sind nicht gleichwertig zur heteronormativen Gesellschaft. Wir haben alle ähnliche Erfahrungen gemacht. Ich weiß, wenn ich einer anderen queeren Person begegne, dass sie sehr wahrscheinlich in einer ähnlichen belastenden Situation steckt, wie ich selbst sein könnte. Da sprechen wir vom sogenannten Minderheitenstress.

Minderheitenstress bezeichnet ein hohes Stressniveau, dem Mitglieder stigmatisierter (Minderheits-)Gruppen ausgesetzt sind. Der Stress kann unter anderem ausgelöst werden durch Diskriminierung und zwischenmenschliche Vorurteile, fehlende soziale Unterstützung oder einen niedrigen sozioökonomischen Status.

Das alles zeigt, dass queere Menschen sich besser untereinander verstehen, weil sie weniger Privilegien haben als der Rest der Gesellschaft – und das verbindet, so traurig der Grund auch ist. Das trifft aber auch auf andere marginalisierte Gruppen zu, beispielsweise Menschen im Rollstuhl. Ich glaube, dass automatisch ein anderes Verständnis und Empathie füreinander herrscht, weil man einen Menschen sieht und innerlich fühlt: Diesem Menschen geht es wahrscheinlich ähnlich wie mir und er hat weniger Privilegien als andere cis weiße hetero Dudes. Ich glaube, dadurch, dass wir alle in einem Boot sitzen, schweißt uns das zusammen. Daraus entsteht Gemeinschaft, aus der man seine Kraft tanken kann, weil man weiß, man ist nicht alleine. Man muss all diese Kämpfe nicht alleine durchstehen. Da gibt es andere, die auch in dieser Situation stecken und das Gleiche durchmachen müssen. Daraus schöpft man, so ist es jedenfalls bei mir gewesen, die Kraft, dass man sieht, okay, ich bin jetzt nicht verrückt, ich bin kein Einzelfall. Man tut sich zusammen, bündelt seine Ressourcen, seine Kapazitäten, seine Erfahrungen, kann sich auch besser organisieren, um dann vielleicht aktivistisch dagegen vorzugehen und das Ganze irgendwie zu optimieren. Die Situation, in der man sich befindet, muss ja nicht so bleiben. Man kann etwas dafür tun. Glücklicherweise leben wir in einer Demokratie und können aktiv daran mitwirken, um das zu verbessern.

> **28. Juni 1969**: Vor 55 Jahren, am 28.06.1969 im Stonewall Inn in der New Yorker Christopher Straße, wurde Geschichte geschrieben. Der Aufstand queerer Menschen gegenüber der Polizei nach einer Razzia dauerte mehrere Tage und zeichnete den Anfang der weltweiten Bewegung für die LGBTQIA-Rechte.

Heute werden alleine in Deutschland jedes Jahr über 80 CSDs (Christopher Street Day) aka Pride organisiert. Haben diese Veranstaltungen eine Auswirkung auf die Widerstandsfähigkeit von queeren Menschen – auf individueller Ebene und als Community?

Für mich ist Stonewall der Inbegriff des Widerstands. Das waren die Ersten, die aktiv geworden sind und ich bin immer Fan davon, dass man nicht in einer unprivilegierten, diskriminierten Situation passiv verharrt, sondern dass man aktiv wird, um die eigene Situation zu verbessern. Wenn man das medizinisch betrachtet, schüttet alleine dieses Aktivwerden positive Hormone wie Dopamin und Noradrenalin im Körper aus und es reduziert den Stress. Allein dadurch generiert man ein besseres Gefühl. Man hat etwas getan und es steigert die mentale Verfassung. Nicht umsonst gibt es die Redewendung: »Wer kämpft, kann verlieren – wer nicht kämpft, hat schon verloren.« So hat grundsätzlich jeder Mensch für sich die Möglichkeit, sich aus einer misslichen Situation zu befreien.

Das finde ich ultrawichtig, dass man sich selbst reflektiert und sich bewusst macht: »*Ich habe es selbst in der Hand und muss nicht alles über mich ergehen lassen.*« Ansonsten würde es ja bedeuten, dass man kein selbstständiger Mensch ist, sondern alles mit sich machen lässt. Es gehört für mich zum Widerstand dazu, aktiv zu sein und deshalb nenne ich mich auch *Aktiv*istin. Deshalb glaube ich auch fest daran, dass diese Demonstrationen auf jeden Fall eine Auswirkung auf die Widerstandsfähigkeit haben. Je mehr man sieht, dass man nicht allein ist, kann man auch anfangen, sich in verschiedenen Gruppen zu organisieren, weil es Menschen mit ähnlichen Erfahrungen gibt. Die einen kämpfen dann für die Abschaffung von § 175, die anderen kümmern sich um Out in Church, also um Diskriminierung queerer Menschen durch die Kirche, andere wiederum organisieren sich für eine Ergänzung des Artikel 3 im Grundgesetz. Trans*, intergeschlechtliche und nicht binäre Personen kämpfen für ein Selbstbestimmungsgesetz und so weiter. Durch solche Demonstrationen und queere Veranstaltungen entstehen letztendlich auch Vernetzungen queerer Strukturen. Vernetzung führt zu besserer Organisation, was dazu beitragen kann, einen noch größeren Widerstand aufzubauen, sodass man sich gegen eine staatliche Übermacht besser wehren kann. Auf individueller Ebene kann es auch eine Bereicherung für jeden Menschen werden. Es werden Möglichkeiten aufgezeigt, die man vorher gar nicht kannte. Für mich war es beispielsweise eine grandiose Erkenntnis, dass Gesetze nicht in Stein gemeißelt sind, sondern durch Verfassungsbeschwerden verändert werden können. Man gewinnt als organisierte Community ein viel stärkeres Auftreten, ein viel größeres Gewicht, eine viel stärkere Stimme gegenüber der Politik. Alleine ist das nicht so leicht, aber wenn man gemeinsam an einem Strang zieht und in dieselbe Richtung geht, dann gibt es viel mehr Möglichkeiten.

Was sind die Safer Spaces und welche Bedeutung haben sie für Queers, aber auch für andere marginalisierte Menschen?
Reine Safe Spaces gibt es für mich nicht. Man wird keinen Raum jemals 100 Prozent sichern können. Deshalb finde ich den Begriff Safer Spaces korrekter. Sie sind wichtig für Menschen, die Diskriminierung erlebt haben und erst einmal eine Anlaufstelle brauchen, an die sie sich angst- und diskriminierungsfrei wenden können. Es ist ein Ort,

an dem man sensibel mit ihnen umgeht, eine Community, in der man sich wohlfühlt. Wenn man beispielsweise in der hetero cis Bubble oder Gesellschaft bleibt, besteht für die trans* Community immer die Gefahr des Misgenderns. Da fühlt man sich innerhalb der Community sicherer. Man weiß einfach: Auch wenn mich mal jemand misgendert, dann hat die Person das wahrscheinlich nicht absichtlich gemacht. Das kann passieren, aber man geht hier eher davon aus, dass ein sensiblerer Umgang herrscht. Und deshalb sind solche Safer Spaces so wichtig. Erst recht auch im Sport.

Ich spiele zum Beispiel Volleyball in einem queeren Verein. In diesen eigenen queeren Strukturen habe ich die Möglichkeit, auch als trans* Person teilzunehmen – ohne Angst haben zu müssen, dass ich vom Sportverband ausgeschlossen werde. Der heteronormative Sport ist sehr binär strukturiert. Da hat man es als trans* Person sehr schwer. Es gibt kaum Regularien. Da bieten die queeren Communitys und Parallelstrukturen, die aufgemacht werden, eine gewisse Sicherheit. Hier kann ich unbefangen sein und muss mir nicht ständig Gedanken machen, wie mit mir umgegangen wird. Diese Parallelstrukturen sind enorm wichtig und ein großer Gewinn für uns als Community. Im Hinblick auf andere Länder betrachte ich es als Geschenk, dass wir diese Möglichkeit in Deutschland haben, uns nicht nur als Individuen, sondern auch als Community zu entfalten. Allerdings ist es traurig, dass es solche Strukturen braucht. Es kann aber auch eine Chance sein, dass die Gesellschaft aufwacht und erkennt: Nicht alle Menschen sind gleichberechtigt und frei von Diskriminierung, solange wir solche Parallelstrukturen brauchen. Es kann und sollte als Weckruf für die Gesellschaft verstanden werden.

Als Aktivistin beherrschst du viele Diversity Skills. Welche Rolle spielt Resilienz in deiner Arbeit und wie hat sich diese Fähigkeit im Laufe der Zeit entwickelt?

Resilienz ist mein wichtigstes Thema. Ich wurde in meiner aktivistischen Zeit ins kalte Wasser geschmissen und war gezwungen, mich mit meiner Realität auseinanderzusetzen, mich zu verteidigen und Resilienz zu entwickeln. Andernfalls hätte ich das Outing mit hoher Wahrscheinlichkeit nicht überlebt. Das ist ein Fakt, über den ich mir bewusst werden und ich anfangen musste, für mein Überleben zu kämpfen. Allein dadurch, dass ich mein Leben in die Hand genommen habe und aktiv geworden bin, hat sich tief in mir eine Kraft entwickelt, mit der ich bestimmte Diskriminierungsmuster erkenne und lerne, darauf zu reagieren. Man legt sich im Gehirn eine gewisse Prozessroutine ab. Wenn bestimmte Situationen eintreten, die immer wieder vorkommen, weiß ich, ich kann jetzt so oder so darauf reagieren. Es ist für mich Teil der Resilienzarbeit und Psychohygiene, mich selbst zu reflektieren und zu schauen, wie ich mit den äußeren Einflüssen umgehe. Lohnt es sich wirklich, in jeden Kampf einzusteigen? Macht es Sinn, an dieser Stelle zu kämpfen? Muss ich wirklich mit irgendwelchen TERFs rumdiskutieren oder mit Menschen, die mich von vornherein mit dem ersten Signal schon ablehnen – oder ist das ein Mensch, der im ersten Moment vielleicht nur Fragen hat und mich versehentlich diskriminiert?

> **TERF**: Der Begriff stammt aus dem Englischen und steht für Trans-Exclusionary Radical Feminist (transausschließende Radikalfeministin). TERFs diskriminieren transidente Menschen, indem sie die geschlechtliche Identität ausschließlich anhand der Geschlechtsorgane (männlich oder weiblich) festhalten.[57]

Irgendwann habe ich angefangen zu differenzieren, wie ich mit den unterschiedlichen Diskriminierungsformen umgehe, in welchen

Kampf ich aktiv einsteige und von welchen ich mich entfernen will. Ich habe gelernt, dass ich alleine darüber entscheiden kann, wer oder was meinen Kreis betreten darf. Wenn etwas nicht gut ist, dann muss ich es nicht aushalten. Ich kann den Blick abwenden oder mich entfernen – zum Wohl meiner eigenen Psychohygiene. Damit habe ich gleichzeitig auch gelernt, meine Widerstandsfähigkeit zu trainieren. Das ist seit meinem Outing ein andauernder Prozess, der auch heute noch immer wieder stattfindet. Ich gerate immer wieder in solche Situationen. Manchmal könnte ich jeden Tag Strafanzeige stellen, aber ich fange an zu filtern. Welche Situationen sind es wert, wo lohnt sich das Kämpfen und wo kann ich vielleicht ein politisches Zeichen setzen? Dann habe ich auch angefangen, diese Einstellung weiterzugeben, andere zu ermutigen und ihnen zu erklären, wie wichtig das Aktivwerden für die eigene Psychohygiene ist. So habe ich irgendwann auch realisiert, welche Rolle ich inzwischen eingenommen habe. Ich hatte selbst keine Vorbilder, an denen ich mich damals orientieren konnte. Als ich damals in einer Selbsthilfegruppe stand und meine Arbeit vorgestellt habe, kam ein 13-jähriger trans* Junge auf mich zu und sagte: »Ich habe mein ganzes Leben auf dich gewartet.«

Das war für mich so ein emotionaler Moment, in dem ich erkannt habe, dass ich inzwischen selbst zu einem Vorbild geworden bin. Das hat mich noch einmal enorm beflügelt. Ich habe in mir selbst wieder einen Wert gesehen, ein Gefühl, welches ich lange verloren hatte. Dass es Menschen gibt, die es toll und wichtig finden, was ich tue, das hat mein Selbstbewusstsein wieder gestärkt und diese Widerstandsfähigkeit in mir weiter aufgebaut. Dadurch, dass ich aktiv und sichtbar bin, habe ich auch ein hohes Maß an Verantwortung, was die Community mir anvertraut. Dieses Vertrauen ist für mich ein Geschenk, für das ich sehr dankbar bin. Das baut mich auf und ermutigt mich. Das ist pures Empowerment. Ich hätte vor ein paar Jahren nie gedacht, dass ich mal so weit sein werde.

Was brauchen wir, um ein Diversity Upgrade in Deutschland durchzuführen?

Ich glaube, es braucht eine Diversity-Strategie von oben. Wir brauchen Top-down-Strategien, anstatt immer alles von unten nach oben erkämpfen müssen, denn das ist auf Dauer sehr anstrengend. Es hat auch einen ganz anderen Impact, wenn sich beispielsweise eine trans* Person in der Führungsetage eines Unternehmens outet. Man schreibt so einer Führungskraft viel mehr Kompetenzen zu, ein Outing wird »seriöser« wahrgenommen. Mit einer solchen Sichtbarkeit erreicht man viel mehr. Wenn so ein Role Model eine klare Haltung zeigt, dann ist das ein deutliches Signal gegenüber denjenigen, die uns angreifen. Deshalb wünsche ich mir solche deutlichen Signale auch aus der Regierung, eine klare Gesetzgebung mit einer Nulltoleranzstrategie gegen Queerfeindlichkeit. Es braucht auch eine bessere Umsetzung der BNE-Ziele, Bildung für nachhaltige Entwicklung. Der Bildungssektor muss neu strukturiert, nachhaltiger und demokratischer aufgestellt werden. Es braucht mehr Sozialkompetenz, Social-Media-Kompetenzen und Medienkompetenzen als Schulfächer für Kinder und Jugendliche. Es braucht Faktenchecks, um sich gegen Desinformationen zu wappnen. Queere Themen werden sehr häufig mit irreführenden Falschinformationen verbreitet. Es muss gut und sachlich aufgeklärt werden, sobald etwas von rechts kommt – das muss auch eingeordnet werden. Bildung ist ein Demokratieauftrag. Politische Bildung, Medienbildung, Aufklärung: Das sind Themen, die unbedingt auch in den Schulen viel mehr in den Fokus genommen werden müssen, damit wir eine neue Generation von heranwachsenden jungen Leuten haben, für die solche Werte völlig selbstverständlich sind – und das muss einfach von oben besser geregelt werden. Die Politik hat es in der Hand, die entsprechenden Weichen dafür zu stellen.

» Wir stehen für wir uns ein und kommunizieren unsere Bedürfnisse, setzen Grenzen und fordern Respekt ein – ganz egal, ob auf individueller Ebene oder als Community. Es ist unsere Aufgabe, das für uns zu tun – und für alle, die nach uns kommen werden.

9

SELBSTBEHAUPTUNG
Ein Skill für Gleichheit und Gerechtigkeit

Upgrade im Überblick

Wenn es darum geht, unsere Kompetenzen in Hinblick auf Diversity und Inklusion zu erweitern, spielt Selbstbehauptung eine tragende Rolle. Mit Selbstbewusstsein als Teil dieses Skills können wir unsere Identität schützen und unsere Rechte verteidigen. Es ist eine Kompetenz, die uns weder im Privatleben noch im Beruf fehlen darf.

Bisher haben wir uns mit verschiedenen Fähigkeiten beschäftigt, die uns dabei helfen, uns selbst und andere besser zu verstehen und erfolgreich zu sein. Jetzt legen wir den Fokus auf eine weitere wichtige Komponente in unserem Diversity Mindset: die Fähigkeit, unsere Grenzen zu setzen und diese erhobenen Hauptes zu kommunizieren. Damit behaupten wir uns also im wahrsten Sinne des Wortes und erreichen mehr innere Sicherheit und Halt, die sich wie ein Dominoeffekt auf alle Lebensbereiche positiv auswirken können. In diesem Kapitel werden wir verschiedene Methoden und Strategien kennenlernen, die uns dabei helfen, unsere innere Stärke zu finden und unsere authentische Identität zu leben. Annika in der Beek teilt eine einfache, aber sehr wirkungsvolle Übung mit uns, um unsere Selbstzweifel abzulegen.

Es kommen Persönlichkeiten zu Wort, die ihre eigenen Erfahrungen und Perspektiven auf Selbstbehauptung darstellen. Gründerin Melanie Esser berichtet, wie sie durch eine klare Haltung und Entschlossenheit ihre Ziele erreicht. Oberstleutnant Anastasia Biefang erzählt uns in ihrem Gastbeitrag ihre ganz persönliche Geschichte der

Selbstbehauptung. Im Gespräch mit Sören Landmann werden die Herausforderungen betont, vor denen die LGBTQIA Community steht, und wie Selbstbehauptung dabei helfen kann, Vorurteile abzubauen und Respekt zu fordern. Im Interview mit Emre Çelik erfahren wir, wie Selbstbehauptung uns auf unserer Reise zur eigenen Identität unterstützen kann.

Also, lasst uns Menschen zuhören, die sich erfolgreich behauptet haben, und von den Besten lernen.

Ich verdiene diesen Platz

Emre Çelik habe ich vor 2021 in München kennengelernt. Ein junges, aufstrebendes Talent. Er macht sich auf unterschiedlichen Wegen und Formaten stark für Diversity und Chancengerechtigkeit. Emre ist mehrfach ausgezeichnet, unter anderem mit dem Impact of Diversity Award in der Kategorie »Contribution to LGBTQIA« sowie als Top Voice auf LinkedIn als Content Creator. In seiner Funktion als HR bei Google ermittelte Emre in Fällen sexueller Belästigung, Diskriminierung und Vergeltung. Im Januar 2024 wechselte er zu Google DeepMind als People&Culture-Partner. Emre ist nicht binär und verwendet die Pronomen der dritten Person Singular he oder they. Als Antidiskriminierungsexperte nutzt er sein Wissen, um die Welt in Bezug auf Gender, Klassismus, Rasse, Trauma, Zugehörigkeit und Menschsein zu dekolonisieren.

Lieber Emre, wie wichtig ist Selbstbehauptung in der heutigen Gesellschaft und der Arbeitswelt insbesondere in Hinblick auf Diversity?
Selbstbehauptung ist für mich eines der wichtigsten Bestandteile und Fähigkeiten queerer Personen am Arbeitsplatz. In der Arbeitswelt lernen wir oft, dass insbesondere queere Menschen und Queerness an

sich mit Scham verbunden sein müssten. Jede*r, der*die nicht dem heteronormativen Geschlechtsspektrum oder der heterosexuellen Orientierung angehörig ist, muss sich automatisch schämen und verstecken. Das heißt, ich verbringe den Großteil meines Lebens damit, den heteronormativen Erwartungen zu entsprechen und zu gefallen. Irgendwann habe ich realisiert, dass ich absolut okay bin, so wie ich bin. Das Problem ist dieses System, das wir geschaffen haben und dass es für viele Menschen nicht gemacht ist. In Selbstbehauptung steckt ja das Wort selbst drin, also dass ich im Mittelpunkt meiner Authentizität stehe. Selbstbehauptung bedeutet nichts anderes, als die Fähigkeit zu haben, die eigenen Grenzen und Rechte zu kennen und die auch klar nach außen zu kommunizieren. Mir ist aufgefallen, dass diese Grenzen und die damit verbundenen Fähigkeiten in unserer heteronormativen Gesellschaft besonders für queere Menschen oft fremdbestimmt sind. Wen wir als queere Person selbstbestimmt handeln, können wir der Gesellschaft so auch einen Spiegel vorhalten. Deswegen glaube ich, dass Selbstbehauptung der erste und wichtigste Schritt ist zu einer viel wichtigeren Reise, nämlich zu dem Zu-sich-selbst-Zurück, zum authentischen Selbst.

Würdest du sagen, dass jede Person, die zu einer marginalisierten Gruppe gehört, sich mit dem Themen Selbstbehauptung auseinandersetzen sollte?

Es ist enorm wichtig, dass Menschen sich bewusst werden, welche Traumata sie haben und sich trauen zu sagen: Hier ist eine Wunde, die durch heteronormative, kapitalistische, patriarchalische und misogyne Systeme erzeugt wurde. Indem ich mich pflege, mich um mich selbst kümmere und mich selbst liebe, versuche ich die Wunde zu schließen. Es geht aber vor allem darum zu sagen: Ich schirme diese Verletzung nicht mehr ab, sondern ich lade auch andere Menschen ein, gemeinsam zu heilen.

Misogynie: »Der aus dem Altgriechischen stammende Begriff ›Misogynie‹ wird meist mit ›Frauenverachtung und -feindlichkeit‹ übersetzt. Darunter lassen sich sämtliche gesellschaftliche Einstellungsmuster fassen, die eine geringere Relevanz/Wertigkeit von Frauen und/oder eine höhere Relevanz/Wertigkeit von Männern vertreten.«[58]

Welche Rolle spielt Selbstbehauptung beim Abbau von Vorurteilen und wie kann Selbstbehauptung bei der Förderung von Vielfalt und Diversity helfen?

Ich glaube, meine bloße Existenz und die Existenz vieler queerer und/oder migrantischer Menschen in Spaces oder Räumen, die uns jahrelang verwehrt blieben, ist eine Form der Selbstbehauptung in sich selbst. Man kann Vorurteile durch Präsenz und das Kennen und Wahren der eigenen Grenzen abbauen. Man wird natürlich erst einmal mit Vorurteilen und Triggern konfrontiert, aber ich glaube, wenn wir eine Gesellschaft wollen, die auf Universalismus beruht, dann müssen wir auch zulassen, dass Fehler passieren – und das heißt auch, Brücken zu bauen.

Welche konkreten Strategien haben dir geholfen, dich in der Arbeitswelt zu behaupten?

Am Anfang hat mir verstecken und anpassen sehr geholfen. Als ich in die Arbeitswelt kam, war es für mich extrem wichtig, diese Normen, die nirgendwo geschrieben stehen, einzuhalten, damit ich in dieser Welt überlebe und meinen Job nicht verliere. Es ist völlig okay, wenn du queer bist oder eine andere Marginalisierung hast und das nicht offen kundtust. Das war für mich einer der Skills, die zwar negativ konnotiert sind, mir aber sehr weitergeholfen haben. Eine weitere Fähigkeit ist Selbstbewusstsein. Also wirklich zu sagen: »Ich bin gut in dem, was ich bin, ich spreche darüber und ich verdiene diesen Platz.«

Ich habe geschafft, mir Resilienz als ein natürliches, gesundes Schild aufzubauen. Ich lasse nicht mehr zu, dass diese Systeme mich in eine Schamposition versetzen, mir Angst und mich nervös machen, auch wenn Menschen sagen, ich verdiene diesen Platz nicht.

 Selbstzweifel ablegen

Annika in der Beek ist 34 Jahre und seit Mai 2024 Chief People Officer (CHRO) bei Statista, einer der führenden Onlineplattformen für Statistik, sowie Expert Partner für HR (Tech) beim Technologie-investor Picus Capital. Bevor sie zu Statista kam, hat sie vier Jahre die HR-Funktion beim E-Commerce Unternehmen ABOUT YOU geleitet sowie in verschiedenen Unternehmensberatungen gearbeitet. Zudem ist Annika ausgebildete Coachin. Für ein Diversity Upgrade fragte ich Annika, wie sie sich als junge Frau im Top-Management positionieren konnte und welche Übungen ihr dabei geholfen, sich selbst zu behaupten.

»Auch wenn es von außen nach einer zügigen Karriere klingt, Selbstzweifel begleiten mich seit jeher und auch bis heute noch fast täglich. Das mag vielleicht entmutigend klingen, dass wir auch noch bis in die fortgeschrittene Karriere von Selbstzweifeln begleitet werden können. Ich kann euch aber versichern: Es ist möglich, diese Zweifel besser zu steuern, auch die positiven Eigenschaften daraus zu lesen und mit diesen Zweifeln zu arbeiten.

Gerne teile ich mit euch, welche Methoden mir entlang meines Weges geholfen haben, akute Selbstzweifel einzuordnen, zu steuern und für mich selbst zu nutzen, anstatt mich von ihnen lähmen zu lassen. Bitte beachtet, dass ich an dieser Stelle meine ganz persönlichen Erfahrungen teile. Sie basieren nicht auf wissenschaftlichen Studien oder sind kein Erfolgsgarant, sondern lediglich ein Angebot, welches ihr für euren weiteren Weg nutzen könnt (oder auch nicht). Eine meiner persönlichen Annahmen, die den unten genannten Methoden zugrunde liegt, ist, dass der Fokus – bei Themen wie Selbstzweifeln, aber auch generell – auf den Themen liegen sollte, die wir kontrollieren können und die wir selbst in der Hand haben. Warum? Bei diesen Themen können wir proaktiv werden. Themen, die wir nicht kontrollieren können, sollten nicht unseren Fokus bekommen, da wir hier, egal wie viel Mühe wir reinstecken, nicht proaktiv, sondern nur reaktiv handeln können. Die Ereignisse liegen nicht in unserer Kontrolle. Das Einzige, was hier in unserer Macht liegt, ist unsere eigene Reaktion auf die Themen – womit wir wieder am Anfang dieser Grundlage angekommen wären.

Selbstzweifel verstehen

Um mit Selbstzweifeln zu arbeiten und sich nicht von ihnen lähmen zu lassen, sollten wir besser verstehen, woher unsere Selbstzweifel kommen beziehungsweise was der wahre Grund der Zweifel ist. Eine Methode, die ich hier immer sehr gerne nutze, ist die sogenannte Root Cause Analysis. Sie hat ihre Ursprünge in der IT, zum Beispiel bei der Analyse von Systemausfällen, um tiefergehende Ursachen ermitteln zu können.

Eine gute Übung

Vereinfacht gesprochen sollten wir uns auf eine Ausgangslage mindestens fünf Mal die Warum-Frage stellen. So werden wir plötzlich viel grundlegendere Themen feststellen und solche identifizieren, die in unserer aktiven Kontrolle liegen und an denen wir arbeiten können. Wir werden nicht mehr primär mit dem Symptom der Selbstzweifel arbeiten, sondern der Sache auf den Grund gehen.

Ein fiktives Beispiel zur Illustration der Übung: »Ich fühle mich nicht gut genug für den Job xy.«

- Warum? – »Mir fehlt die Kompetenz, gut Präsentationen zu halten.«
- Warum? –»In der Vergangenheit habe ich häufig schlechtes Feedback für meinen Präsentationsstil erhalten.«
- Warum? – »Weil ich zu viele Füllwörter benutzte und zu schnell spreche.«
- Warum? –»Weil ich sehr aufgeregt bin vor Präsentationen.«
- Warum? – »Weil ich Sorge habe, inkompetent zu wirken.«
- Warum? – »Weil ich Sorgen habe, Fragen von meinem Publikum zu bekommen, die ich nicht beantworten kann.«

An dem Beispiel sehen wir recht deutlich, wie eine unspezifische Angst in spezifische Sorgen aufgebrochen werden kann, mit denen wir arbeiten und die wir aktiv kontrollieren können, zum Beispiel durch Vorbereitung und Übung. Klar, Fragen aus dem Publikum können wir nicht immer erahnen oder kontrollieren. Aber wir können auch hier lernen, wie wir auf diese reagieren können und sind der Situation ein Stück weit weniger ausgeliefert.

Selbstzweifel anerkennen

Wenn wir zu den Menschen gehören, die mit Selbstzweifeln zu kämpfen haben, werden wir sie mit sehr großer Wahrscheinlichkeit niemals ganz loswerden. Gehören wir generell eher zu den selbstbewussten Personen, ist es dennoch nicht ausgeschlossen, dass wir in einer oder anderen Situation von Selbstzweifel geplagt werden. Das kann zunächst etwas frustrierend klingen, ist es letztlich aber nicht. Denn jeder Selbstzweifel hat auch eine positive Seite und einen generellen Sinn. Sprich: An irgendeinem Punkt in unserem Leben hat uns der jeweilige Selbstzweifel beschützt und uns etwas gebracht. Menschliches Handeln macht generell erst einmal Sinn, auch wenn es dafür einen zweiten oder manchmal auch zehnten Blick auf das Warum und mehr Informationen zum individuellen Kontext braucht. Doch genauso, wie menschliches Handeln Sinn macht, so macht auch ein noch so hartnäckiger Selbstzweifel Sinn.

Um wieder in unser vorheriges Beispiel »Ich bin nicht gut genug« einzusteigen, biete ich euch zwei beispielhafte Interpretationsmöglichkeiten an, wann dieser Selbstzweifel und gegebenenfalls persönlicher Glaubenssatz einmal eine Schutzfunktion erfüllt und dir somit genutzt hat:

- … hat dich dazu gebracht, noch härter an dir zu arbeiten und damit exzellente Ergebnisse zu erzielen, zum Beispiel in der Schule oder in einem Projekt.
- … hat dich davor beschützt, dich zu überschätzen und dir zu schaden/dich zu verletzen, zum Beispiel beim Sport.

Es gibt unendlich viele individuelle Gründe bis hin zu konkreten Situationen, in denen uns Selbstzweifel einmal geholfen und uns beschützt haben. Wichtig ist, diese nicht wegzuschieben, sondern sie anzuerkennen und ihnen auf den Grund zu gehen. Mit dieser Übung stellen wir auch wieder Kontrolle her: Durch besseres Verstehen der Selbstzweifel können wir mit ihnen aktiver arbeiten und uns weiterentwickeln.

Last, but not least: Ressourcen aktivieren

Vielen Menschen sind sehr gut darin zu erklären und zu wissen, was sie alles nicht gut können. Viel weniger Menschen jedoch wissen, was sie gut können, welche Ressourcen und Kompetenzen sie im Laufe der Zeit entwickelt haben. In den ersten beiden Schritten haben wir gelernt, die Selbstzweifel tiefer zu verstehen und sie dafür anzuerkennen, was sie uns irgendwann in unserem Leben einmal gebracht haben. Wir sind quasi einmal dem auf den Grund gegangen, was wir aus unserer Perspektive nicht so gut können, was uns besorgt und wieso das so ist. Im letzten Schritt sollten wir uns klar machen, was wir gut können und was wir mitbringen, sprich: Wir werden unserer Stärken und Ressourcen bewusst.

Verbleiben wir bei dem Beispiel »Ich bin nicht gut genug für Job xy«. Nachdem wir jegliche Selbstzweifel in ihre einzelnen Bestandteile aufgedröselt haben, sollten wir in derselben Granularität auflösen, was genau wir mitbringen. In dem Fall eines neuen Jobs, für den wir uns »nicht gut genug« fühlen, können wir zum Beispiel die Jobbeschreibung nehmen und Punkt für Punkt durchgehen, welche Erfahrungen wir bei welchem Punkt bereits mitbringen. Denken wir hierbei breit: Führungsverantwortung muss nicht nur im klassischen Sinne aus dem beruflichen Kontext kommen, in dem wir ein Team disziplinarisch verantwortet haben. Denken wir an Situationen, in denen wir Verantwortung für andere Menschen übernommen haben. Beispielsweise engagieren wir uns in einem Sportverein, in dem wir regelmäßig Übungen anleiten. Oder wir haben selbst Kinder, die wir betreuen. Oder wir kümmern uns um pflegebedürftige Angehörige. All das sind Themen, bei denen wir Verantwortung für andere Menschen übernommen haben und die uns in irgendeiner Weise auch bei dieser neuen Verantwortung helfen können.

Werden wir uns dieser Ressourcen genauso bewusst wie unserer Zweifel, dann können wir sie gegenüberstellen. Das verhilft uns zu einer Klarheit darüber, was wir bereits alles können und geleistet haben. Damit stellen wir auch die Kontrolle her – indem wir unsere Ressourcen identifizieren, bewusst einsetzen und Erfolg in Situationen weniger dem Zufall überlassen.

Ich hoffe, meine Übungen für den Alltag helfen euch dabei, zukünftig besser mit eigenen Selbstzweifeln fertig zu werden. Auch lasst euch bitte nicht entmutigen. Diese Übungen klingen im ersten Schritt vielleicht simpel, aber sie sind wirkungsvoll – dafür benötigen sie jedoch viel Zeit und Übung, um ihre volle Wirkung zu entfalten. Daher: Gebt nicht auf, arbeitet an euch und an euren Zweifeln –Schritt für Schritt – und ihr werdet lernen, in Zukunft besser mit ihnen zu arbeiten und nicht gegen sie.«

Revolution statt Evolution

Oberstleutnant Anastasia Biefang ist die erste Transgender-Kommandeurin in der Geschichte der Bundeswehr. Anastasia ist eine der stärksten Diversity-Stimmen im deutschsprachigen Raum, sie ist LGBTQIA-Aktivistin und Kolumnistin des queeren Magazins »Mannschaft«. Im Dokumentarfilm »Ich bin Anastasia« erzählte Thomas Ladenburger ihre Geschichte und begleitete die Kommandeurin bei ihrem Transitionsprozess zur Frau.

»Ich weiß nicht wirklich, wann meine bewusste und beschwerliche Reise zu mir selbst beginnt. Ich bin mir auch gar nicht sicher, ob das der entscheidende Punkt für diese Geschichte ist. Wenn ich auf mein Leben zurückblicke, erkenne ich heute, dass ich unterscheiden muss und möchte zwischen dem Weg zu mir hin als transgeschlechtliche Frau und meinem Leben als Transfrau. Diese Unterscheidung ist mir persönlich wichtig, denn das Leben nach dem Coming-out 2015 hat mich als trans* und queere Person deutlicher geprägt als alles andere davor.

Mit 17 Jahren fand ich mich im Kleiderschrank meiner Mutter wieder und fühlte etwas Unerklärliches. Immer mehr keimte in mir die Gewissheit, dass ich eben nicht der Mann bin, den die Welt in mir sieht und mich entsprechend als solchen behandelt. Ich konnte und wollte mit diesen Gefühlen nicht umgehen. Ich drängte meine wahre Identität zurück und zwang mich in die klassischen heteronormativen Muster.

Mit Mitte zwanzig heiratete ich meine erste Frau. Zu dem Zeitpunkt war ich auch bereits Soldat in der Bundeswehr. Ich wurde 1994 eingezogen und entschloss mich dann für die Offizierslaufbahn. Zwei Institutionen, die in mir beide einen Mann sahen und stets erwarteten, prägten mein Erleben. Im Verdrängen meiner Bedürfnisse war ich gut. Das Fehlen von trans* Vorbildern in der Gesellschaft und positiver Konnotation des Themas verstärkten in mir das Bedürfnis, aktiv gegen mein inneres Ich vorzugehen. Scham und Abscheu gegen mich selbst waren meine ständigen Begleiter.

2015 durchbrach ich endlich dieses Muster. Ich konnte nicht mehr und wollte auch nicht mehr. Es war kein Mut, sondern Verzweiflung. Ich wollte endlich leben. Ich wollte ich sein. Mit diesem Schritt fing die zweite Phase an. Noch während der Transition merkte ich, dass ich zwar ich sein konnte, aber auch dieser Weg war geprägt von Hindernissen und einer nicht immer akzeptierenden Gesellschaft.

Eines dieser Hindernisse war das Transsexuellengesetz – stigmatisierend und pathologisierend für transidente Menschen und deren Wahrnehmung in einer binär geschlechtlich verhafteten Gesellschaft. Seit mehr als 40 Jahren bestimmte dieses Gesetz den rechtlichen Weg für transidente Menschen zu ihrem eigentlichen Geschlecht – und bis 2018 nur in einem binären Verständnis dessen.

2015 habe ich mich diesem Verfahren stellen müssen, um endlich rechtlich anerkannt als Frau leben zu können. Und das ist der springende Punkt. Es ist ein Antragsverfahren, welches eine Anerkennung durch ein Gericht, gestützt auf zwei unabhängige Gutachten, verlangte.

Das subjektive Empfinden des eigenen Geschlechts war für unseren Staat nicht ausreichend, um eine Änderung des Geschlechtseintrages zu erwirken. Es bedurfte der Begutachtung durch Dritte. Fremdbestimmung in Reinform. In den Augen des Gesetzgebers waren transidente Menschen offenbar unmündige Bürger*innen, die nicht verantwortungsvoll über ihr eigenes Geschlecht entscheiden konnten. Wir brauchten Begleitung und Begutachtung, mussten uns in einen Prozess der Abhängigkeit von Psycholog*innen, Therapeut*innen und Richter*innen begeben, uns entwürdigende Befragungen über unser Leben gefallen lassen, intimste Einblicke in unser Seelenleben geben, um dann letztlich durch den Staat die Erlaubnis zu erhalten, wir selbst sein zu dürfen. Amtlich begutachtet, beglaubigt und zertifiziert. Endlich staatlich anerkannt. Auch wenn für mich am Ende dieses Prozesses die Freude im Vordergrund stand, stellte sich mir von Beginn an die Frage, warum ich nicht selbstbestimmt über mein Geschlecht bestimmen durfte.

Denn: Es ist mein Körper. Es ist meine Identität. Es ist mein Leben. Also meine Verantwortung. Selbstbestimmt.

Ich wollte sichtbar sein für andere Transpersonen. Ich wollte ein Orientierungspunkt sein für andere. Ich wollte meine Geschichte erzählen. Dieser Gedanke erweckte unwahrscheinlich viel Kraft in mir. Ich engagierte mich mehr und mehr und wurde langsam zu einer Aktivistin für trans* und queere Rechte. Und das wurde ich sowohl an meinem Arbeitsplatz als auch in der Gesellschaft. Ich wehrte mich weiterhin gegen fremdbestimmte Zuschreibungen und Rollenerwartungen an mein nach außen gelebtes weibliches Geschlecht. Ich habe genug davon, ständig daran gemessen zu werden, wie weiblich ich auf Dritte wirke. Welche Attribute an mir, an meinem Körper, mich in der Fremdwahrnehmung als Frau bestätigen und welche den Hinweis auf meine Nicht-cis-Natur geben. Ich bin froh, endlich an dem Punkt angekommen zu sein, dieser Bestätigung durch andere nicht länger zu bedürfen. Jahrelang hat mich das Gefühl, nicht äußerlich als Frau bestehen zu können, in meiner Identität zurückgehalten. Und meine Nichtanpassung, mein sichtbarer Ausdruck als gender non-conforming nehmen mir nicht mein Frausein. Das eigene Ich zu zeigen, war mir lange verwehrt. Nicht auffallen, nicht stören und gar nicht aufrühren. Still sollst du sein. Dankbar gar für den dir zugewiesenen Platz, fest in der Hand des Patriarchats. Denn das Patriarchat entscheidet, was und wie wir etwas sagen dürfen und wie wir zu sein haben.

Ich bin Anastasia, bunt, laut und queer. Ich lächle euch unschuldig an und entreiße euch dabei die Macht über meinen Körper und mein Selbst. Ich existiere in jedem Raum. Ich gehe in jeden Raum. Ich erkämpfe mir den Zugang in vorbehaltene Räume. Ich passe mich nicht an. Ich verspüre keine Dankbarkeit mehr. Ich knie nicht nieder vor euch.

Revolution statt Evolution.«

Haltung annehmen

Melanie Esser ist Mitbegründerin und Geschäftsführerin der queeren Kreativagentur helloyou. studio mit Sitz in Dortmund. Melanie und ihr Team sind davon überzeugt, dass die vielfältigsten und besten Ideen nur in einem diversen Umfeld entstehen können. Melanie und ihre Geschäftspartnerin Anika Freytag stehen für Diversity ein und engagieren sich aktiv in diesem Bereich, um sicherzustellen, dass alle Stimmen gehört werden und jede Perspektive berücksichtigt wird. Ihnen ist es besonders wichtig, dass das gesamte Team für die Werte des Unternehmens einsteht, diese stets nach außen trägt und Verantwortung übernimmt.

Als queere Gründerin besitzt Melanie viele Kompetenzen und Selbstbehauptung ist einer ihrer Stärken. In ihrem Gastbeitrag teilt Melanie ihre Learnings und Insights zum Diversity Skill mit uns.

»Für mich persönlich bedeutet Selbstbehauptung, eine klare Haltung einzunehmen, authentisch zu sein und dadurch effektiv zu handeln. Diese Fähigkeit musste ich im Berufsleben erst erlernen, insbesondere als lesbische Frau in einer Umgebung, in der es oft schwierig ist, gesehen zu werden.

Als Mitbegründerin einer Kreativagentur in Dortmund, der helloyou. studio GmbH, erlebe ich täglich die Herausforderungen, die mit der Selbstsicherheit in einer von Heteronormativität und männlicher Dominanz geprägten Geschäftswelt einhergehen. Doch frage ich mich: Liegt es wirklich daran, dass ich eine lesbische Frau bin, oder hat es mehr damit zu tun, dass wir aktiv für Diversität eintreten?

Von meiner Perspektive aus betrachtet ist Letzteres der Fall. Das heißt, die Förderung von Diversity stellt uns vor Herausforderungen. Die Angst vor dem Unbekannten und die mangelnde Bereitschaft, sich mit neuen Ideen und Perspektiven auseinanderzusetzen, sind Hauptgründe für die Schwierigkeiten, die wir erleben. Veränderungen sind für viele unangenehm, insbesondere wenn es um etablierte Normen geht.

Dennoch glaube ich fest daran, dass wir eine Arbeitswelt schaffen können, in der alle Menschen, unabhängig von Geschlechtsidentität oder sexueller Orientierung, gesehen und respektiert werden. Neue Perspektiven bringen Innovation und können einem Unternehmen langfristig zugutekommen.

Ist Selbstbehauptung einfach? Keineswegs. Besonders für diejenigen, die kontinuierlich mit Diskriminierung konfrontiert sind, ist es eine tägliche Herausforderung. Daher ist es entscheidend, Umgebungen zu schaffen, in denen Selbstsicherheit gefördert und unterstützt wird. Aus diesem Grund benötigen wir offene und inklusive Arbeitsumgebungen, die es jeder Person ermöglichen, für sich einzustehen. Angebote wie Mentoring-Programme, Diversity-Schulungen und konkrete Maßnahmen gegen Diskriminierung sind unerlässlich, um eine Kultur der Selbstsicherheit zu etablieren.

Meiner Ansicht nach sollten wir nicht erst in der Arbeitswelt damit beginnen. Selbstsicherheit sollte bereits in der frühesten Kindheit als integraler Bestandteil des Entwicklungsprozesses gefördert werden. Nur so können wir eine Gesellschaft schaffen, in der jeder Mensch seine Stimme erheben und seine Identität leben kann. Selbstsicherheit bedeutet auch, sich seiner eigenen Stärken bewusst zu sein und diese gezielt einzusetzen. In einer Welt, in der Konkurrenz und Druck stets präsent sind, ist es wichtig, sich selbst treu zu bleiben und seine Überzeugungen zu vertreten. Doch dies erfordert Mut und Selbstvertrauen – Eigenschaften, die nicht immer leicht zu entwickeln sind.

In meinem beruflichen Werdegang habe ich gelernt, dass sich selbst zu behaupten nicht nur bedeutet, sich gegen äußere Widerstände zu wehren, sondern auch, sich selbst anzunehmen und zu respektieren. Denn nur wenn wir uns selbst respektieren und achten, können wir auch von anderen respektiert werden.

Eine weitere Herausforderung in der Arbeitswelt ist es, Grenzen zu setzen und diese auch zu verteidigen. Oftmals werden Menschen dazu gedrängt, über ihre eigenen Grenzen hinwegzugehen, sei es aus Angst vor negativen Konsequenzen oder dem Wunsch, anderen zu gefallen. Doch Selbstsicherheit bedeutet auch, sich selbst zu schützen und klar zu kommunizieren, was man möchte und was nicht.

Als Gründerin habe ich gelernt, wie wichtig es ist, klare Grenzen zu setzen und diese konsequent einzuhalten. Dies erfordert Mut und Durchsetzungsvermögen, doch letztlich führt es zu einer gesünderen und respektvolleren Arbeitsumgebung. Selbstbehauptung bedeutet auch, Verantwortung für sein Handeln zu übernehmen und die Konsequenzen zu tragen. Oftmals neigen Menschen dazu, die Verantwortung auf andere abzuwälzen oder Ausreden zu finden. Doch das führt selten zu langfristigem Erfolg. Stattdessen ist es wichtig, zu seinen Entscheidungen zu stehen und aus Fehlern zu lernen. Selbstsicherheit bedeutet für mich, mich Herausforderungen zu stellen und diese aktiv anzugehen. Anstatt uns von Schwierigkeiten entmutigen zu lassen, ist es wichtig, sie als Chance zur persönlichen Weiterentwicklung zu sehen. Denn nur durch Selbstsicherheit können wir unsere Ziele erreichen und unser volles Potenzial entfalten.

Abschließend möchte ich betonen, dass Selbstbehauptung ein lebenslanger Prozess ist, der eine ständige Selbstreflexion und Arbeit erfordert. Doch es lohnt sich, für sich selbst einzustehen und eigene Träume zu verfolgen. Denn nur so können wir ein erfülltes und authentisches Leben führen, in dem wir unsere eigenen Werte und Überzeugungen vertreten.«

Ein ganzheitlicher Ansatz

Sören Landmann, geboren in Heidelberg, studierte Psychologie an der Universität Trier. Als Gründer und Vorsitzender des gemeinnützigen Vereins »Aktionsbündnis gegen Homophobie« setzt er sich seit über 15 Jahren für eine offene und diskriminierungsfreie Gesellschaft ein. So war er Co-Initiator der Initiativen EHE FÜR ALLE, Grundgesetz für Alle sowie im Jahr 2022 des Bündnisses Queere Nothilfe Ukraine. Nach Stationen in Wien, Edinburgh und Berlin ist Sören

Landmann seit 2015 hauptberuflich LGBTQIA-Beauftragter der Stadt Mannheim.

Lieber Sören, mit welchen Herausforderungen sind queere Menschen beim Diversity-Skill Selbstbehauptung konfrontiert? Wenn wir Selbstbehauptung etwas holzschnittartig runterbrechen auf die Fähigkeit, für die eigenen Überzeugungen, Bedürfnisse und persönlichen Grenzen einstehen und diese verteidigen zu können, ohne dabei andere Menschen anzugreifen, so stehen queere Menschen in Deutschland und anderswo auch heute noch vor einer Vielzahl von Herausforderungen – unter anderem bezüglich rechtlicher, insbesondere aber gesellschaftlicher Rahmenbedingungen. Trotz bedeutender rechtlicher Fortschritte bei Gleichstellung und Antidiskriminierung in den letzten zehn Jahren erleben viele queere Personen weiterhin große Herausforderungen in ihrem täglichen Leben und bei der Affirmation, also der Bejahung ihrer Identität. Dazu gehören:

Gesellschaftliche Akzeptanz: Weiterhin besteht ein gesellschaftliches Klima, in dem Vorurteile und Diskriminierung gegenüber queeren Menschen existieren. Diese können sich in Form von Mikroaggressionen, offener Ablehnung und in gewalttätigen Übergriffen äußern. Queere Personen müssen oft täglich gegen stereotype Vorstellungen und Erwartungen ankämpfen, um ihre Identität zu behaupten und Respekt zu erhalten.

Sichtbarkeit und Repräsentation: Queere Personen stehen oft vor dem Dilemma, wie sichtbar sie ihre sexuelle und geschlechtliche Identität in verschiedenen Umgebungen machen sollen – sei es am Arbeitsplatz, in der Schule oder in öffentlichen Räumen. Die Angst vor Diskriminierung, Mobbing oder sozialer Ausgrenzung kann dazu führen, dass sich Individuen dazu entscheiden, Aspekte ihrer Identität zu verbergen, was wiederum psychische Belastungen mit sich bringt.

Zugang zu spezifischen Ressourcen und Unterstützung: Trotz vorhandener Supportstrukturen wie Beratungsstellen und Community-Zentren gibt es immer noch zahlreiche Regionen in Deutschland, insbesondere in ländlichen und konservativen Gebieten, wo der Zugang zu spezialisierten Ressourcen für queere Menschen deutlich begrenzt oder gar nicht vorhanden ist. Dies kann die Selbstbehauptung erschweren, da adäquate Unterstützung und Verständnis weitestgehend fehlen.

Intersektionalität spielt eine entscheidende Rolle in der Erfahrung queerer Menschen, die auch andere marginalisierte Identitäten aufweisen. Diese Komplexität entsteht, weil sich verschiedene Diskriminierungsformen überlagern können, was die Selbstbehauptung und das alltägliche Leben zusätzlich erschwert. Queere Personen, die zugleich People of Color, Menschen mit Behinderungen oder Personen mit Migrationsbiografie sind, stehen oft im Schnittpunkt mehrerer Diskriminierungssysteme. Das bedeutet, dass sie nicht nur aufgrund ihrer sexuellen oder geschlechtlichen Identität Diskriminierung erfahren können, sondern auch Rassismus, Ableismus oder Xenophobie erleben. Diese vielschichtigen Diskriminierungen können sich in unterschiedlichen Lebensbereichen manifestieren und dazu führen, dass queere Personen sich sozial isoliert fühlen.

Rechtliche und polizeiliche Schutzmaßnahmen: In Deutschland existieren zwar mittlerweile umfassende Gesetze zur Bekämpfung von Diskriminierung aufgrund der sexuellen und geschlechtlichen Identität, jedoch haben diese Gesetze teilweise noch immer erhebliche Lücken unter anderem in Bezug auf den Wirkungsraum. Zudem ist die praktische Umsetzung dieser Gesetze nicht immer gewährleistet und die Erfahrungen queerer Menschen mit polizeilichen und rechtlichen Schutzmaßnahmen sind oft von Unsicherheit geprägt. Denn obwohl rechtliche Rahmenbedingungen wie das Allgemeine Gleichbehandlungsgesetz (AGG) existieren, die Diskriminierung verbieten, berichten queere Menschen häufig von Diskriminierungsfällen, die nicht angemessen adressiert werden. Insbesondere das Vertrauen in die Polizei ist durch Erfahrungen mit Misshandlung, Missverständnissen oder Diskriminierung beeinträchtigt. Diese Erfahrungen führen in vielen Fällen dazu, dass queere Personen zögern, sich an die Polizei zu wenden, selbst wenn sie Opfer von Verbrechen geworden sind.

Was hilft uns dabei, uns zu behaupten?

Ich möchte die Frage gerne aus einer queeren Perspektive beantworten – die Antworten können aber auch auf andere vulnerable Personen und Gruppen übertragen werden. Schlüsselpunkte sind für mich Folgende:

Starke Community-Netzwerke. Ein robustes Netzwerk von Freund*innen, (Wahl-)Familie und Gleichgesinnten kann eine wichtige Ressource für queere Menschen sein. Neben emotionaler Unterstützung und Verständnis entstehen sichere Räume, in denen Individuen ihre Identität frei ausdrücken können. Community-Zentren und queere Vereine sind ebenfalls Orte für bestärkende Begegnungen und inspirierenden Austausch und in vielen Fällen der erste Ausgangspunkt beim Aufbau solcher Netzwerke.

Bildung und Aufklärung. Die Förderung von Aufklärung und Bildung über queere Themen sowohl über alle weltlichen wie auch religiösen Bildungseinrichtungen hinweg als auch in der breiten Öffentlichkeit ist ein entscheidendes Handlungsfeld. Inklusive Bildungsprogramme, die wissenschaftsgeleitet über verschiedene sexuelle und geschlechtliche Identitäten, Geschlechtsausdrücke und Geschlechtsmerkmale informieren, können effektiv und nachhaltig dazu beitragen, Vorurteile und Missverständnisse abzubauen.

Zugang zu spezifischen Beratungs- und Gesundheitsdiensten. Wir brauchen spezialisierte medizinische und psychologische Anlaufstellen, die die spezifischen Bedürfnisse von queeren Personen berücksichtigen. Solche Dienste bieten nicht nur dringend benötigte Unterstützung in Krisenzeiten, sondern können auch eine wertvolle Ressource durch eine laufende Begleitung bei der persönlichen und sozialen Entwicklung sein.

Rechtlicher Schutz und Gleichberechtigung. Die stetige Verbesserung und Durchsetzung des Antidiskriminierungsgesetzes ist fundamental. Rechtlicher Schutz gegen Diskriminierung aufgrund der sexuellen oder geschlechtlichen Identität, des Geschlechtsausdrucks oder der Geschlechtsmerkmale gibt queeren Menschen die Sicherheit, dass sie vor Ungerechtigkeiten und Missbrauch geschützt sind. Allerdings gibt es hier weiterhin große Baustellen, um die sich die Politik dringend kümmern muss, unter anderem die Ergänzung des Artikels 3 im Grundgesetz zum Schutz aller Menschen der queeren Community sowie verbesserte Antidiskriminierungsregeln und damit verbundene Klagemöglichkeiten.

Sichtbarkeit und Repräsentation in Medien und Politik. Die Präsenz queerer Personen in Medien und Politik kann ermutigend wirken und als Vorbild für andere dienen. Wenn eine noch größere Vielfalt an queeren Personen in verschiedenen Sektoren sichtbar wird und diese ihre Geschichten und Perspektiven teilen, hilft das, Stereotype aufzubrechen und fördert eine Kultur der Akzeptanz und Inklusion, die sich wiederum positiv auf die Möglichkeiten der Selbstbehauptung auswirkt.

Selbstbildungs- und Empowerment-Programme, die auf die Stärkung des Selbstwertgefühls und der Selbstakzeptanz abzielen, sind besonders wertvoll. Workshops, Trainings und andere Bildungsangebote, die queeren Menschen helfen, ihre Rechte zu kennen, effektiv zu kommunizieren und Resilienz zu entwickeln, können einen großen Unterschied in ihrem täglichen Leben machen. Es ist wichtig, dass diese Programme in sogenannten Safer oder Braver Spaces stattfinden und von Personen konzipiert und umgesetzt werden, die eine bestmögliche Anschlussfähigkeit für die Zielgruppe bieten.

Selbstbehauptung als Kompetenz entwickelt sich also durch eine Kombination aus persönlichen Erfahrungen, sozialem Lernen und oft auch formeller Bildung oder Training. Deshalb ist es so wichtig, dass alle Entscheidungsträger*innen kraftvoll daran mitwirken, endlich gute Rahmenbedingungen zu schaffen, damit die positiven Potenziale, die in diesen Prozessen stecken, sich auch wirklich zum Vorteil des Individuums sowie der Gesamtgesellschaft voll entfalten können.

Was brauchen wir, um ein Diversity Upgrade in Deutschland durchzuführen?

Um ein wirksames Diversity Upgrade in Deutschland zu erreichen, sind umfassende politische, soziale und institutionelle Maßnahmen erforderlich. Ziel muss sein, eine inklusive Gesellschaft zu schaffen, die die Vielfalt aller Menschen anerkennt, wertschätzt und aktiv fördert. Ein Diversity Upgrade in Deutschland erfordert eine kontinuierliche und engagierte Anstrengung von allen Seiten der Gesellschaft, von der Regierung über die Privatwirtschaft bis hin zu Bildungseinrichtungen und zivilgesellschaftlichen Gruppen. Nur durch solche ganzheitlichen Ansätze, die mit entsprechenden Ressourcen hinterlegt sein müssen, kann eine wirklich tiefgreifende und dauerhafte Veränderung hin zu einer inklusiveren und vielfältigeren Gesellschaft erreicht werden.

Ein Platz am Fenster

Dieses Kapitel schreibe ich in einem Café in der Heidelberger Weststadt. Hier habe ich gejobbt, als ich vor zwanzig Jahren als Student in Deutschland ankam. Damals machte ein Stammgast auf mich immer einen eher reservierten Eindruck. Er kam stets allein, bestellte einen Cappuccino, saß stundenlang an einem Tisch am Fenster mit Blick auf die Straße und schrieb etwas in seinen Notizblock. Er müsste Professor an der Uni sein, dachte ich immer, bis wir eines Tages ins Gespräch kamen und ich erfuhr, dass er Schriftsteller war. Das fand ich sehr spannend, schließlich war er der erste seiner Zunft, den ich kennenlernte.

Zu der Zeit hatte ich gerade erst angefangen, Deutsch zu lernen und wir mussten uns in einer bunten Mischung aus Englisch und Deutsch verständigen. Als ich ihn eines Tages fragte, »where do you find inspiration for your books?«, sagte er einen Satz, der mich seitdem begleitet. »Als Schriftsteller beobachte ich das Leben. Meine Inspiration finde ich im Alltag, in Menschen, in alledem, was ich sehe und erlebe.«

Heute sitze ich hier, an demselben Tisch mit Blick auf die Straße und scheibe das auf, was ich – nicht nur in Heidelberg – beobachten und erleben darf. Ich sehe eine Gesellschaft, deren Schönheit und Reichtum sich in ihrer Vielfalt spiegelt. Und ich sehe, dass diese Gesellschaft noch zu viele Bugs im System hat, als dass ein nächstes Upgrade, das Diversity Upgrade, abgeschlossen werden kann. Ich möchte rausgehen und dieser Gesellschaft sagen: Lerne von mir, ich habe es geschafft! Du musst dich selbst akzeptieren, wie du bist, brauchst mehr Empathie, mehr Dialog auf Augenhöhe, mehr Zusammenhalt und Teilhabe. Sei offener, anpassungsfähiger und widerstandsfähiger, dann schaffst du es auch.

Mein erstes Mal (und das erste Mal vergisst man bekannterweise nie) konnte ich mich selbst behaupten bei meinem Coming-out als schwuler Mann – genau in diesem Café. Nachdem mir eine Arbeitskollegin erzählte, dass ihr Bruder schwul ist und wie sie ihn bei seinem Coming-out unterstützt hat, habe ich meinen ganzen Mut zusammengebracht und sagte: »Ich glaube, ich bin es auch.« Sie war meine erste Fürsprecherin, meine Verbündete und Ally. Dank ihr konnte ich einer ganz neuen Facette meiner Identität Raum geben und mich weiterentwickeln.

Eine Facette, die ich lange Zeit versteckt oder sogar geleugnet habe, um so zu sein »wie alle«. Eine falsche Adaptivität. Ich will nie wieder im Leben so tun, als ob, mich nie wieder wie eine Papierkugel zusammenknüllen, damit ich weniger Platz einnehme und bequemer und pflegeleichter bin. Um mich selbst zu behaupten und auf Kurs zu bleiben, waren und sind diese sieben Diversity Skills kein Nice-to-Have, sondern meine Waffen, mit denen ich mich behaupten und für mich einstehen kann.

Ein Coming-out bezieht sich in unserer Wahrnehmung auf unsere sexuelle Orientierung oder geschlechtliche Identität. Das ist nichts anderes als ein Bug! Wir können uns genauso in Bezug auf andere Facetten und Teile unserer Identität und Persönlichkeit outen.

Ich wünsche mir für Deutschland, dass es auch ein Coming-out erlebt, sich selbst akzeptiert, wie es ist und sich behauptet – in großem Stil. Ein Coming-out als diverse Gesellschaft, die stolz auf ihre Vielfalt ist, sich nicht versteckt oder sich kleinredet.

Liebes Deutschland, du brauchst keine Angst zu haben, du selbst zu sein. Du brauchst dich dafür nicht zu schämen. Ich weiß genau, wovon ich spreche, denn ich bin diesen schmerzhaften Weg selbst gegangen. Schau mich jetzt an: Ich bin stolz, der Mensch zu sein, der ich bin und ich bin stolz darauf, ein Teil von dir zu sein.

Mein Coming-out war mein ganz persönliches Diversity Upgrade – und das wünsche ich dir auch. Und ich beobachte, ich betrachte dich – von meinem Tisch aus mit Blick auf die Straße.

» In dir muss brennen, was du
in anderen entzünden willst.

Augustinus Aurelius

Danke

Wenn der Funke überspringt

Dieses Buch habe ich nach bestem Wissen und Gewissen geschrieben. Es basiert auf meinen Erfahrungen und Kenntnissen – und auf den Erfahrungen vieler wunderbarer Menschen, die jeden Tag durch ihre Arbeit und ihr Tun ein Diversity Upgrade durchführen. Menschen, die diesem Buch ihre Perspektive geschenkt und es damit bereichert haben.

Ein Dank geht an meine Familie, die mich zu diesem Buch inspiriert hat – an meine Eltern Tamara und Josif, von denen ich viele Diversity Skills gelernt habe (auch wenn sie diese als solche bisher nicht gesehen haben), an meine Schwester Julianna und Matthias, die neugierig auf meine Arbeit und mutig sind, Fragen zu stellen und Dinge zu hinterfragen (der beste Weg, Vorurteile abzubauen), an meine Nichten Maria und Eva, deren Lebensfreude so wunderbar ansteckend ist und die mich immer wieder daran erinnern, die Welt zu erkunden und kreativ zu sein.

Ein Dank geht an Irène, die mich als Noch-nicht-Buchautor weiterempfohlen hat.

Ein Dank geht an meine Produktmanagerin Mirjam, die dieses Buch erst ermöglicht hat. In unserem ersten Gespräch ist der Funke übergesprungen und zwei Tage, nachdem ich die Buchidee gepitcht habe, hatte ich eine Zusage. »Wir machen es!« war die Rückmeldung, die den Anfang einer spannenden Reise gezeichnet hat.

Ein Dank geht an Jessica und Kristina für die beste Betreuung und dass ihr aus dem Diversity Upgrade ein tolles Projekt mit Impact gemacht habt.

Ein Dank geht an meine Lektorin Juliane, deren Nachname in meiner Muttersprache »Eule« bedeutet. Bekannterweise steht die Eule für Weisheit und Juliane hat ihrem Nachnamen in unserer Zusammenarbeit alle Ehre gemacht. Danke, dass du mindestens genauso viel Herzblut in dieses Buch reingesteckt hast wie ich, für dein ehrliches Feedback, für alle rührende Momente, die wir lachend und weinend (und manchmal ganz rational und emotionslos) in den letzten Monaten erlebt haben.

Ein Dank geht an alle wunderbaren Expert*innen, die ich bei der Vorbereitung und Recherche interviewen durfte und die einen Gastbeitrag geschrieben haben: Nina Straßner, LL.M, Kadim Tas, Nathalie Marie Pérez Sievers, Gaby Wasensteiner, Thomas Killer, Dr. Carolin Mehnert, Dr. Asmaa El Idrissi, Barbara Lutz, Dr. Irène Kilubi, Michaela Jaap, Samet Akti, Gianni Jovanovic, Magdalena Rogl, Jana Rogge, Jochen Schropp, Tabea Fesser, Ayman Saad, Beccs Runge, Simon Usifo, Tanja Bauer-Glück, Natalya Nepomnyashcha, Matthias Weber, Lars-Eric Mann, Sy Legath, Mina Saidze, Bambi Mercury, Fabian Grischkat, Dr. Julia Freudenberg, Dr. Caroline von Kretschmann, Annette Pampel, Barbie Breakout, Dr. Max Appenroth, Julia Monro, Emre Çelik, Annika in der Beek, Anastasia Biefang, Melanie Esser, Sören Landmann und Cathérine Ngoli.

Ein Dank geht an mein Rechercheteam: Lisa, Beccs, Sy, Maxi und Simon.

Ein Dank geht an die wunderbaren Pauline, Pascal, Jule, Nefi und Shannon von Charles & Charlotte, die zum Diversity Upgrade eine Social-Media-Kampagne konzipiert und umgesetzt haben.

Ein Dank geht an Micha und Dominik von queer.de für die tolle Medienpartnerschaft.

Ein Dank geht an Gaby, Kerstin und Christoph von LinkedIn, Lena und Toni von Accenture, an Tabea, Kerstin, Peter, Johanna von Ketchum Germany, Mina und Philipp von Axel Springer, Reinhard und Stratos von Microsoft für die Organisation der Diversity Upgrade Events.

Ein Dank geht an die Bürgermeisterin der Stadt Heidelberg Stefanie Jansen für ihr Engagement für Diversity und die stetige Unterstützung.

Ein Dank geht an meine Mentor*innen Lena, Marcus und Jörg, die mich auf meinem Weg begleiten und für mich da sind, wenn ich sie am meisten brauche (in den Situationen, in denen ich nicht die beste Version meiner selbst bin).

Und natürlich ein Riesendank an euch, meine Lesenden und meine Community. Ihr seid wundervoll und eure Unterstützung gibt mir Kraft und motiviert mich weiterzumachen.

Quellen

1 Wikipedia (2024): Cisgeschlechtlichkeit, https://de.wikipedia.org/wiki/Cisgeschlechtlichkeit, abgerufen am 26.03.2024.

2 Belousova, Katja, Kugler, Tine (07.02.2024): Fachkräftemangel – Geburten statt Zuwanderung? Wo die AfD irrt, https://www.zdf.de/nachrichten/politik/fachkraefte-mangel-geburten-zuwanderung-afd-100.html, abgerufen am 17.04.2024.

3 Artikel 1 (1) GG: »Die Würde des Menschen ist unantastbar. Sie zu achten und zu schützen ist Verpflichtung aller staatlichen Gewalt.«, https://www.gesetze-im-internet.de/gg/art_1.html, abgerufen am 06.05.2024.

4 https://www.charta-der-vielfalt.de/, abgerufen am 17.04.2024.

5 Kasprowski, David, Fischer, Mirjam, Chen, Xiao, de Vries, Lisa, Kroh, Martin, Kühne, Simon, Richter, David, Zindel, Zaza (06/2021): Geringere Chancen auf ein gesundes Leben für LGBTQI*-Menschen, https://www.diw.de/de/diw_01.c.810358.de/publikationen/wochenberichte/2021_06_1/geringere_chancen_auf_ein_gesundes_leben_fuer__lgbtqi_-menschen.html, abgerufen am 07.05.2024.

6 queer.de (27.11.2018): Hohes Suizid-Risiko bei LGBTI-Teenagern, https://www.queer.de/detail.php?article_id=32443, abgerufen am 07.05.2024.

7 https://beruhmte-zitate.de/zitate/2009056-isabel-allende-die-lebensversicherung-jeder-art-ist-vielfalt-vi/, abgerufen am 28.05.2024.

8 https://www.charta-der-vielfalt.de/, abgerufen am 28.05.2024.

9 https://www.charta-der-vielfalt.de/ueber-uns/, abgerufen am 28.05.2024.

10 Wikipedia (2024): Daniel Kahneman, https://de.wikipedia.org/wiki/Daniel_Kahneman, abgerufen am 06.05.2024.

11 Wikipedia (2024): The Cognitive Bias Codex – 180+ biases, designed by John Manoogian III, https://de.wikipedia.org/wiki/Datei:The_Cognitive_Bias_Codex_-_180%2B_biases,_designed_by_John_Manoogian_III_(jm3).png, abgerufen am 06.05.2024.

12 Universität zu Köln (19.12.2023): Allyship – Was kann ich gegen Diskriminierung tun?, https://vielfalt.uni-koeln.de/antidiskriminierung/glossar-diskriminierung-rassismuskritik/allyship, abgerufen am 06.05.2024.

13 GALLUP (o. J.): Engagement Index Germany 2023 Report, https://www.gallup.com/workplace/471830/germany-engagement-index-report.aspx?campaignid=18952696475, abgerufen am 06.05.2024.

14 Mittler-Solak, Fatma (28.03.2024): Mein Kind wird ausgegrenzt – und nun?, https://www.spiegel.de/familie/ausgrenzung-in-der-schule-mein-kind-gehoert-nicht-dazu-und-nun-a-0cc11788-0237-4f58-a204-d59756b507f8, abgerufen am 06.05.2024.

15   Miller, Jason (16.08.2023): The Power Of Diversity And Inclusion: Driving Innovation And Success, https://www.forbes.com/sites/forbesbusinesscouncil/2023/08/16/the-power-of-diversity-and-inclusion-driving-innovation-and-success/; Smits, Johannes, Troppmann, Nicola (o. J.): Creating value by addressing business challenges with diversity and inclusion, https://www.pwc.ch/en/insights/disclose/33/creating-value-by-addressing-business-challenge-with-diversity-and-inclusion.html, beide abgerufen am 03.05.20204.

16   Carr, Evan W., Reece, Andrew , Rosen Kellerman, Gabriella, Robichaux, Alexi (16.12.2019): The Value of Belonging at Work, https://hbr.org/2019/12/the-value-of-belonging-at-work, abgerufen am 03.05.2024.

17   Taylor Kennedy, Julia, Jain-Link, Pooja (21.06.2021): What Does It Take to Build a Culture of Belonging?, https://hbr.org/2021/06/what-does-it-take-to-build-a-culture-of-belonging, abgerufen am 03.05.20204.

18   Ebenda.

19   IKK classic (o. J.): Vorurteile & Diskriminierung machen krank, https://www.ikk-classic.de/gesund-machen/vorurteile-machen-krank, abgerufen am 03.05.2024.

20   Antidiskriminierungsstelle des Bundes (o. J.): Allgemeines Gleichbehandlungsgesetz (AGG), https://www.antidiskriminierungsstelle.de/DE/ueber-diskriminierung/recht-und-gesetz/allgemeines-gleichbehandlungsgesetz/allgemeines-gleichbehandlungsgesetz-node.html, abgerufen am 03.05.2024.

21   UN-Behindertenrechtskonvention, https://www.behindertenrechtskonvention.info/, abgerufen am 03.05.2024.

22   dejure.org (o. J.): Datenschutz-Grundverordnung, https://dejure.org/gesetze/DSGVO (siehe besonders Artikel 16), abgerufen am 03.05.2024.

23   Vgl. Waller, Graham et al.: Human-Centric Work Models Proven to Drive Performance the Most. Gartner 2022.

24   Welt der BWL (o. J.): Wirtschaftlichkeit, https://welt-der-bwl.de/Wirtschaftlichkeit, abgerufen am 06.05.2024.

25   Bundesministerium der Justiz (o. J.): Allgemeines Gleichbehandlungsgesetz (AGG), § 1, https://www.gesetze-im-internet.de/agg/BJNR189710006.html, abgerufen am 03.05.2024.

26   Bartsch, Gabriele (2024): Was ist Sexismus?, https://www.gleichstellung-unterfranken.de/postkarten-gegen-sexismus/was-ist-sexismus, abgerufen am 06.05.2024.

27   Deloitte.com (12.03.2021): Wrong numbers – Why a focus on age can mislead workforce development, https://www.deloitte.com/global/en/our-thinking/insights/topics/talent/technology-and-the-future-of-work/post-pandemic-talent-strategy-generations-in-the-workplace.html, abgerufen am 13.05.2024.

28   Seid, Alan (o. J.): Nonviolent Communication: Confronting Racism with Compassion, https://www.nonviolentcommunication.com/learn-nonviolent-communication/nvc-racism, abgerufen am 07.05.2024.

29   Wikipedia (2024): Maslowsche Bedürfnishierarchie, https://de.wikipedia.org/wiki/Maslowsche_Bed%C3%BCrfnishierarchie, abgerufen am 10.04.2024.

30   Afd.de (2019): Alice Weidel: Die sogenannte »gendergerechte« Sprache ist ein Orwell-Projekt, https://www.afd.de/alice-weidel-die-sogenannte-gendergerechte-sprache-ist-ein-orwell-projekt/, abgerufen am 19.04.2024.

31   Müller-Spitzer, Carolin (28.01.2022): Zumutung, Herausforderung, Notwendigkeit? Zum Stand der Forschung zu geschlechtergerechter Sprache, https://www.bpb.de/shop/zeitschriften/apuz/geschlechtergerechte-sprache-2022/346089/zumutung-herausforderung-notwendigkeit/, abgerufen am 05.05.2024.

32   Heger, Anna Illi (o. J.): Pronomen wie Xier und Sier, https://www.annaheger.de/pronomen/; abgerufen am 17.04.2024.

33   Kasprowski, David, Fischer, Mirjam, Chen, Xiao, de Vries, Lisa, Kroh, Martin, Kühne, Simon, Richter, David, Zindel, Zaza (06/2021): Geringere Chancen auf ein gesundes Leben für LGBTQI*-Menschen, https://www.diw.de/de/diw_01.c.810358.de/publikationen/wochenberichte/2021_06_1/geringere_chancen_auf_ein_gesundes_leben_fuer__lgbtqi_-menschen.html, abgerufen am 07.05.2024.

34   bedeutungonline.de (14.10.2021): Was bedeutet »kickt hart«?, https://www.bedeutungonline.de/was-bedeutet-kickt-hart-bedeutung-definition-erklaerung/, abgerufen am 07.05.2024.

35   Universität zu Köln (o. J.): BIPoC, https://vielfalt.uni-koeln.de/antidiskriminierung/glossar-diskriminierung-rassismuskritik/bipoc, abgerufen am 21.05.2024.

36   Bartscher, Thomas (o. J.): Mentoring, https://wirtschaftslexikon.gabler.de/definition/mentoring-41572, abgerufen am 17.04.2024.

37   Destatis.de (o. J.): Verdienste – Gender Pay Gap, https://www.destatis.de/DE/Themen/Arbeit/Verdienste/Verdienste-GenderPayGap/_inhalt.html, abgerufen am 17.04.2024.

38   Schormann, Tobias (23.09.2010): Kreativität ist nicht angeboren, sondern lernbar, https://www.welt.de/wirtschaft/karriere/article9781416/Kreativitaet-ist-nicht-angeboren-sondern-lernbar.html, abgerufen am 20.05.2024.

39   OXFORD University Press, Maya Angelou 1928–2014, https://www.oxfordreference.com/display/10.1093/acref/9780191826719.001.0001/q-oro-ed4-00000286, abgerufen am 22.05.2024.

40   https://walt-disney-company.weebly.com/auszeichnungen.html, abgerufen am 22.05.2024.

41   Dilts, Robert B. (1994): Strategies of Genius. Volume I: Aristotle, Sherlock Holmes, Walt Disney, Wolfgang Amadeus Mozart. Meta Publications, Capitola CA.

42   https://www.minasaidze.com/, abgerufen am 19.04.2024.

43   Encarnacion, Jessamyn, Emandi, Ramya, Seck, Papa (06.09.2022): It will take 22 years to clos SDG gender data gaps, https://data.unwomen.org/features/it-will-take-22-years-close-sdg-gender-data-gaps, abgerufen am 21.05.2024.

44   Deloitte AI Institute (2021): Women in AI, https://www2.deloitte.com/content/dam/Deloitte/us/Documents/deloitte-analytics/us-consulting-women-in-ai.pdf, abgerufen am 21.05.2024.

45   Duden: Konformismus, https://www.duden.de/suchen/dudenonline/Konformismus, abgerufen am 19.04.2024.

46   Kramer, Kira (13.09.2023): Queer oder nicht queer?, https://www.faz.net/aktuell/feuilleton/debatten/alice-weidel-ist-nicht-queer-gleichgeschlechtliche-liebe-und-lgbtqia-19171730.html, abgerufen am 22.05.2024.

47   Buther, Axel (20.09.2018): Kreativität Lehren und Lernen, https://axelbuether.de/2018/kreativitaet-im-kunstpaedagogischen-diskurs/, abgerufen am 13.05.2024.

48   Wikipedia (2024): Environmental, Social and Governance, https://de.wikipedia.org/wiki/Environmental,_Social_and_Governance, abgerufen am 06.05.2024.

49   Klatt, Robert (06.09.2023): Beziehungen – Ziehen sich Gegensätze tatsächlich an?, https://www.forschung-und-wissen.de/nachrichten/psychologie/beziehungen-ziehen-sich-gegensaetze-tatsaechlich-an-13378061; Winkler, Sabine (13.09.2023): Darum findest du andere Menschen attraktiv, https://www.welt.de/kmpkt/article246516972/Psychologie-Darum-findest-du-andere-Menschen-attraktiv.html, beide abgerufen am 23.04.2024.

50   Khamsi, Roxanne (04.10.2022): Geruchsgedächtnis – Die Macht der Düfte, https://www.spektrum.de/magazin/geruchsgedaechtnis-die-macht-der-duefte/2053230, abgerufen am 23.04.2024.

51   Wirtschaftspsychologische Gesellschaft (o. J.): Reifegradmodell: Das Hersey-Blanchard-Modell der Führung , https://wpgs.de/fachtexte/fuehrung-von-mitarbeitern/das-reifegradmodell-der-fuehrung/, abgerufen am 23.04.2024.

52   Westermann, Rolf (06/2022): Gastgeberin mit Stimme, https://www.europaeischerhof.com/wp-content/uploads/2022/07/HdJ_Preistra%CC%88gerin_neu.pdf, abgerufen am 13.05.2024.

53   Uhrig, Stefanie (04.10.2021): Resilienz: gegen Stress gewappnet, https://www.quarks.de/gesellschaft/psychologie/resilienz-gegen-stress-gewappnet/, abgerufen am 30.04.2024.

54   Ebenda.

55   Heller, Jutta: Resilienz: 7 Schlüssel für mehr innere Stärke. 2012. G|U.

56   BMZ (2024): Resilienz, https://www.bmz.de/de/service/lexikon/70564-70564, abgerufen am 30.04.2024.

57   Mehr dazu siehe Bundesverband Trans* (2023): Was sind TERFs? Oder: Warum manche Strömungen des Feminismus nicht für alle Frauen kämpfen, https://www.bundesverband-trans.de/wp-content/uploads/2024/04/Kurzbroschuere-TERFs_2024_web.pdf, abgerufen am 13.05.2024.

58   Küppers, Carolin (o. J.): Wie Sexismus, Misogynie und LSBTIQ*-Feindlichkeit zusammenhängen, https://www.regenbogenportal.de/informationen/wie-sexismus-misogynie-und-lsbtiq-feindlichkeit-zusammenhaengen, abgerufen 23.05.2024.

Stichwortverzeichnis